パッシブソーラー　高知・本山町の家

四国の中山間地域特有の気候に配慮し、自然の力を最大限に利用するパッシブソーラー住宅である。冬季の日射熱取得や夏季の風通しに配慮し、東西軸の長い平面形態を採用すると共に南面には大開口を設けている。冬季の日射熱を蓄えるため、十分に断熱を行ったうえで、壁や床には熱容量の大きいコンクリート系の仕上げ材を使用している。日射熱は夏季に冷房負荷となるため、冬季の熱取得とのバランスを考えつつ、南面大開口に十分な奥行きのある庇を導入している。

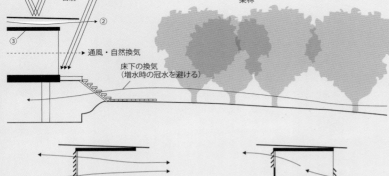

上：パッシブソーラーによる温暖地のプロトタイプ
下：ダイレクトゲイン／庇／蓄熱床

① 日射
② 通風・自然換気
③
床下の換気
（増水時の冠水を避ける）

栗林

日射遮蔽のスキーム（3重の遮蔽構造）
①亜鉛鋼板表面での反射
②置屋根裏面の通気層からの排熱
③ 200 mm の断熱層

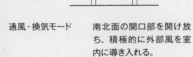
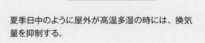
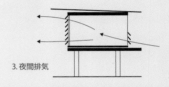

1. 通風
2. 排熱
3. 夜間排気

通風・換気モード　南北面の開口部を開け放ち、積極的に外部風を室内に導き入れる。

夏季日中のように屋外が高温多湿の時には、換気量を抑制する。

外気温度が低下する夏季夜間に外気を取り入れて、蓄冷をする。翌日はパッシブクーリング効果が期待できる。

設計：小玉祐一郎＋エステック計画研究所　所在地：高知県本山町　竣工：2003 年

鑑賞空間のデザイン ホキ美術館

ランダムに開けられた天井の小さな穴には、照明、空調、スピーカ、スプリンクラー、煙感知器などが設置され、各種機能とデザインを一体化

通常よりも明るい壁面照度（500 lx 程度）を設定

足元から自然光（間接光）を導入

吸音性能のある舗装材を使用し、歩行の疲労感や足音を低減、響きを抑制

ホキ美術館は、日本初の写実絵画専門美術館であり、写実絵画の繊細な表現を伝えるための光環境計画、照明・空調・スピーカ・スプリンクラーなどの設備機能とデザインの統合、床材料による音環境や歩行感への配慮など、行き届いた環境設計と空間デザインとの調和が図られている。シンプルな回廊型の空間で、細密画の鑑賞に求められる明るさと演色性を実現するため、LED 照明の使用と足元からの自然光の導入が行われている。

地上1階、地下2階、3層計 500 m にわたる回廊型ギャラリー

設計：山梨知彦・中本太郎・鈴木隆・矢野雅規／日建設計　所在地：千葉市緑区あすみが丘東 3-15　竣工：2010 年

響きと遮音 ヤマハホール（ヤマハ銀座ビル）

ヤマハホールは、小ホール（333席、室容積 2,550 ㎡）ながら豊かな響きと鮮明な音、演奏しやすいステージを目指して設計された。敷地の制約のなか天井を高く設定することでコンサートホールに相応しい響き（残響時間 1.6 秒）を実現しながら、演目に応じた響きの可変性を装備している。また、ホールに隣接するサロンや練習室、地下鉄からの騒音・振動対策として、高度な遮音構造を採用し、静けさ（NC-15）を確保している。

残響時間 1.6 秒を標準条件とし、加えて天井裏の吸音室および音場支援装置（電気音響システム）によって残響時間の可変性（1.5〜3.0 秒）をもたせる

ステージ上部の反射板（浮雲）によって、ステージ・客席に初期反射音を送る

曲率を変えることで様々な周波数を拡散して豊かな残響を生成

横からの反射音が強くなり過ぎず、柔らかく包み込む響きとなるように側壁パネルの角度を設計

どの席もステージの見えと鮮明な音を確保

凡例

▨	室間遮音
☐	Box in Box 構造
┄	練習室用防振遮音構造
──	防振ゴム浮床
─ ─	薄型ゴム浮床
‥‥	GW浮床
──	高弾性発泡スチレンフォーム浮床
──	防振遮音天井

屋上機械設備

	練 → ドラム練		12F
大練 練 練		機械室	11F
ラウンジ WC 練 練 練			10F
調整室	ホール NC-15	WC	
ホワイエ			7〜9F
ホワイエ WC			
L楽屋	ロビー サロン NC-20		6F
店舗	ピアノ選定室		5F
店舗			4F
店舗			3F
店舗			2F
ポータル	サービス リフトシャフト上 ヤード ターンテーブル		1F

浮床

ドラム ギター 店舗	事務室・倉庫 防災センター 荷捌		B1F
ロビー	スタジオ NC-20		B2F
		録音室	
	機械式駐車設備		
ポンプ場			B3F

浮床

地下鉄からの振動

ホールは、防振ゴムによって構造体から絶縁した防振遮音構造（Box in Box 構造）を採用し、地下鉄からの騒音・振動、楽屋や練習室からの音の伝搬を防ぐための遮音性能を確保している。

設計：日建設計　所在地：東京都中央区銀座 7-9-14　竣工：2010 年

元祖環境住宅 聴竹居

外観

聴竹居は、1928年に藤井厚二により京都・大山崎に建てられた住宅である。藤井が自ら理論化した環境工学の知見を設計に反映した実験住宅で、5作目にして完成形とされている。夏の暑さを過ごすため、広く設けられた開口による横方向の通風だけでなく、床下から妻の換気口へと抜ける上下方向の通風が計画されている。また、木製建具の突き合わせ部分にほぞと溝を設けることで気密性を高め、冬の隙間風を減らす工夫がされている。

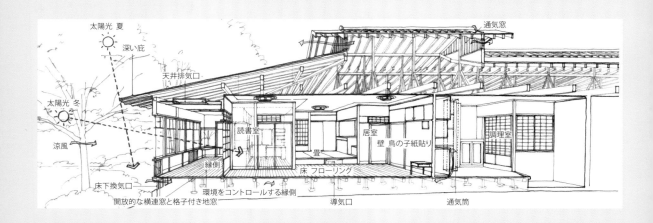

客間から見た縁側。縁側から採り入れた風が部屋を抜けていくようになっている。冬場は建具を閉めることで、部屋を仕切ることもできる。ふすまを閉めても欄間を通じて通風できるようになっている。

庇は夏の高度の高い日射を遮り、冬の高度の低い日射は入るように設計されている。

窓からの風が天井裏から小屋裏に抜け、屋根上部から排気される経路をつくっている。小屋裏を換気することで熱気を抜くことができる。

縁側部分は張り出しているため、3方向を開放することで風通しのよい空間となる。土や緑によって冷やされた風を床付近から導入できる。

畳の間は一段上がっているがその下には穴が空いている。この穴は斜面中腹あたりの外気取り入れ口とつながっており、地中熱で冷やされた空気を室内に導入できるようになっている。

設計：藤井厚二　所在地：京都府乙訓郡大崎町谷田　竣工：1928 年

伝統的手法の再構築 糸満市庁舎

1996年度（平成8年度）に策定された「糸満市新エネルギー政策ビジョン」の取り組みの一環として、自然エネルギーの有効活用を市民に啓発する意味も込めて建てられた。現代的な建築に見えるが、施されている建築の仕掛けは、いずれも古くから見られる伝統的手法を結集させたものである。外壁がまともに受ける強烈な日射を太陽電池パネルを設置したルーバーで遮蔽しつつ、電力として有効に活用している。また、糸満湾に面する立地条件を活かし、通風を積極的に確保する計画となっている。

屋上に設置された太陽光発電パネル(145.3 kW)は、屋根に影を落とし日除けとしても役立つ。ソーラーパネルには、強風・塩害対策として、強化合わせガラスを用いている。

南面の水平ルーバーにも太陽光発電パネル(50.3 kW)を設置。水平ルーバーは眺望を損なわないような角度に調整されている。屋上と南面の太陽光発電パネルで年間約12%の電力を賄っている。

太陽電池パネルを設置した水平ルーバーで建物の南側全面を覆い、沖縄伝統のアマハジ(雨端:日除けと風雨除け)に相当する広い軒下空間を設けている。日除けと風雨除けの両方に役立ち、通風も確保できる。日射侵入量の軽減は、空調負荷の削減につながる。

北側は垂直ルーバーで日射を遮蔽する。

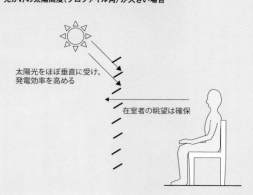

東西の壁面は、有孔コンクリートブロック(花ブロック)で日射を遮蔽する。

見かけの太陽高度(プロファイル角)が大きい場合

太陽光をほぼ垂直に受け、発電効率を高める

在室者の眺望は確保

見かけの太陽高度(プロファイル角)が小さい場合

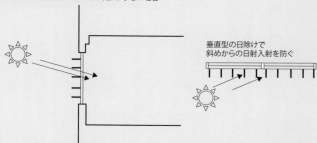

垂直型の日除けで斜めからの日射入射を防ぐ

方位によって最適な日除けの形状は異なる。太陽光が真正面から入射する(プロファイル角が大きい)場合は水平型の日除け、斜め方向から浅い角度で太陽光が入射する(プロファイル角が小さい)場合は垂直型の日除けが有効である。

設計:日本設計　所在地:沖縄県糸満市　竣工:2002年

2重のブロック壁で熱を断つ　円を内包する家

北海道と本州を大きく隔てるのが冬の寒さである。北海道では、いわば冬を旨として、寒冷地仕様の住宅に取り組まれてきた。

この住宅は、かつて公営住宅と融資住宅でさかんに多用された軽量コンクリートブロックに郷愁と愛着をもつ設計者が、試行錯誤のうちに実現したものである。

ブロックを積んだ内側に断熱材を貼った自宅の失敗の教訓から、外側に断熱材を張り、空気層を挟んでさらに2重にブロックを積み上げている。大きな熱容量という特性をもつブロックが熱の出し入れをすることで、夏は30℃、冬は零下15℃という気候にもかかわらず室内は365日、22℃前後に保たれているという。

ある年の12月はじめから1月はじめまでの1か月間、暖房を止めたところ、室温は、少しずつ下がり、5℃まで下がったものの、零下にはならなかったという。設計者は、断熱に囲まれた大きな熱容量を改めて実感したという。

寝室

内側の壁（いも積み）

ホールより玄関方向を見る

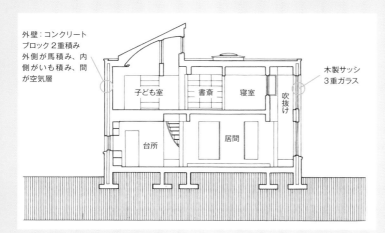

外壁：コンクリートブロック2重積み 外側が馬積み、内側がいも積み、間が空気層

子ども室　書斎　寝室　吹抜け

木製サッシ3重ガラス

台所　居間

暖房は1階から全面温水床暖房になっており、冬でもこれだけですむという。

1階居間のゾーン

外観

設計：圓山彬雄／URB建築研究所　所在地：北海道札幌市豊平区　竣工：1988年

上野佳奈子
鍵直樹
白石靖幸
高口洋人
中野淳太
望月悦子

しくみがわかる 建築環境工学

基礎から計画・制御まで

|第2版|

彰国社

はじめに

　建築は、常に変動している自然環境を外皮（外壁・窓・屋根など）で仕切ることで、その内側にコントロールされた室内環境をつくりだしている。かつて民家では、建物の方位や窓の配置、構法などの建築的手法を用いることで、立地の気候にふさわしい快適さを実現してきた。ところが、現代では、安定した室内環境をつくりだすために設備的手法に頼る比重が大きくなっている。環境の質と省エネルギー性の両立が社会的に求められているいま、建築的手法と設備的手法を融合させる建築環境工学の役割が重要度を増している。

　建築は実学であり、幅広い領域の知見を統合して課題を解決していかなくてはならない。現在の建築環境工学がどのような目的でどのように知識・技術を組み合わせて成り立っているのか。そのしくみの理解が時代の変化に対応できる応用力につながる。

　本書は「建築環境工学のしくみ」からはじまり、「日照・日射」「光環境」「音環境」「熱環境」「温熱環境」「空気環境」「湿気環境」の順に7つの環境要素を取り上げている。室内環境形成のメカニズムを明らかにするとともに、パッシブ手法（建築的手法）とアクティブ手法（設備的手法）の両面にわたり実践的な環境調節のしかたを解説している。各章は3つのパートから構成されている

「Ⅰ　基本と原理」：環境要素の概要
　　　物理現象としての基本
　　　人間の感覚特性
「Ⅱ　設計目標」：達成度を示す評価指標
　　　目指すべき数値目標
「Ⅲ　計画と制御」：環境計画の方針
　　　環境制御手法

　環境要素の基本から理解したい場合は、Ⅰ～Ⅲの順に読み進めるとよい。設計目標値を知りたい場合はⅡから、具体的な制御手法に興味がある場合はⅢから見るなど、さまざまな読み方ができる。

　ページの中央部は一級・二級建築士の資格試験に関わる内容、両サイドのコラムには図表や補足的事項が記載してある。また、各章の最後には理解度チェックのための演習問題がある。これから建築環境工学を学ぶ学生だけでなく、実務に携わる設計者にも手にとっていただき、建築環境の計画と制御のしくみを理解する一助となることを願っている。

2016年12月

Error

 x

第2版によせて

　近年、脱炭素に向けた日本国内の動きが加速している。2025年度以降、すべての新築の建物に外皮断熱性能などの省エネ基準を満たすことを義務づける改正法が2022年6月13日に可決・成立した。また、日本政府は2050年までに温室効果ガスの排出を正味でゼロにする、カーボンニュートラルを目指すことを宣言している。環境の質と省エネルギー性の両立が社会的義務として求められるいま、建築的手法と設備的手法を融合させる建築環境工学の役割が重要度を増している。

　こうした背景を鑑みて、第2版では、2022年7月時点での最新の法令や基準値を反映させた内容となっている。

2022年10月　著者を代表して　中野淳太

執筆分担
第1章　高口洋人
第2章　望月悦子
第3章　望月悦子
第4章　上野佳奈子
第5章　白石靖幸
第6章　中野淳太
第7章　鍵直樹
第8章　Ⅰ　中野淳太
　　　　Ⅱ　鍵直樹
　　　　Ⅲ　白石靖幸

口絵クレジット（提供者）
①写真：岩為
②写真：（上）畑拓
③写真：ヤマハ株式会社
④写真：（外観）（縁側部分）彰国社写真部
　図版：山本圭介・堀越英嗣・堀啓二『断面パースで読む　住宅の「居心地」』彰国社、2010
⑤写真：（空撮）（外観）川澄・小林研二写真事務所
⑥写真：（上）新建築社写真部、（中）（下）URB建築研究所

装丁：榮元正博
本文DTP：スタヂオ・ポップ

目次

第1章

建築環境工学のしくみ

1

われわれは、長年にわたって自分たちの回りの空間、すなわち環境を、自分たちが安全で快適に過ごせるよう理解に努め、制御してきた。日本の伝統的な住宅は、日本の高温多湿な気候に合わせ、日射を最大限遮る大きな庇と風をよく通す大きな開口を持ち、大地の蓄熱性を取り込む土間や土壁を有している。これらは現代人のわれわれから見ても合理的で美しくもある。

このような伝統的な知恵と現代の科学を組み合わせ発展してきたのが建築環境工学である。原理を理解し、どのような環境の実現を目標として発達してきたのか。その成り立ちを知ることで、建築環境工学をしくみから理解してほしい。

建築環境工学の誕生

1 環境問題の発生

❶ 環境とは何か？

　われわれの周辺に広がる空間、すなわち**環境**はわれわれにとって常に快適で安全とは限らない。熱い、寒い、じめじめしているなど、さまざまな不快や不健康、危険がある。そこで環境に手を加えて自分たちに都合が良いように変えたいという気持ちが生まれる。この気持ちに応え、数学や物理などの自然科学、ときには人文社会学の知見も用いて、環境を制御しようとする技術、その学問を「**建築環境工学**」という。

　「環境」に相当する英語は「Environment」であるが、この語源はフランス語の「Viron」であり、周りの土地というような意である。漢字の環境は、「環」と「境」の組み合わせだが、「環」とは輪の形をしたもの、あるいはぐるっと廻るという意味で、「境」は土地の区切り目を意味している。したがって「環境」という言葉はより厳密で、「あるモノの周りに広がる、ある所までの空間」という意味となる。

　今日、環境という言葉を聞かない日はない。地球温暖化の影響で自然環境が悪化してきた、といった使い方のほか、勉強する環境が悪いといったり、経済環境が良くなってきたといったり。その内容が非常に多様なのは、中心にあるモノ、周辺の範囲、そしてその中身が、言葉の使い手によって変化するからである。

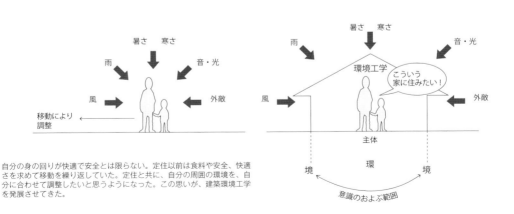

自分の身の回りが快適で安全とは限らない。定住以前は食料や安全、快適さを求めて移動を繰り返していた。定住と共に、自分の周囲の環境を、自分に合わせて調整したいと思うようになった。この思いが、建築環境工学を発展させてきた。

図 1.1.1　環境工学の誕生

❷ **建築環境工学の主体は「人間」**

　建築環境工学が扱う環境の中心にいるのは人間である。この環境の主体である人間が認識する距離、範囲によってその環境の呼び名も変わってくる（図 1.1.2）。

　人体を中心に数 cm の範囲を人体環境と呼ぶ。建築物によって囲まれた範囲を**建築環境**、都市が形成されている範囲を**都市環境**と呼ぶ。その外は地域環境から**地球環境**へと続き、最終的には宇宙環境へと広がる。この区分は人間の認識に基づくが、それらは入れ子構造の関係にあり相互に影響しあっている。建築環境の善し悪しが都市環境に影響を与え、最終的には**地球環境**にも影響を与える。

　主体が人間であることから、環境を制御しようとする場合は人間の感覚が基準となる。人間の感覚を慣用的には**五感**（視覚、聴覚、触覚、味覚、嗅覚）というが、実際には温度覚や圧覚、位置覚や平衡感覚などこの他にも多くの感覚が存在する。人間が周囲の環境を感覚を通じてどのように認識するか、快適なのか不快なのかによって、どのような制御を行うかが決まる。

　しかし一方で、主体である人間側も、性別や年齢、体質によって感覚が大きく異なることが知られている。高齢者に熱中症が多いのは温度覚が鈍くなることが原因であるし、女性には冷え性も多い。まぶしさに敏感な人もいるし鈍感な人もいる。ある一つの基準に合わせて環境を制御すると、どうしても一定数の不満足者が生じてしまう。これからの環境工学には、より多くの満足を得るために、主体である人間の体をより深く理解し、経済的にもバランスの取れた技術できめ細やかに制御することが求められる。

❸ **環境問題の発生**

　日本では約 1 万 2 千年前、狩猟と採集によって定住する縄文時代が始まり、人々は移動をやめて一つの住居に住み始める。それまでの移動しながらの狩猟生活では、人が制御可能な環境といえば、皮膚からほんの数 cm の、せいぜい衣服までの人体環境しか意識していなかったはずであるが、定住することによって認識が変化し、その環境も範囲も変化することになる。屋外であれば煮炊きの火も煙もそれほど気にならないが、屋内では煙が部屋の中に充満して困ったことになる。この煙たく不快な状態を何とかしたい、このようなことが人の直面した最初の環境問題だと考えられている。その解決、つまり天井に雨が入らぬよう、煙突の役割をする穴を空けることが、今日的に言えば、採用された建築環境工学ということになろう。これを手始めに、人は自らの環境、つまり

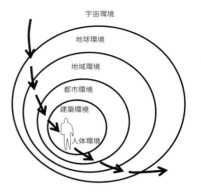

図 1.1.2　入れ子構造にある環境

宇宙環境
地球環境
地域環境
都市環境
建築環境
人体環境

図 1.1.3　長野県尖石遺跡

縄文時代の復元住戸には、妻側に排煙のための大きな開口が見られる。

建築環境工学のしくみ

日照・日射

光環境

音環境

熱環境

温熱環境

空気環境

湿気環境

周囲の空間の質を自分たちに都合が良いように高め、今日まで変え続けている。

❹ 環境問題の広がり

当初は住居内の換気や採光、採暖など建築内部を扱う建築環境の改善が中心だったが、農耕社会である弥生時代に入り、余剰作物の交換の場として市が発達して都市を形成するようになると、新たな**都市環境**問題への対応が求められるようになる。糞尿による水質汚染、原始的な金属精錬（宮崎駿の「もののけ姫」に出てくるような）による大気汚染や土壌汚染、燃料利用による森林の減少などである。これらの都市環境問題は、例えば窓を開けられないといったことを通じ、建築環境を快適に維持するにも影響を与えた。環境問題は人間社会の発展と共に質を変え、範囲を広げている。今日では都市環境には**ヒートアイランド問題**や大気汚染、さらには**オゾン層**の破壊や地球温暖化といった**地球環境**問題も顕在化している。地球温暖化の主要因は二酸化炭素の過剰な排出であるが、その二酸化炭素の主要な排出源はわれわれのエネルギー利用である。建築物の質や都市構造はエネルギー消費に大きく影響[参1]を与えることから、建築物の質を高めることは地球環境の改善にも大きく寄与する。

❺ 環境問題のメカニズム

環境問題は、対象とする環境内での汚染物質の発生量が、その環境の浄化能力を超えることにより生じる。浄化能力を超えた汚染物質は、その環境内に蓄積され、さらに環境を悪化させるか、その回りにあふれ出してより広範囲の環境を汚染することになる。それが人間の生物的、あるいは社会的な許容量を超えると、環境問題として認識される。

室内であれば、人間が吐き出す二酸化炭素や水蒸気が、換気能力を超えて室内に蓄積され、人体が許容できなくなったとき環境問題となる。また、音のような人間の感覚に作用する物理現象もまた、人間の許容範囲を超えると騒音問題となる。

つまり環境問題とは、人間の本質的な欲求である豊かさや快適性の追求の副産物である環境汚染と、周辺環境の汚染浄化能力、そしてどの水準まで許容するかという人間の感覚との関係性から生じる。

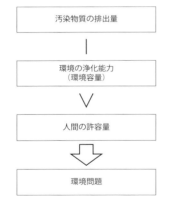

図 1.1.4　環境問題の発生メカニズム

❷ 光・音・熱・空気・湿気

❶ 建築環境工学の範囲と本書の構成

建築環境工学が扱う分野は幅広いが、大きくは**光・音・**

熱・空気・湿気に関連する環境要素に分類することができる。本著でもおおよそこの分類に従っている。光に関連する内容を2つに分け、第2章で太陽の日照・日射、第3章で光環境について。第4章では音環境を。第5章で熱の物理的な基本として熱環境を、第6章で人間と熱の関係を温熱環境として説明した。第7章では空気環境、第8章で湿気環境を取り上げる。

❷ 元は太陽エネルギー

建築環境工学は環境を自分たちが目標とする状態に向けて制御する技術である。その対象は先に挙げたように熱から光、音まで多岐にわたるが、物理現象として見れば、太陽のエネルギーが形を変えながら建築物の中を通過する様子を観察し、それを人間の生活がより快適になるよう制御しようとする学問といえる。太陽の光は建物に当たって熱に変わる。熱は壁を伝わり室内に到達し、一部は再び空気に伝わり一部は放射として直接室内の物質を温める。窓から侵入した光は、室内を明るくするが、やはり最終的にすべて熱に変わる。化石燃料も太陽のエネルギーが光合成によって植物やプランクトンに固定され蓄積されたものであるから、それを使って発電される電気も太陽の光が形を変えたものである。電気による光や音も、食物をエネルギー源とする人が発する音も、元は太陽のエネルギーであり、いずれも最終的には熱となって建物内外の熱環境に影響を与える。このような関係性の理解は、実際の設備設計の現場でも基本となる。

例えば夏の居室を考えてみよう。少しでも涼しく過ごすには、建物に入る熱を少しでも小さくしたほうがよい。そのためには、窓から入る光を遮蔽すればよいのだが、遮蔽しすぎると、部屋の中が暗くなって照明が必要になってしまう。照

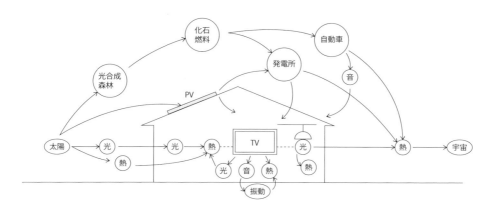

図 1.1.5　太陽のエネルギーの流れ

建築環境工学のしくみ

日照・日射

光環境

音環境

熱環境

温熱環境

空気環境

湿気環境

明からは光だけでなく熱も発生する。冷房にエアコンを使う場合、冷やした空気はなるべく外に漏らしたくないが、室内では人の呼吸や食品の調理による二酸化炭素や水蒸気、植物や衣類、家具からは塵や化学物質などの汚染物質が発生している。その汚染物質を許容範囲内に抑えるにはある程度の換気が必要となる。断熱性能を高めることも効果があるが、同時に静粛性も高まり、今度は冷蔵庫の音が気になるといったことが起きる。一方、省エネ型の**LED照明**では、同時に発熱も少なくなるので、エアコンの冷房能力を小さくできる。このように環境を構成する要素はそれぞれ独立しているように見えて、相互に影響を与え合っている。

　したがって建築物の設計では、主体となる人間はどのような人々なのか、周辺の自然環境の状態はどのようになっているのか。それに対して設計者はどのような視点から問題を解決しようとするのかなど、取り組み方は無数にあり、物理的に最適な答えが一つだけ得られることはない。設計とは、変化に富んだ環境に対して設計者が目標を設定し、相互に関連する環境要素を解きほぐして、その状況下でもっとも最適と思える環境を実現することである。

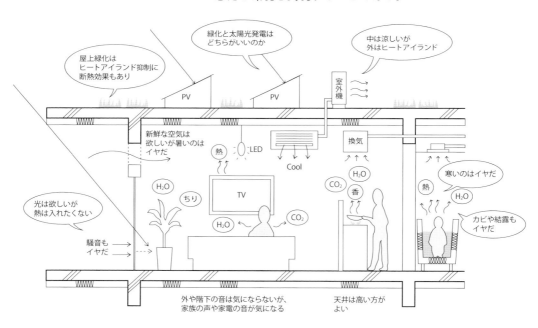

図 1.1.6　室内の環境は熱や光が相互に影響を与えあった結果できあがったもの

建築環境工学のしくみ

日照・日射

光環境

音環境

熱環境

温熱環境

空気環境

湿気環境

Ⅱ…設計目標
環境設計と新たな課題

❶ 建築環境工学の発展

❶ 建築計画原論

　建築をつくる技術者の役割は、寒暖や降雨、強風などの自然の脅威や外敵から身を守ることができる建築物を、周辺の環境を巧みに利用してつくり上げることである。例えば室内の空気温度は、外の空気温度や太陽の日射などの外界気象、建築物の材料、窓の面積などの建築仕様、そしてその部屋をどのように使用するかで決まる。建築技術者は、外の気象は変えることができないため、太陽の日差しの入り具合や空気の入れ換え方、壁の材料の選び方によって断熱などの建築の性能を工夫し、場合によっては使い方のアドバイスを与えるなどして快適な空間を提供してきた。エアコンなどの機械による制御手段がない時代は、この方法しかなかったため、その手法が高度に発達した。それを定量化して学問分野としたものが**建築計画原論**である。建築設計原論では、デザインと環境工学は一体として扱われ、建築技術者にも両方の能力が求められた。

❷ 建築計画原論の解体

　近代になり、安価なエネルギーが得られるようになると、冷暖房設備や換気設備、照明機器などの機械設備を用いて室内環境を制御する方法へと変わっていく。機械で環境を制御する場合は、人間の感覚に基づき達成すべき目標を定め、外界気象と使われ方を考慮しながらどの程度を建築仕様で解決し、どの程度を機械が分担するかを決定する。このプロセスが徐々に設備設計と呼ばれるようになる。エネルギーや機械が安価になるにつれ、建築仕様に求められる割合が小さくなり、建築がエネルギーや資源などの環境の制約から開放され自由に設計できるようになる。このようなことを背景に、建築技術者は、デザインを専門とする**意匠設計者**と設備設計を専門とする**設備設計者**に専門分化し、建築計画原論も過去の学問となってしまう。

❸ 建築計画原論回帰

　しかし、このような状況も、1973 年に起きたオイルショックを契機に再び変化しはじめる。世界的な人口増と経済発展、石油需要の高まりとともに、化石燃料や資源の枯渇への

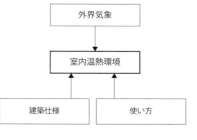

図 1.2.1　室内熱環境の決定要因

図 1.2.2　環境設計の流れ

危機感が徐々に高まる。原子力によるエネルギーの代替も続けられているが、燃料であるウランも枯渇性の資源であることを考えれば、長期的には枯渇は避けられない。2011年に発生した福島原発事故後は、事故処理や廃炉の難しさが明らかとなり、脱原発へと向かうドイツのような国も現れている。

　いずれにしても、枯渇性の化石燃料が、今後永久に大量安価に供給され続けるとは考えにくく、中長期的には再生可能エネルギーへの移行は不可避である。建築物についても、あらためて再生可能エネルギーや調達可能な資源という環境容量の制約のなかで、建設ができ維持できることが求められる。そのためには、改めてデザインと設備設計を一体に考え、一段と質の高い建築物を実現することが求められる。

❹ 設備設計から環境設計へ

　このようなことから、近年では設備設計を環境設計と呼ぶことが多くなっている。要求される性能を満たす設備を提供する設計から、あらためて人々の要求、建築仕様、周辺の自然環境、そして機械設備を総合的に計画する設計へとその内容が変わってきているからである。また、今日的な建築の質への要求として、高い健康性や知的生産性なども求められるようになった。その質の高さを示す指標として、CASBEEやLEED、BELSなどの評価ツールやラベルが作成され、指標を確認しながら質の高い建築をめざすことも一般化しつつある。このような環境設計の広がりに伴い、その土台となる環境工学も領域を拡大し、変化している。

❷ さらに質の高い建築を目指して

❶ 建築物の持続可能性

　持続可能性という概念は、言葉としては比較的新しく、1980年代に登場した概念である。1984年に国連に設置された「環境と開発に関する世界委員会（委員長の名前から通称：ブルントラント委員会）」が、1987年に発表した報告書「地球の未来を守るために（Our Common Future）」において、**「持続可能な開発（Sustainable Development）」**という概念が提案され一般化した。この報告書では、「持続可能な開発」を「将来世代のニーズを損なうことなく現在の世代のニーズを満たす開発」と定義している[参3)]。

　この言葉には2つの意味が込められている。1つは地球規模での貧富の格差をなくすために、開発を進める必要があるということ。もう1つは、その開発は将来世代の可能性を損ねてはならないという視点である。環境保全に重点

※1：デイリーの持続可能性の三原則[※2)]
アメリカ人経済学者のハーマン・デイリーが提唱した持続可能の条件

1. 土壌、水、森林、魚など「再生可能な資源」の持続可能な利用速度は、再生速度を超えるものであってはならない
2. 化石燃料、良質鉱石、化石水など「再生不可能な資源」の持続可能な利用速度は、再生可能な資源を持続可能なペースで利用することで代用できる程度を超えてはならない
3. 「汚染物質」の持続可能な排出速度は、環境がそうした物質を循環し、吸収し、無害化できる速度を超えるものであってはならない

Ⅰ 基本と原理　Ⅱ 設計目標　Ⅲ 計画と制御

建築環境工学のしくみ

日照・日射

光環境

音環境

熱環境

温熱環境

空気環境

湿気環境

を置きたい先進国と、開発を進めたい途上国との妥協の産物との指摘もあるが、世代を超えた責任（Intergenerational Responsibility）という概念を打ち出した点は画期的であった。

一方で、この「持続可能な開発」の定義では、持続可能な社会を実現できないとして、厳密な定義を求める動きもある。アメリカの経済学者デイリーは、**デイリーの三原則**[※1]として持続可能性を厳密に定義しており、その議論に大きな影響を与えている。

社会の持続可能性向上に貢献する建築という意味で、エネルギー効率や資源消費量が少ない建築をサステナブル・ビルディングと呼んでいる。日本建築学会では、「地域レベルおよび地球レベルでの生態系の収容力を維持しうる範囲内で、建築のライフサイクルを通しての省エネルギー・省資源・リサイクル・有害物質排出抑制を図り、その地域の気候・伝統・文化および周辺環境と調和しつつ、将来にわたって、人間の生活の質を適度に維持あるいは向上させていくことができる建築物」[参4]と定義しているが、地域レベルおよび地球レベルでの生態系の収容力がどの程度であるかは判然としない。

1997年、日本建築学会は「第3回気候変動枠組み条約締結国会議（COP3）」と連動し、「我が国の建築は今後、生涯二酸化炭素排出量を3割削減、耐用年数3倍増100年以上を目指すべき」とする学会長声明を発表したが、これも確たる根拠があっての数値目標ではない。内容的には至極穏当のようにも思えるが、長寿命化は新築工事量の減少を意味するため建設業界で大きな反響を呼んだ。

また、2015年の第21回気候変動枠組み条約締結国会議（COP21）で締結されたパリ協定に向け、日本政府は住宅での生活由来の温室効果ガス排出量を2030年までに2013年比で39％、事務所ビルや商業施設由来の排出量を40％削減することを目標としている。この目標値は、国として掲げた削減目標を達成するために建築物に割り当てられたものであるが、地球温暖化の状況や人口増加を鑑みれば、中間目標と理解すべきで、さらなる削減が今後求められよう。

このような社会的制約が強まるなか、環境を制御しようする学問である建築環境工学もより幅広く、より横断的に学習することが求められる。

❷ 建築の性能を評価する

より質の高い建築物を普及させる道具として、建築物の環境性能を総合的に評価するツールの開発が進んでいる。日本ではCASBEE（建築環境総合性能評価システム）、北米を中

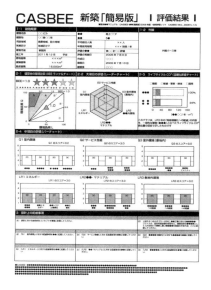

図 1.2.3　CASBEE 評価シート

CASBEE は国土交通省の支援を受けた、産官学共同プロジェクトにより開発された建築環境総合性能評価システム。

図 1.2.4　LEED

(Leadership in Energy & Environmental Design)
米国グリーンビルディング協会が開発・運営を行っている建物と敷地利用についての環境性能評価システム。プラチナ、ゴールド、シルバー、サーティファイドの4段階で評価され、現在世界でもっとも普及している。

図 1.2.5　BREEAM

(Building Research Establishment, Environmental Assessment Method)
1990年に英国建築研究所で開発された、世界で最初の環境性能評価ツール。主として EU 圏で普及している。

心に **LEED**、EU 各国ではイギリスで開発された **BREEAM** が普及している。

このような評価ツールが登場した背景には、まず建物の性能を公平に把握し、それをつまびらかにすることで、質の高い建物が市場で選択されるように誘導し、市場メカニズムを活用して普及を促すという目的がある。

例えば **CASBEE** では、環境の質と環境への負荷の比（環境効率）を指標として採用している。環境の質では、音環境や温熱環境、光・視環境、空気質環境のほか、機能性や耐用性・信頼性、対応性・更新性、室外環境も評価する。一方、環境の負荷では、熱負荷の抑制や自然エネルギーの利用、設備システムの高効率化、効率的運用に加え、資源や材料に関わる負荷、敷地外の環境への負荷などを相対的に評価する。

CASBEE は建築設計者が自分の設計内容を自己評価するツールとして使用しているほか、多くの自治体が確認申請時に一定水準以上の評価取得を義務付けたり推奨したりしている。建設資金融資の条件として、環境性能評価を求める銀行も登場しており、年々その評価建物数が増加している。

❸ ZEB/ZEH への期待

建築物のエネルギー性能に関しては、1973 年のオイルショックを契機に制定された「エネルギー使用の合理化に関する法律（通称：省エネ法）」により、年々より高い性能が求められるようになっている。近年は **ZEB**[※]（ゼブ）や **ZEH**[※]（ゼッチ）と呼ばれるエネルギーが自給できる建築物を普及させようという政府の方向性も示されており、環境設計にもその対応が求められている。

❹ 求められる新たな高い環境性能

建築環境工学は、安全で快適な空間を実現するため、室内の温熱環境や光、音環境や空気質を対象としてきた。それぞれに求められる安全性や快適性は、これまでも時代に応じて変化してきている。また、近年では安全性や快適性のほかに、高い健康性や知的生産性も求められるようになり、その対象が広がっている。

健康性とは、単に人体に害を及ぼさないということではなく、積極的に人の健康寿命を延伸することに役立つ建築の性質を指す。WHO は新しい健康づくりの方法論として、**ヘルスプロモーション**[参5)]という概念を提唱し、これに寄与する分野として、医療や福祉だけではなく、「教育、輸送、住居、都市開発、工業生産、農業」を挙げている。住居や都市の質が健康や寿命に大きく影響を与えるとしており、その向上を求めている。断熱性の高い住居では、脳血管障害や心臓病な

図 1.2.6　ZEB/ZEH の登場

建築物で使用するすべてのエネルギーを、建築物に取り付けた太陽光発電等の再生可能エネルギーで賄える建築を Zero Energy Building（ZEB：ゼブ）という。（住宅は ZEH（ゼッチ）と呼んでいる。

どのリスクが低減されることがわかっている。また、歩ける範囲に公園や商店があり、文化施設があるといった社会的要素や、毎日が楽しくリラックスできているといった精神的要素も健康に影響を与える。快適な空間は単に身体的に満足度が高いというだけでなく、不満が少ないという意味で家庭が円満であることにも貢献し、友達も呼びやすくなるということになれば、間接的に社会的な健康にも寄与することになる。

　住宅の質の善し悪しの結果が人の健康とすれば、業務用建築物の質の結果はそこでの生産物ということになる。生産物の質や量からみた建築物の性質を生産性と呼ぶが、その価値は投入した労力と資源（インプット）に対する生産物の価値（アウトプット）の割合で示される。通常は労働生産性と呼ぶが、生産物の付加価値が高いオフィスでは特に知的生産性と呼んでいる。温熱環境や光、音などの室内環境の質は疲労感や満足度に影響し、結果として欠勤率や作業効率に影響する。今日では新しいアイデアや新商品につながる閃きが、どのような空間だと生まれやすいのかといった研究も行われている。例えば、これまで環境工学が避けるべきとしてきた変化や刺激がある空間のほうが、閃きには適しているかも知れない。

　また、都市部の再開発では、近年開発により生物の多様性を高めようという動きも出ている。緑地面積を増やして生物の生息域を増やしたり、鳥や昆虫の移動可能距離を考慮し、複数の緑地をネットワーク化して生息域の拡大を計画したりしている。これらは従来の環境工学の対象に含まれるものではなかったが、ひいては人間の快適性や幸福の追求に寄与することから、現在では環境設計の一部として扱われている。

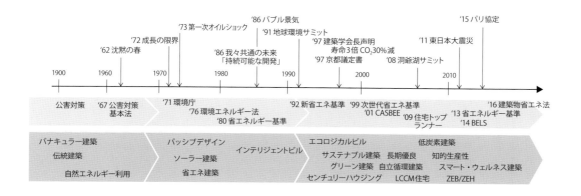

図 1.2.7　建築物の環境性能に関わる社会の動き

図 1.2.8　建築物のライフサイクルコスト

❺ 新たな環境工学の必要性

　日本の人口は 2008 年をピークに減少し始めており[参6)]、建築物に対する需要も徐々に減少していくと考えられる。また、建築物の寿命が 30 年といわれたのは過去の話で、現在建築中の建築物の物理的寿命は 100 年以上を目指しており、社会的な劣化を考慮しても、平均寿命は 50 年を超える[参7)]。平均寿命が延びると建て替え需要が減少するため、新築需要が徐々に減少する。新築建築物の環境性能を向上させるだけでは、社会全体の質を高めることは難しくなる。したがって既築建築物、すなわちストックへの対策が重要となる。

　建築物などの建設から解体までの一生をライフサイクルと呼ぶが、その一生涯の維持コストや環境負荷の評価を**ライフサイクルアセスメント**という。一般的な建築物のライフサイクルコストでは、建設費用が占める割合は全体の 25 ％程度で、運用時のコストが 75 ％を占める。したがって、建設時の環境を高めることも重要であるが、それを維持し、できれば向上させていくことが重要となる。

　建築環境工学は、もっぱら新築建築物の質をどうすれば改善できるかをテーマに発展してきたが、新築時の一瞬を捉えて建築物の質を高めるだけでは限界がある。建築物への考え方が変わっていくことによって、建築環境工学そのものも大きく変わっていくだろう。

　これから建築環境工学を学ぶ学生諸君は、そのことを肝に銘じて学習を続けて欲しい。

Ⅲ…計画と制御
パッシブデザインとアクティブデザイン

建築環境工学のしくみ

日照・日射

光環境

音環境

熱環境

温熱環境

空気環境

湿気環境

❶ パッシブデザインとアクティブデザイン

❶ パッシブとアクティブ

　環境を制御する方法において、建築仕様を中心とした設計をパッシブデザイン、機械設備を中心とする設計をアクティブデザインと呼んでいる。

　パッシブ（Passive）とは受動的という意味で、アクティブ（Active）は能動的ということであるが、環境設計では、太陽の光や熱、風などの自然環境を、あまり手をかけずに利用し、快適性の確保やエネルギー消費の抑制を目指す建築デザインのあり方をパッシブデザインと呼び、冷暖房機器や照明などの機械設備を効率的に組み合わせることにより、快適な居住空間を目指すあり方をアクティブデザインと呼んでいる。

❷ パッシブをアクティブで補うシステムデザイン

　熱環境でいえば、室温が人間の快適範囲になるよう調整するのが環境設計である。建物や窓の向き、庇や断熱などの建築的な手法、設計仕様の工夫で快適範囲に近づけようとするのがパッシブデザインで、それでも足りない部分を機械的な手法で調整するのがアクティブデザインということになる。両者は相互に関連し影響を与え合っているため、明確に分けられないことも多い。太陽熱を蓄熱して利用する場合、日射が当たるところに蓄熱性の高い材料を用いることはパッシブデザインであるが、その熱をファンで移動させて快適性を高めようとすればそれはアクティブデザインということになる。全体としてはハイブリッドなシステムデザインと呼ぶべきであろう。照明でも電気の利用を抑制するための昼光利用が盛んに行われている。窓を適切に設計することや反射板（ライトシェルフなど）を用いて部屋の奥まで昼光が届くようにすることはパッシブデザインであるが、光環境の質を高めるために照度センサーを設けて照明機器と連動するようにすれば、やはりシステムデザインと呼ぶべきだろう。

　いずれにしても、将来が見通せない不安定なエネルギー事情を考えれば、まず電気などのエネルギーを使用しないパッシブデザインで最大限設計目標に近づけ、足りない部分をアクティブデザインで補うと考えるべきである。

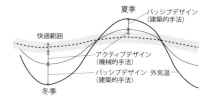

図 1.3.1　パッシブデザインとアクティブデザイン
人間の感覚に基づく快適範囲と外気温の差を解消する技術が、パッシブデザインとアクティブデザイン。まずはパッシブデザインで差を最大限小さくし、及ばない範囲をアクティブデザインで解消する。

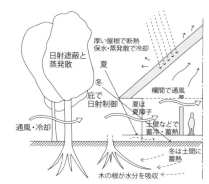

図 1.3.2　伝統的な日本の民家に見られるパッシブデザイン

白川郷の合掌造り

九州北部の分棟造り

ポルトガルのアレンテージョ

イランのウインドキャッチャー

モンゴルのゲル

図 1.3.3　風土に応じた多様性を持つ世界の民家

2 建築と風土

❶ パッシブデザインを伝統と風土に学ぶ

　建築物の環境設計に大きな影響を与えるのが、その建物が建っている土地の風土である。気候や気象、地形や植生、周辺の資源など、地域の習慣や文化に影響を及ぼす特徴を風土と呼ぶ。日本はその国土が東西南北に広がり、気候的にも亜寒帯から亜熱帯までの広がりを持ち、その風土も南と北では大きく異なる。機械設備による環境制御がなかった時代、この風土を最大限利用したパッシブデザインで室内環境を調整しようとしてきた。そのため古い建築物や民家にはその土地の風土が色濃く映り込み、その形態も風土に応じた多様性を有している。例えば世界遺産に指定されている岐阜県白川郷の合掌造りを見れば、森林資源が豊富であること、豪雪地帯であること、養蚕が盛んであったことなどが読み取れる。また九州北部の分棟造りは台所で発した熱が母屋に入らないよう、外に配置していたものが次第に結合して一体となった形態であり、温暖な地域の特徴をよく表している。東南アジアの農村部では、現在でも台所が外にあることが多い。

　ポルトガルのアレンテージョ地方の民家は大きな装飾的な煙突に特徴がある。太陽の光を受け暖まった室内の空気が外部へ排気される煙突効果を期待したものであるが、台所にいる女性が外にいる男性のうわさ話を盗み聞きするためといった言い伝えもある。イランのウインドキャッチャーはインド洋の風を室内に取り込むための風受け装置で、夜の室温を下げるために役立っている。またモンゴルのゲルは移動できるよう木と羊のフエルトからできており、分解と組み立てを簡単に行うことができ軽量という特徴を持つ。遊牧生活に最適化されると同時に、極寒となる冬にも耐えられるよう高い保温性能も有している。

　このように古い建物や民家には、エネルギーを使わずに暑さや寒さをしのぎ、暗さを補うという工夫が凝らされている。これらはわれわれの祖先が長年にわたって培ってきた生活の知恵であり、現代のパッシブデザインを考えるうえでも学ぶべき点が多い。

3 建築と気候

❶ 気候に合わせる（建築気候図）

　国や地域によって異なる気候を、その類似点や特性によって類型化したものが気候区分である。気候区分にもさまざまあり、有名な**ケッペンの気候区分**は植生分布に注目して考案

Ⅰ 基本と原理 | Ⅱ 設計目標 | Ⅲ 計画と制御

建築環境工学のしくみ

日照・日射

光環境

音環境

熱環境

温熱環境

空気環境

湿気環境

されたもので、降水量と気温の2変数から31分類されている。

　この気候区分と建築の形態や特徴を結びつけ、地図上に分類表示したものが**建築気候図**である。パッシブ建築の国際会議を創始した建築家のバウエンは、似た気候区分の土地に、類似した住居形態の民家が存在することに興味を持ち、建築気候区分をつくることを思い立った。彼はまず世界の暑熱地域を乾暑地域と蒸暑地域とに分け、それぞれ年間を通じて暑い地域と、冬もあり夏季だけ暑い地域とに分けて4地域とすることを提案していた。日本は寒い冬期のある蒸暑地域であるので、季間蒸暑地域に分類されている。これを木村が地図としてまとめたものが建築気候図[参8]（図1.3.5）である。木村はこの図を中学教材の植生分布図を参考に作成したとしているが、建築の形態も植物と同様にその土地の気候に適応していることがよくわかる。

❷ 日本の気候区分

　日本の気候区分は太平洋岸気候や瀬戸内式気候など通常6つに分類されるが、10頁でふれた省エネルギー法では地域を8つに分類（114頁、図5.2.1参照）している。これらは暖房が必要な日数などを参考に作成されたもので、2014年に改正された省エネルギー法では、地域毎に外皮平均熱貫流率（U_A値）や平均日射熱取得係数（h_A値）、一次エネルギー消費量（MJ）等で目標値が設定され、建築物がより高い性能を目指すよう誘導が行われている。

❸ 気候を確認する（クリモグラフ）

　その都市における月別の温湿度を、横軸に相対湿度、縦軸に気温の平均値を取ってグラフ化したものをクリモグラフという。各地の気候を比較して特徴を理解するために利用される。東京、ロンドン、アムステルダム、バンコクを比較すると、東京の冬期の相対湿度が低く、乾燥が際立っている。また、夏期の高温多湿はバンコクと同程度で、クリモグラフからわかる東京の特徴は、冬季は乾燥した北欧並みに厳しく、夏は東南アジア並みに高温多湿ということになる。このことから日本の住まいでは、夏の高温多湿対策として、軒を長く出して日射を遮蔽し、開口部を大きく取って通風を促すことがパッシブデザインとして発達し、冬の寒冷乾燥対策として、太陽の光と熱をなるべく室内に取り入れて（**ダイレクトゲイン**）、蓄熱して逃がさない技術が発達した。

　よく知られるように兼好法師は「徒然草」の中で、日本の住まいのあり方を「家の作りようは、夏をむねとすべし」と書いている。建築技術者の間ではよく知られた一文であるが、

図1.3.4　ケッペンの気候区分
日本は温暖湿潤気候に分類されている。

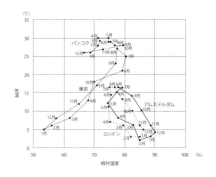

図1.3.6　クリモグラフ
（東京、ロンドン、アムステルダム、バンコク）

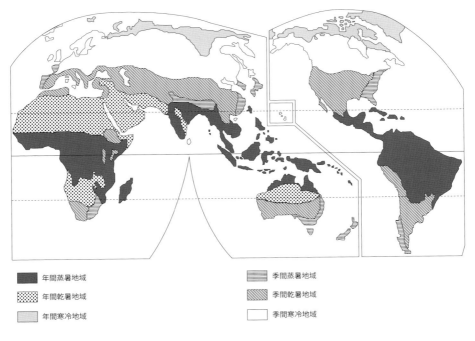

■ 年間蒸暑地域			▤ 季間蒸暑地域	
▨ 年間乾暑地域			◪ 季間乾暑地域	
▧ 年間寒冷地域			□ 季間寒冷地域	

図 1.3.5　世界の建築気候図

その後に続く「冬はいかなる所にも住まる」という部分はどうだろうか。冬を軽視しているとも取れる内容であるが、実は当時は気温上昇が毎年続き、過去 100 年間でもっとも冬が温かい時期であった。兼好法師が現代に生きたとすれば、「家の作りようは、夏をむねとすべきであるが、冬の過ごし易さも大切にせよ」と書いたのではないだろうか。

◾ 4　微気候と都市気候

❶ 建築で微気候を制御する

　国や地域レベルの気候に対し、建築物や極めて小さな範囲、特に人体への影響が大きい地表面近くの気候を微気候と呼ぶ。地表面の素材や含水状態、植物による日影により地表面では細かい気候状態の差異が生じる。**微気候**が形成される範囲は人の行動範囲と重なることから、微気候を調整することで、暮らしの快適性をさらに高めることができる。

　微気候には、地表面や周辺建築物の状態、日射や風の有無が大きな影響を与えることから、土地被覆や建築物外壁の素材、外構の植栽や建物の向き、配置のデザインが重要となる。従来の環境工学は、もっぱら建築物の内部を対象とし、室内の質を高めることを目的としてきたが、現在では室内から屋

●鎌倉時代末期の日本の気候[参9]
中世の東アジアは、数十年周期で大きく気温が変動する不安定な時期として知られ、近年は「中世気候異常期」と呼ばれている。兼好法師が生きた鎌倉時代末期は、もっとも気温が高い時期で、徒然草の内容もその影響下にあると考えられる。

Ⅰ 基本と原理 ｜ Ⅱ 設計目標 ｜ Ⅲ 計画と制御

建築環境工学のしくみ

日照・日射

光環境

音環境

熱環境

温熱環境

空気環境

湿気環境

外を連続した建築空間と捉えて検討している。

❷ 建築で都市気候を制御する

建築物や土地被覆などの人工物の影響を、局所的に捉えるのが微気候であるが、それを都市の全域で捉えると**都市気候**になる。人口や産業の集中による人工廃熱の増加、地表面が人工物で覆われることによる地表面水分量の減少、蓄熱量の増加、緑地の減少などにより、都市部に形成される特有の気候を指す。

代表的なものに、都市中心部が周辺に比べて高温になるヒートアイランド現象がある。都市と郊外を含めた地域において、気温の等温線を描くと、高温部が海に浮かぶ島のように見えることからこう呼ばれる。ヒートアイランド現象そのものは、冬期に現れれば屋外環境が郊外より温かいということであり、一概に害とはいえないが、蒸暑地域の夏期においては熱汚染、ヒートアイランド問題として認識されている。

ヒートアイランド問題は、地球温暖化などの地球環境問題と同じく、都市の生活者が快適な暮らしを求めようとする行動そのものが原因であることから、大気汚染のように、特定の企業や製品で対策が取られれば解決するという性質の問題ではない。一つひとつの建物で、外壁の素材や色に蓄熱性が低く反射率の高いものを選んだり、排熱の小さい製品を選んだりすることの積み重ねが問題解決の端緒である。また、われわれ一人ひとりの**ライフスタイル**や行動も、改めるべき点が出てくるだろう。

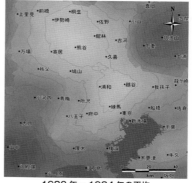

1980 年～ 1984 年の平均

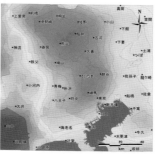

2008 年～ 2012 年の平均

図 1.3.7　関東地方における
30℃以上の出現時間数[10]

【図版・表出典】

図 1.2.3　（一財）建築環境省エネルギー機構資料

図 1.2.5　http://www.breeam.com/

図 1.3.6　Kimura, K. : Ecotechniques in Japanese Traditional Architecture - A Regional Monograph of Japan, Proceedings of the International Conference on Passive and Low Energy Ecotechniques Applied to Housing, (PLEA 84 Mexico), Pergamon, 1984　pp.1093 - 1109

図 1.3.7　環境省資料

【参考文献】

1) 低炭素まちづくり実践ハンドブック，国土交通省都市局都市計画課，2013

2) 持続可能な発展の経済学，みすず書房，ハーマンデイリー，2005

3) Our Common Future, the World Commission on Environment and Development:, 1987

4) サステナブルビルディング普及のための提言，日本建築学会サステナブルビルディング小委員会，1999

5) Ottawa Charter for Health Promotion, WHO, 1986

6) 男女別人口（各年 10 月 1 日現在）- 総人口，日本人人口（平成 12 年～22 年），統計局データより

7) 小松幸夫：建物寿命の現状，日本建築学会総合論文誌，No.9，2011

8) Kimura, K. : Ecotechniques in Japanese Traditional Architecture-A Regional Monograph of Japan, Proceedings of the International Conference on Passive and Low Energy Ecotechniques Applied to Housing, (PLEA 84 Mexico), Pergamon, pp.1093-1109, 1984

9) 中塚 武：中世温暖期と小氷期をめぐる最近の研究の動向，世界史のしおり，2015

10) 環境省資料　http://www.env.go.jp/air/life/heat_island/as_chart.html　（2016.10 閲覧）

◆演習問題◆

(1) 自宅や教室において、光・音・熱・空気・湿気の環境要素それぞれについて、影響を与えている建築仕様を取り上げ、その因果関係を検討せよ。

(2) 室内環境を改善するためのアイデアを、光・音・熱・空気・湿気のそれぞれについて発案せよ。

第 2 章

日照・日射

われわれを取り巻く住環境には、地球上に絶えず届く太陽からの放射による影響が存在する。石炭、石油などの化石燃料を用いたエネルギーの供給がなかった時代、唯一のエネルギー源は太陽であった。そして現代でも、地球温暖化防止対策として、太陽エネルギーを有効に活用することが求められている。太陽と地球がどのような関係にあり、太陽がわれわれの住環境にどのような作用をもたらすのかを知ることは、省エネルギーで快適な建築環境を実現するための最初の一歩となる。本章では、まず太陽放射の特性ならびに太陽と地球の関係について解説し、建物とその周辺環境に太陽が与える影響について考える。

太陽と地球の関係

■1 太陽の動きと太陽位置

❶ 太陽放射とその作用

　あらゆる物体の表面からは、温度に応じた電磁波エネルギーが放出される。太陽からも同じく、太陽の燃焼温度に応じた電磁波エネルギーが放出されているが、オゾン層による吸収や大気中での散乱などによって、地球上にはその一部（諸説あるが、おおよそ波長 0.3 〜 2.7 μm の範囲）のみが届く（図 2.1.1）。太陽からの放射による作用を考える際、波長帯別に考えるとわかりやすい。地球上に届く電磁波エネルギーのうち、波長 380 nm 以下の範囲を**紫外放射**、380 〜 780 nm（0.38 〜 0.78 μm）の範囲を**可視放射**、780 nm 以上の範囲を**赤外放射**と呼ぶ。可視放射は、人間が目で知覚できる範囲の放射で、光とも呼ばれる（光環境については第 3 章を参照のこと）。赤外放射は、熱的作用を主とする放射である。

　紫外放射は、波長の長い順から UV-A、UV-B、UV-C の 3 つの領域に大別され、研究者によって若干定義が異なるが、UV-A の波長は 315 〜 400 nm、UV-B は 280 〜 315 nm、UV-C は 100 〜 280 nm と定義される。地球上に届く紫外放射は波長 290 nm 以上の範囲であり、人間の DNA を傷つける作用のある危険な UV-C はオゾン層によって吸収され、通常、地球上には届かない。図 2.1.1 右には、各波長域の紫外放射による DNA 損傷の相対強度を示す。地球上に届く範囲の紫外放射、すなわち UV-A と UV-B は、日焼けをもたらすが、DNA 損傷にはほとんど影響はないことがわかる。

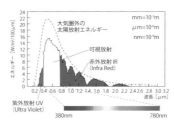 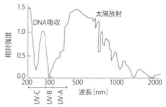

図 2.1.1　太陽からの放射エネルギーと紫外放射による DNA 損傷

　地球上に届く太陽放射は、「**日射**」や「**日照**」と表現されることがある。厳密な定義はないが、熱的効果に着目した場合を「日射」、光的効果に着目した場合を「日照」と表現するこ

Ⅰ 基本と原理　Ⅱ 設計目標　Ⅲ 計画と制御

建築環境工学のしくみ

日照・日射

光環境

音環境

熱環境

温熱環境

空気環境

湿気環境

とが多い。日照については、人間の視覚に対する影響が重要であり、太陽放射の方向も考慮したエネルギー量（刺激量）が問題となる。一方、日射については、対象面に対しあらゆる方向から入射するエネルギーの総量が問題となる。

地球と太陽との間の距離は日々異なり、太陽から地球の大気圏外に到達する法線面日射量も日々異なる。地球の大気圏外に到達する法線面日射量を**太陽定数** J_n といい、その年間平均値 J_o は 1,370 W/㎡（理科年表 2016）である。太陽定数 J_n は太陽と地球の間の距離の 2 乗に反比例し、式（2.1.1）で表される。図 2.1.2 に太陽定数 J_n の年変化を示す。年間 ±3% 程度の範囲で推移する。

$$太陽定数 J_n = J_o / r^2 \tag{2.1.1}$$

ここで

J_o：太陽と地球間の年平均距離における太陽定数 [W/㎡]（＝1,370）
r ：太陽と地球の間の比距離（年間の平均距離に対する比）

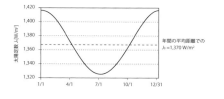

図 2.1.2　太陽定数 J_n の年変化

地球は太陽からの日射を太陽と垂直な地球の断面積に相当する面積で受けることになる（図 2.1.3）。このうち、雲と大気による反射、吸収で地表面に到達するのは約半分となり、地球表面全体で平均すると、夜間も含めた年平均で約 170 W/㎡（太陽定数 1,370 W/㎡ × 50% × $\frac{\pi R^2}{4\pi R^2}$）、単位面積あたり 60 W の白熱電球約 3 個分のエネルギーを受けることになる。

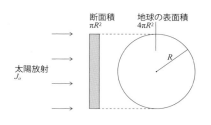

図 2.1.3　地表面が受ける太陽エネルギー

❷ 天球上の太陽の動き

地球は**地軸**を中心に 1 日 1 回**自転**しながら、太陽を中心に 1 年を周期として**公転**している（図 2.1.4）。自転によって昼夜が生じ、公転によって季節が生じる。地球上には、1 日中太陽に面する場所が存在する。この場所では、1 日中明るい状態が続く「白夜」と呼ばれる現象が起こり、逆に 1 日中太陽に面さない場所は、1 日を通して暗い状態が続く「極夜」と呼ばれる現象が起こる。

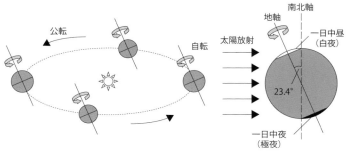

図 2.1.4　地球の自転と公転

現実には太陽は動いておらず、地球が太陽の周りを動いているのだが、地球上の任意の観測地点について太陽の影響を考える際に、観測地点が時々刻々動いてしまうとわかりづらい。そこで、観測地点（地球）を固定して太陽が観測地点（地球）の周りを動いていると考え、太陽と観測地点の位置関係を相対的に捉えることとする。観測地点を中心に架空の球体を描き、この球面上を太陽が移動すると考える。この架空の球体を**天球**と呼ぶ。北半球では、太陽は天球上の東側の地点から出て（**日の出**）、南側を通り（**南中**）、西側の地点に沈む（**日没、日の入り**）（南半球では、太陽は東側から出て、北側を通り、西側に沈む）。春分・秋分には、太陽は真東から出て真西に沈む。春分から夏至、夏至から秋分にかけては、真東よりも北側の地点から太陽は出て、真西よりも北側の地点に沈む。一方、秋分から冬至、冬至から春分にかけては、真東よりも南側の地点から太陽は出て、真西よりも南側の地点に沈む（図2.1.5）。春分・秋分は昼（太陽が地平面よりも上にある時間）と夜（太陽が地平面よりも下にある時間）の長さがちょうど等しくなる日であり、春分から夏至、夏至から秋分は、昼の方が夜よりも長く、逆に秋分から冬至、冬至から春分にかけては、昼よりも夜の方が長い。春分・秋分の日の太陽の移動軌跡を、天球の赤道と呼ぶ。

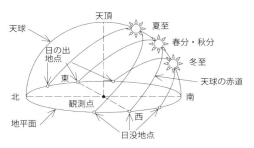

図2.1.5　天球上の太陽の動き

❸ 中央標準時・平均太陽時・真太陽時

地球上のある観測地点から見て太陽がどこに位置するかを知るには、太陽の位置と一意的に対応する時刻表示である**真太陽時**を用いる。

われわれは日常生活において、同じ生活習慣に則って暮らすある一定領域では、**中央標準時**と呼ばれる時刻表示を共通で用いる[※1]。しかし、同じ中央標準時であっても、異なる2地点で見る太陽の位置は異なる。例えば、図2.1.7に示すA地点で見る太陽とB地点で見る太陽の位置が等しくなるには、A地点とB地点の間の経度の差分だけ地球が自転する必要がある。これに要する時間を補正したものが各場所の

※1：日本の標準時

なぜ、日本では明石市を標準地点とするのか？　地球が仮に24時間で1回転（自転）すると考えた場合、1時間あたり15°（360°/24）回転することになる。地球上の各場所における時差を考える際、経度0°に定められている英ロンドンにあるグリニッジ天文台を基準として、1時間刻みで一定領域内の時刻を定めていく。1時間すなわち15°刻みで地球を分割していくと、ちょうど日本列島（東経122.93°〜153.99°）には15°の倍数である135°地点が含まれる。日本の標準時を定める場所として、東経135°の明石市が採用され、日本の標準時刻はグリニッジ標準時間＋9時間で表される。

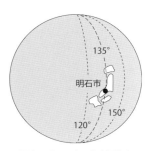

図2.1.6　日本の中央標準時

建築環境工学のしくみ

日照・日射

光環境

音環境

熱環境

温熱環境

空気環境

湿気環境

平均太陽時となる。日本では兵庫県明石市（東経135°）の平均太陽時を中央標準時として用いる。中央標準時、平均太陽時、真太陽時の関係は、式 (2.1.2)、(2.1.3) のように表される。真太陽時12時（正午）は、太陽がちょうど南中する時刻を表すが、中央標準時で太陽が南中する時刻は経度によって異なる。

$$T_m = T_s + (L - L_s)/15 \qquad (2.1.2)$$

$$T = T_m + e = T_s + (L - L_s)/15 + e \qquad (2.1.3)$$

ここで、

T_s ：中央標準時 [時]

T_m：平均太陽時 [時]

T ：真太陽時 [時]

L ：対象地点の経度 [°]

L_s ：基準地点の経度 [°]（日本の場合、$L_s = 135$）

e ：均時差 [時]

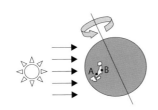

図 2.1.7 観測地点による太陽位置の違い

式 (2.1.3) 中にある**均時差**とは、任意の日に1日1回自転するのに要する時間と、年間の平均自転時間の差のことである。均時差の値は毎年異なり、『理科年表』に毎年新しい値が記載されている。均時差は1年間で4日間だけ0分になる（図 2.1.9）。

❹ 太陽位置

前述したように、ある観測地点における太陽の動きは、天球上の太陽の位置で捉える。太陽の位置は、**太陽高度** h、**太陽方位角** A の2つの角度で表す（図 2.1.10）。それぞれ式 (2.1.4) ～式 (2.1.9) によって算出される。

$$\sin h = \sin\varphi\sin\delta + \cos\varphi\cos\delta\cos t \qquad (2.1.4)$$

$$\sin A = \frac{\cos\delta\sin t}{\cos h} \qquad (2.1.5)$$

$$\cos A = \frac{\sin h\sin\varphi - \sin\delta}{\cos h\cos\varphi} \qquad (2.1.6)$$

ただし、$\sin A > 0$ かつ $\cos A < 0$ のとき

$$A = \tan^{-1}\left(\frac{\sin A}{\cos A}\right) + 180 \qquad (2.1.7)$$

$\sin A < 0$ かつ $\cos A < 0$ のとき

● 1日の長さ

1日の長さは、太陽が南中した時点から次の南中までにかかる時間（＝地球が1回転自転するのに要する時間）で決まる。しかし、地球の公転軌跡は完全な正円ではないため、日によって地球と太陽の間の距離は異なり、地球の自転に要する時間は日々異なる。1年間を通して1日の自転にかかる時間が平均より長い日もあれば平均より短い日もある。例えば均時差が10分の日は、その日1日に自転するのに要する時間が年間の平均自転時間よりも10分長くなる。

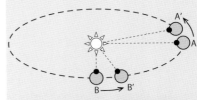

図 2.1.8 太陽までの距離と自転時間

太陽までの距離が長いA地点から地球が1日1回自転しながらA'地点に移動するまでにかかる時間は、太陽までの距離が短いB地点から1回自転しながらB'地点に移動するまでよりも長くかかる。

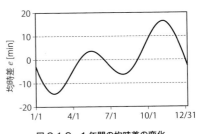

図 2.1.9 1年間の均時差の変化

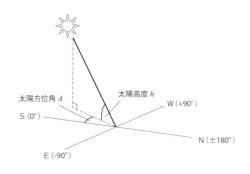

図 2.1.10　太陽位置の表し方

$$A = \tan^{-1}\left(\frac{\sin A}{\cos A}\right) - 180 \qquad (2.1.8)$$

その他の場合

$$A = \tan^{-1}\left(\frac{\sin A}{\cos A}\right) \qquad (2.1.9)$$

ここで、

φ：緯度 [°]

δ：太陽赤緯 [°]

t：時角 [°]

　式（2.1.4）～（2.1.6）にある**太陽赤緯** δ（日赤緯、赤緯ともいう）とは、計算対象日の太陽軌跡と天球の赤道（春分・秋分の太陽軌跡）のなす角度のことで、春分・秋分は 0°、夏至は +23.4°、冬至は −23.4° となる（図 2.1.11）。

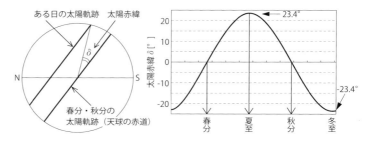

図 2.1.11　1 年間の太陽赤緯の変動（東経 139°）

　時角 t は時刻を角度で表したもので、南中時を 0° として、24 時間で時計の針が 1 周すると考えて（1 時間で 360°/24 =15° 進む）、式（2.1.10）の通り求める。

$$t = (T - 12) \times 15 \ [°] \qquad (2.1.10)$$

　式（2.1.10）中の時刻 T には真太陽時（分・秒を時の単位に換算する）を用いる。

　日中の太陽高度 h は正の値、夜間の太陽高度 h は負の値となる。太陽方位角 A は、真南を 0°、真東を −90°、真西を +90° として、午前は負の値、午後は正の値で表す。太陽方位角 A は、式（2.1.7）～（2.1.9）より符号を勘案して正負を間違いなく求める。

　式（2.1.4）～（2.1.9）より、太陽高度、太陽方位角を算出することはできるが、式が少々複雑であるため、煩雑な手続きを要する。そこで、正確ではないにせよ、おおよその太陽位置を求めたい場合には、**太陽位置図**を用いて簡易に求める（図 2.1.12）。

　太陽位置図とは、ある場所における任意の日の太陽軌跡を水平面あるいは垂直面上に射影した図で、場所（緯度）ごと

に作成される。太陽位置を求めたい任意の日付の太陽軌跡（円を横切る線）と、時刻（真太陽時）の線（太陽軌跡を横断する線）の交点を見つけ、交点を同心円状に上側にたどっていくと太陽高度、交点と円の中心を結ぶ線を放射状に円の外側に延ばすと太陽方位角を求めることができる。

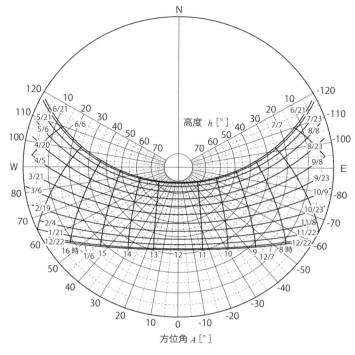

図 2.1.12　太陽位置図（北緯 35°、極射影）

② 日射

❶ 太陽放射の特徴

　地球の大気圏外に到達した太陽放射のうち、一部は大気を直進し、平行光線の**直達日射（直射日光）**として地表に到達する。残りは、大気を通過するときに散乱あるいは吸収される。散乱された太陽放射のうち、約半分は拡散性の**天空日射（天空光）**として地表に到達する。直達日射（直射日光）の強さは**直達日射量（直射日光照度）**、天空日射（天空光）の強さは**天空日射量（天空光照度）**として表し、これらの合計値は**全天日射量（全天空照度）**として表す。建物の壁や傾斜面などには、直達日射、天空日射だけでなく、これらが地物（地面や建物など）で反射することによる**反射日射（地物反射光）**も到達する（図 2.1.14）。

建築環境工学のしくみ

●世界各地の太陽位置図

　白夜の生じるヘルシンキ（フィンランド）と赤道直下に近いバンコク（タイ）の太陽位置図を下に示す。ヘルシンキでは、夏季には一日中太陽がほぼ沈まず、逆に冬季には太陽が出たと思えば、あっという間に沈むことも太陽位置図を見れば一目瞭然である。夏至の日の出は真太陽時で 2 時 40 分ごろ、日没は 21 時 20 分ごろ、冬至の日の出は真太陽時で 9 時 10 分ごろ、日没は 14 時 50 分ごろで、夏季の日照時間は18 時間以上あるのに対し、冬季の日照時間はわずか 5 時間 40 分ほどである。緯度の高い地域では、冬季の日照時間の短さゆえに、気分が落ち込んだり、眠気が強くなる季節性情動障害（SAD：Seasonal Affective Disorder）の発症率が高い。

　一方、バンコクでは 1 年を通して太陽軌跡は東西方向にほぼ平行である。日の出は 5 時 40分〜 6 時 20 分ごろ、日没は 17 時 40 分〜 18時 20 分と 1 年を通して 1 時間も差がない。夏季には太陽高度が 90°近くになる日もあり、影はほとんどできない。日射による影響を避けるには屋外では厳しく、建物内に入るなどしない限り難しい。

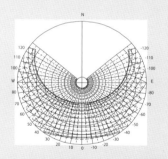

ヘルシンキ（北緯 60.2°東経 24.9°）の太陽位置図

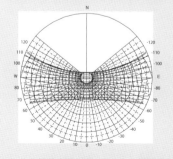

バンコク（北緯 13.8°東経 100.5°）の太陽位置図

図 2.1.13　他国の太陽位置図の例

●日射量と照度の換算（発光効率）

太陽放射の光的側面について検討する際には、日射量ではなく、照度で表す方が人間の視覚に比較的対応しやすいため便利である。

日射量から照度を求めるには、昼光の発光効率 [lm/W] を用いて換算する。昼光の発光効率も、昼光の分類と同じく直射日光と天空光の発光効率に分けて考える。直達日射量から直射日光照度、天空日射量から天空光照度を求めるには、各日射量に各発光効率を掛け合わせて求める。

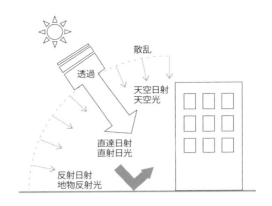

図 2.1.14　地表に到達する太陽放射の内訳

直達日射（直射日光）は量が非常に大きい。冬季は室温を上昇させ、暖房負荷の削減に寄与する。一方、夏季の過度な室内への流入は冷房負荷の増大につながる。また、照明用エネルギー削減の観点からは室内照明として活用することが望ましいが、直達日射（直射日光）は量・色とも時々刻々変化すること、また、強い指向性のためグレアや明るさのむら（第 3 章の II 50 頁参照）を発生させる可能性があることなどから、何らかの建築的工夫を施し、効果的に室内に採り入れる必要がある。天空日射（天空光）も太陽位置や雲の状態によって変動するが、拡散性であり、直達日射（直射日光）に比べ安定している。

地球上に届く太陽放射は、紫外域、可視域、赤外域といった広範囲の波長成分からなるが、可視域に特化してみると、図 2.1.15 に示すように天候、時刻によって分光分布（各波長の放射エネルギーの分布）は変化する。

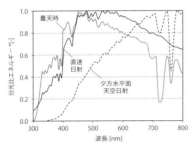

図 2.1.15　太陽放射の分光分布
※測定範囲内での最大強度を 1 としたときの各波長の相対強度

反射日射（地物反射光）は、路面や対向建物外表面の反射率（**アルベード**という）によってその量が異なるが（表 2.1.1）、おおむね天空日射（天空光）の 10% 程度として扱うことが多い。

建築室内における太陽放射の影響を検討する際には、直達日射（直射日光）、天空日射（天空光）、反射日射（地物反射光）のすべてについて考えなくてはならない。

表 2.1.1　各種地表面のアルベード

地表面の状態	アルベード
乾燥した黒土	14%
湿った黒土	8%
乾いた灰色地表面	25 〜 30%
湿った灰色地表面	10 〜 12%
乾いた草地	15 〜 25%
湿った草地	14 〜 26%
森林	4 〜 10%
乾いた砂地	18%
湿った砂地	9%
新雪	81%
残雪	46 〜 70%

❷ **直達日射量、天空日射量、反射日射量**

建物外表面や地表面が日中にどのくらいの日射を受けるかは、季節や天候、日射を受ける面の方位によって変わる。

日射量を算定する際、まずは太陽からの直達日射と大気中の塵や水蒸気などによって散乱された天空日射に分けて考える。**法線面直達日射量**の算定には、Bouguer（ブーゲ）の式が用いられる。

法線面直達日射量 $J_{dn} = J_o P^{1/\sin h}$ [W/㎡]　　　(2.1.11)

ここで、

J_o：大気圏外日射量（太陽定数の年平均値）[W/㎡]（＝1,370）
P：大気透過率 [－]
h ：太陽高度 [°]

大気透過率 P は、大気の透明度を表す指標で、煤煙、塵埃の多い都市部で郊外よりもその値は小さく、また、日本では一般的に冬季より夏季の方が大気中の水蒸気量が多いため、夏季の大気透過率は小さくなる。図 2.1.16 に大気透過率の月別平均値（12 時）の一例を示す。

天空日射量の算定には、Berlage（ベルラーゲ）の式が用いられる。

$$水平面天空日射 J_{sh} = \frac{1}{2} J_o \sin h \frac{1 - P^{1/\sin h}}{1 - 1.4 \ln P} \text{ [W/㎡]} \quad (2.1.12)$$

ここで、

J_o：太陽定数 [W/㎡]
P：大気透過率 [－]

図 2.1.17 に大気透過率 P とブーゲの式から求めた法線面直達日射量 J_{dn}、ベルラーゲの式から求めた水平面天空日射量 J_{sh} の関係を示す。直達日射量は大気透過率が大きいほどその値も大きくなるが、天空日射量は逆に大気透過率が大きいほどその値は小さくなる。

水平面や鉛直面、傾斜面が受ける直達日射量、天空日射量は、それぞれ式（2.1.13）～式（2.1.17）で求められる。各面が受ける天空日射量は、各面からみた天空の形態係数（立体角投射率ともいう。46 頁、65 頁参照）に比例する。

水平面直達日射量 $J_{dh} = J_{dn} \sin h$ [W/㎡]　　　(2.1.13)

鉛直面直達日射量 $J_{dv} = J_{dn} \cos h \cos(A - A_v)$ [W/㎡]

(2.1.14)

鉛直面天空日射量 $J_{sv} = J_{sh}/2$ [W/㎡]　　　(2.1.15)

傾斜面直達日射量 $J_{d\theta} = J_{dn} \cos i$ [W/㎡]　　　(2.1.16)

ただし、$\cos i = \cos\theta \sin h + \sin\theta \cos h \cos(A - A_\theta)$

傾斜面天空日射量 $J_{s\theta} =$

$$\frac{1 + \cos\theta}{2} J_{sh} = \cos^2 \frac{\theta}{2} J_{sh} \text{ [W/㎡]} \quad (2.1.17)$$

ここで、

J_{dn}：法線面直達日射量 [W/㎡]（式 2.1.11 参照）
J_{sh}：水平面天空日射 [W/㎡]（式 2.1.12 参照）

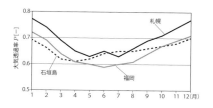

図 2.1.16　大気透過率の年変化
（理科年表 2010 より作成）

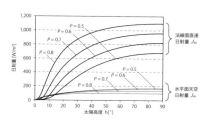

図 2.1.17　大気透過率と法線面直達日射量、水平面天空日射量の関係

建築環境工学のしくみ

日照・日射

光環境

音環境

熱環境

温熱環境

空気環境

湿気環境

h　：太陽高度 [°]
A　：太陽方位角 [°]
A_v　：鉛直面の方位角 [°]
A_θ　：傾斜面の方位角 [°]
θ　：傾斜面の地面に対する傾斜角 [°]
i　：傾斜面に対する日射の入射角 [°]

　また、前述した通り、鉛直面や傾斜面は直達日射と天空日射の直接成分以外に、周辺建物などの地物からの反射日射も受ける。傾斜面が受ける反射日射は、周辺建物の配置や反射面の反射特性（反射率、指向性）などの影響を受けるが、直達日射も天空日射も地表面で均等拡散反射すると仮定すれば、地面に対する傾斜面の形態係数（図2.1.18）とアルベードを用いて式（2.1.18）のように略算できる。

$$傾斜面の反射日射量 J_{r\theta} = \left(1 - \frac{1+\cos\theta}{2}\right)\rho_g J_h \ [\text{W/㎡}]$$

$$(2.1.18)$$

ここで、
J_h：水平面全日射量 [W/㎡]（$= J_{dh} + J_{sh}$）
ρ_g：アルベード [−]

　ある傾斜面が受ける全日射量は、直達日射量、天空日射量、反射日射量の合計となり、式（2.1.19）より求められる。

$$傾斜面全天日射量 J_\theta = J_{d\theta} + J_{s\theta} + J_{r\theta} \ [\text{W/㎡}] \qquad (2.1.19)$$

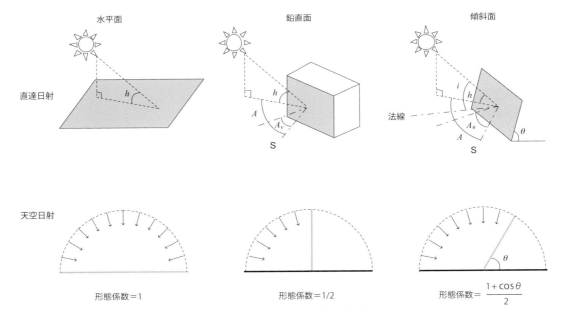

図 2.1.18　各面が受ける直達日射と天空日射

❸ 各方位の面で受ける直達日射量の時刻・季節による違い

　北緯 35° 地点において、各方位の鉛直面ならびに水平面が受ける直達日射量の一例を図 2.1.19 に示す。夏至の南中時に南側鉛直面が受ける直達日射量は、太陽高度が高くなる（約 78°）ため、東西側の鉛直面よりも少ない。逆に、太陽高度が低い時間帯に直達日射を受ける東側や西側の鉛直面は、朝夕には南側鉛直面よりも多くの直達日射を受けることがわかる。さらに、春分〜夏至〜秋分の 1 年の半分の期間は、太陽は真東よりも北側の地点から昇り、真西よりも北側の地点に沈むため、日の出直後と日没直前には、北側鉛直面にも直達日射が当たる。太陽高度が高くまで上がる夏季は、水平面が受ける直達日射量がもっとも大きい。

　一方、冬至は、南側鉛直面が受ける直達日射がもっとも大きくなる。図 2.1.20 に 1 日に受ける直達日射の積算値（終日日射量）の年間の推移を示す。南側鉛直面の終日日射量は東西側鉛直面に比べ、夏季に少なく冬季に多い。夏は直達日射の影響が小さく、冬は直達日射を採り入れて暖かく過ごせるため、日本では南に面した住戸が好まれる。空調負荷を低減するためには、東西軸に長い平面計画とすることが望ましい。

❹ 大気放射量

　太陽放射のうち、大気で反射される成分以外は大気中で吸収、あるいは大気を透過し地球に到達する。地球に到達した成分のうち、一部は地表面で反射され、残りは地表面に吸収された後に再放射される。地表面から大気に向けて放出される放射エネルギーは、波長 3 μm 以上の赤外放射（長波長放射）で、その大半は大気中の水蒸気や雲、二酸化炭素によって吸収され、地表面と大気圏外に向けて再放射される。このうち、地表面に届く下向きの成分を**大気放射**という。快晴日の大気放射量は、式（2.1.20）に示す **Brunt（ブラント）の式**から求められる。

$$大気放射量\ J_a = \sigma T_a^4 \left(0.526 + 0.076\sqrt{f}\right)\ [\mathrm{W/㎡}]\quad(2.1.20)$$

ここで、
σ：シュテファン−ボルツマン定数 $[\mathrm{W/㎡ \cdot K^4}]$（$=5.68 \times 10^{-8}$）
T_a：地表付近の空気の絶対温度 $[\mathrm{K}]$
f　：地表付近の空気の水蒸気分圧 $[\mathrm{mmHg}]$（$1\,\mathrm{mmHg} ≒ 1.33\,\mathrm{hPa}$）

　地表面は大気からの再放射を受けた結果、温暖に保たれることになる。これを大気の温室効果という（図 2.1.21）。
　地表面もまたその表面温度に応じた長波長放射（**地表面放射**という）を放出する。地表面を黒体と仮定した場合、地表面からの放射量は、式（2.1.21）より求められる。

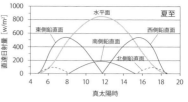
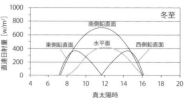

図 2.1.19　夏至と冬至の各面の直達日射量
（北緯 35°）

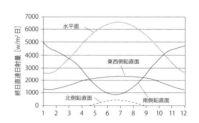

図 2.1.20　終日直達日射量の年間変動
（北緯 35°）

建築環境工学のしくみ

日照・日射

光環境

音環境

熱環境

温熱環境

空気環境

湿気環境

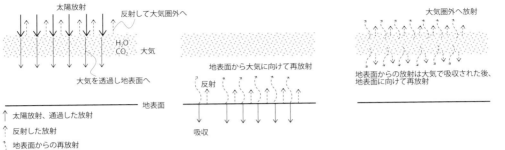

①太陽放射が大気に到達　②大気を透過した分は地表面で反射、吸収　③地表面で反射、吸収された後、再び大気へ

図 2.1.21　太陽放射と地表面放射のバランス

$$地表面からの放射量 J_T = \sigma T_a{}^4 \ [\mathrm{W/㎡}] \qquad (2.1.21)$$

　地表面からの放射量 J_T の方が大気放射量 J_a よりも大きければ、地表面からは熱が奪われ冷えていく。この地表面放射量 J_T と大気放射量 J_a の差を**実効放射**あるいは**夜間放射**（特に夜間に顕著になるためこのように呼ばれる）という（図2.1.22）。

$$
\begin{aligned}
実効（夜間）放射 J_e \\
= J_T - J_a = \sigma T_a{}^4 (0.474 - 0.076\sqrt{f}) \ [\mathrm{W/㎡}]
\end{aligned}
$$
$$(2.1.22)$$

　大気放射量は地表面からの放射量の 1/2 〜 1/4 程度である。式 (2.1.20)、式 (2.1.22) からわかる通り、大気中の水蒸気分圧が低ければ大気放射は少なく、実効放射が多くなる。逆に、大気中の水蒸気分圧が高ければ大気放射は多く、実効放射は少なくなる。すなわち、空気が乾燥している（水蒸気分圧が低い）冬季には実効放射が大きくなり、地表面付近が冷え込むことになる。なお曇天時には、低空にある温度の高い雲と地表面との間で放射のやり取りをすることになるため、実効放射は快晴時よりも少なくなる。

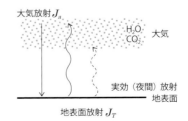

図 2.1.22　大気放射と実効（夜間）放射

Ⅱ…設計目標

日照・日射に関する評価指標

■ 日照確保に関する評価指標

❶ 日照時間・日照率

かの有名な看護師フロレンス・ナイチンゲールの著書『看護覚え書き』では、陽光の入らない家の不健康さ、衛生問題、子どもたちへの健康影響を指摘している[1]。日照の確保は、健康かつ快適な居住環境にとって必要不可欠であるが、近年、過密化する都市部では、十分な日照の確保が難しくなってきている。

日照の程度を表す用語に**日照時間**、**日照率**がある。天候や周辺建物の立地条件とは関係なく、理論上日照がありうる時間（日の出から日没までの時間）を**可照時間**というが、日照時間は実際に日照のあった時間（直射日光が雲などで遮られることなく地表を照射した時間。直達日射量 0.12 kW/㎡ 以上と定義される）をいう。日照率は可照時間に対する日照時間の比で、以下の式 (2.2.1) で表される。

日照率 ＝ 日照時間／可照時間　　　　　(2.2.1)

❷ 日影規制

日本では、建築基準法第 56 条、第 56 条の 2 により、建築物の高さが制限されている（表 2.2.1）。これは用途地域ごとに、日影の長さがもっとも長くなる冬至に、当該建物がつくる日影の最大時間を規制したものである。例えば、近隣商業地域で、敷地境界線からの水平距離が 10 m 以内の範囲については日影時間の最大値は 4 ないし 5 時間となっている（北海道では 3 ないし 4 時間）。北緯 35° 地点であれば、冬至の可照時間は太陽位置図（図 2.1.12）より約 9 時間 20 分（日の出：真太陽時 7 時 15 分、日没：真太陽時 16 時 35 分）であるから、天候による影響を除いて日照時間を約 4 時間 20 分～5 時間 20 分は確保しなくてはならないことになる。しかし、商業地域におけるマンションの住民の過半は、6 時間以上の日照時間を欲しているとの報告もあり[3]、単に建築基準法を満足するだけでなく、居住者にとって満足のいく日照時間を確保できるよう周辺建物の計画を考える必要がある。

都市部への人口集中による土地の高度利用に対する要望については、前面道路幅に応じて建物高さを規制する斜線制限

●日影規制区域外で日照権を認める

北側に隣接する 8 階建てマンションの住民が「受忍限度を超える日照阻害を受ける」として、地上 14 階建てマンションの建築差し止めを求めていた仮処分申請で、神戸地裁尼崎支部が 10 階以上の部分について建築差し止めの仮処分を決定した[2]。

この地域は日影規制のない近隣商業地域であったが、日照権の侵害を理由に建築差し止めが認められた。日照時間が一部住戸の全居室で 4 時間を超える、というのが裁判所の主な判断理由である。経済的活用の要請が強く望まれる近隣商業地域にあり、法的な日影規制がないからといって、近隣住民の日照権を侵害することは許されない。

住宅における日照への要求は高く、建築基準法などによる最低の基準を遵守しても、住まい手の日照に対する要求を満足することはできない。周辺環境への配慮が非常に大切である。

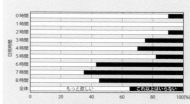

図 2.2.1　商業地域のマンションにおける必要日照時間[3]

で指定の容積率を十分に消化することができない場合がある。そこで2003年には、従来の道路斜線、隣地斜線、北側斜線による**日影規制**に加え、建築基準法第56条7項として**天空率**による緩和規定が設けられた。天空率とは、ある地点から見える空の割合のことをいい、日影規制で用いる天空率は、建築物が建つ前面道路の中央から天空を見上げた際に見える天空の割合を指す。

表 2.2.1　日影による中高層の建築物の制限（第56条、第56条の2）
（）内の時間は、北海道の区域内における日影時間
(1)〜(3)は地方公共団体がその土地の気候および風土、土地利用の状況を勘案して指定する

地域又は区域	制限を受ける建築物	平均地盤からの高さ		敷地境界線からの水平距離が10m以内の範囲における日影時間	敷地境界線からの水平距離が10mを超える範囲における日影時間
第一種低層住居専用地域、第二種低層住居専用地域又は田園住居地域	軒の高さが7mを超える建築物又は地階を除く階数が3以上の建築物	1.5m	(1)	3（2）時間	2（1.5）時間
			(2)	4（3）時間	2.5（2）時間
			(3)	5（4）時間	3（2.5）時間
第一種中高層住居専用地域又は第二種中高層住居専用地域	高さが10mを超える建築物	4m又は6.5m	(1)	3（2）時間	2（1.5）時間
			(2)	4（3）時間	2.5（2）時間
			(3)	5（4）時間	3（2.5）時間
第一種住居地域、第二種住居地域、準住居地域、近隣商業地域又は準工業地域	高さが10mを超える建築物	4m又は6.5m	(1)	4（3）時間	2.5（2）時間
			(2)	5（4）時間	3（2.5）時間
用途地域の指定のない区域	イ　軒の高さが7mを超える建築物又は地階を除く階数が3以上の建築物	1.5m	(1)	3（2）時間	2（1.5）時間
			(2)	4（3）時間	2.5（2）時間
			(3)	5（4）時間	3（2.5）時間
	ロ　高さが10mを超える建築物	4m	(1)	3（2）時間	2（1.5）時間
			(2)	4（3）時間	2.5（2）時間
			(3)	5（4）時間	3（2.5）時間

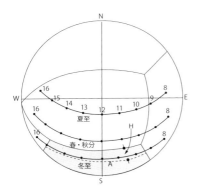

図 2.2.2　水平面正射影図による
　　　　　建物高さ、日照時間の検討の例

●**カメラによる日照の検討**

　日照時間の検討などを行う場合、魚眼レンズ付きのカメラを用いて、地面から天空を撮影することがある。カメラに用いるレンズの射影方式と、太陽位置図の射影方式を合わせておくと、そのまま二つの図を重ね合わせることで、どの時間帯に太陽が建物に隠れ、どの時間帯に地面に日照があるのか直接検討でき便利である。

　また、正射影の魚眼レンズを用いて撮影すれば、画像中に占める天空の面積割合から直接天空率を求めることができ便利である。

　天空率による緩和規定は、新しく建築物を建てた場合の天空率が、従来の斜線制限による天空率よりも大きければ、斜線制限による高さ規定を緩和し、より高い建物が建てられるというものである。これまでは隣地境界線までの水平距離に応じて建物高さは一律に制限されていたが、天空率による緩和規定が適用されれば、建築可能な空間が広がり、容積率を目一杯消化することが可能となる。しかしその一方で、容積率を消化するために、建物の高層化や建物・敷地の細分割が起こり、景観への影響を懸念する声もある。建物単体として

の利益、快適性を追求するだけでなく、都市全体として最適となるような建築計画を行わなくてはならない。

2 日射遮蔽に関する評価指標

夏季には室温上昇を抑えるために、室内への日射熱の流入を極力制限する必要がある。また、オフィスビルなどでは、OA機器等の室内で発生する熱負荷も多く、夏季だけでなく中間期にも冷房を使用せざるをえない場合がある。一方、冬季や寒冷地では、日射熱を積極的に利用し室内温熱環境を改善し、暖房負荷を軽減したい。季節や場所、方位に応じた適切な日射遮蔽の計画が、年間を通じた省エネルギーには必須である。

開口部を通して室内に流入する日射量は、ガラス、庇やカーテン、ブラインドなどの日射遮蔽装置といった窓回り部材の性能、計画による。開口部の日射遮蔽性能は、各部材の日射遮蔽性能の組合せから、式 (2.2.2) より簡易的に見積もることができる（第5章のⅡ **4** **❹** 124頁参照）。

開口部の日射侵入率 $\eta =$
ガラスの日射侵入率 $\eta_g \times$ 日射遮蔽部材の遮蔽係数 SC

$$(2.2.2)$$

日射侵入率の値が小さいほど、室内に侵入する日射量が少ないことを意味する。複数の日射遮蔽部材を用いる場合は、全種類の遮蔽係数 SC を掛け合わせて算出する。ただし、ガラスと日射遮蔽部材の間の相互反射などを考慮し、より正確に開口部の性能を把握するには、詳細な計算が必要となる。また、設置する方位によっても日射遮蔽部材の効果が異なる場合があるため、方位に応じて効果的な日射遮蔽部材を選択することが重要である。

3 日射の利用に関する評価指標

日射の利用方法の一つに太陽光発電がある。膨大な太陽エネルギーを使って発電し、日中の消費電力を賄い、さらに余剰分を売電することができれば、特に夏季日中における発電所の負荷軽減につながり、社会全体で省エネルギーを図ることが可能となる。

太陽電池パネルの発電量は、設置場所の日射量、パネルの設置方位、傾斜角によって異なり、式 (2.2.3) の通り見積もることができる。

太陽電池パネルの発電量 $= \displaystyle\sum_{d=1}^{365} J_{\theta d} \times W \times Q/J_s$ [kWh／年]

$$(2.2.3)$$

● 太陽放射エネルギーの活用

太陽からの放射エネルギーは莫大であり、しかも無料である。これを積極的に活用しない手はない。

太陽光発電は一般によく見かけるシステムである。屋根の上や屋上に設置されることが多かったが、最近ではシースルータイプのものも開発され、庇やルーバーと一体化して使われることもある。都市部では設置面積をより大きくして発電量を確保すべく壁面に太陽光電池を設置することもある。太陽光電池に入射した太陽エネルギーは、光起電力効果により電気エネルギーに変換され、電力として出力される。

図2.2.3　太陽光電池

より積極的に太陽からの放射エネルギーを活用するために、時々刻々と位置が変わる太陽を追尾し、もっとも効率よい状態で太陽からの放射エネルギーを受け取ろうとする方法もいくつかある。例えば、太陽に常に正対するよう鏡の向きを変え、鏡の法線方向から入射した直射日光を鏡面反射させ、室内の任意の場所を明るく照らす採光システムなども開発されている。

建築環境工学のしくみ

日照・日射

光環境

音環境

熱環境

温熱環境

空気環境

湿気環境

ここで、

$J_{\theta d}$：d 日に傾斜角 θ の斜面が受ける終日日射量［kWh/ 日㎡］

W：太陽光発電システム容量［kW］

Q：損失係数（温度上昇や受光面の汚れ、配線などによる発電ロス、通常 0.7 ～ 0.8 程度）

J_s：標準日射強度［kW/㎡］（JIS 規格では 1 kW/㎡）

d：任意の日付

　傾斜面が受ける日射量は、式（2.1.16）、式（2.1.17）の通り、傾斜面に対する太陽放射の入射角（傾斜面の方位、傾斜角、太陽位置による）の影響を多分に受ける。傾斜面が太陽に正対するよう時々刻々その方位、傾きを変化させればもっとも効率よく日射を受けることができるが、太陽電池パネルを時々刻々動かすことは現実的でない。そのため、年間の発電量が最大となるような最適な設置方位、傾斜角を事前に検討する必要がある。任意の年の年間日射量を予測することはできないため、JIS C 8907：2005「太陽光発電システムの発電電力量推定方法」で推奨される日射量データベース[参4]を用いて、太陽電池パネルの方位角、傾斜角に応じた年間・月間発電量を推定する。

　太陽光発電による年間の省エネルギー効果は、一次エネルギー換算し、式（2.2.4）の通り評価される。

　太陽光発電による年間一次エネルギー消費削減量

$\qquad$ ＝ 太陽光パネルの発電量 /102.4 ［GJ］　　　　（2.2.4）

日照・日射の計画と制御

1 日影の検討

❶ 日影曲線図

　建築物を建てる際、当該建物の採光だけでなく、周辺環境に建物がもたらす日影の影響についても十分に検討しなくてはならない。

　水平な地面に立つ高さ H の垂直棒の影の長さ L は、式(2.3.1) の通り算出される。影の方向は太陽方位と真逆の向きになり、影の方位角は太陽の方位角 $A\pm180[°]$ となる（図2.3.1）。

$$L = H/\tan h \qquad (2.3.1)$$

ここで、
L：影の長さ
H：棒の長さ
h：太陽高度 $[°]$

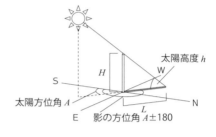

図 2.3.1　垂直棒の影の長さと方位角

　太陽位置図から任意の日時における太陽位置を求め、太陽高度から当該建物による日影の長さ、太陽方位角から日影の方位を逐一求めることもできるが、より簡便に日影の長さと方位を求めるには、**日影曲線図**を用いるとよい。これは座標原点に垂直に置かれた単位長さの棒による影の先端が水平面上に描く軌跡を示した図で、例えば、北緯35°の日影曲線図は図2.3.2のようになる。日影の状態を知りたい任意の日付の曲線と、求める時刻（真太陽時）の線との交点が原点に置かれた単位長さの棒による影の先端の位置となる。この交点と原点の間の距離が単位長さに対する日影の長さ（倍率）となり、原点からこの交点の方向に日影が生じる。

❷ 日影図、日影時間図

　図2.3.3は、北緯35°地点での春分・秋分、夏至における立方体による日影を1時間おきに描いたものである。また、図2.3.4には、冬至における立方体による日影と立方体の高さ、間口幅が変化したときの日影を描いた。このようなある物体による日影の形を描いた図を**日影図**という。

　夏至の日には日の出直後、日没直前に太陽が東西軸よりも北側に位置するため、南側にも日影ができる。春分・秋分の日の日影の先端の軌跡は東西軸とほぼ平行に一直線となる。冬至の太陽高度は1年間でもっとも低いため、日影の長さが

建築環境工学のしくみ

日照・日射

光環境

音環境

熱環境

温熱環境

空気環境

湿気環境

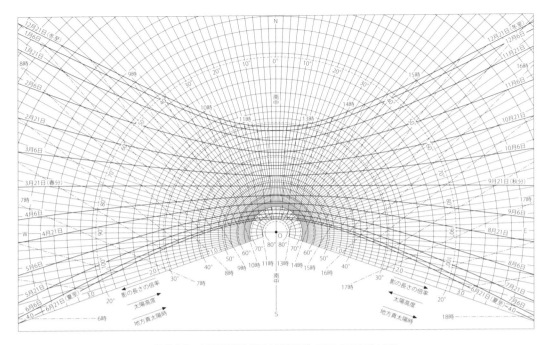

図 2.3.2　水平面日影曲線図（北緯 35°）※図中の時刻は真太陽時

もっとも長くなる。

　冬至の日影で、立方体の高さが 1.5 倍、間口が 2 倍になっ
た場合を比較すると、影の長さは高さに比例して延びるため、
高さが高いほど日影が生じる範囲は遠くまで及ぶことがわか

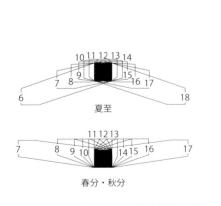

図 2.3.3　春分・秋分と夏至の日影図（北緯 35°）
※図中の数値は真太陽時

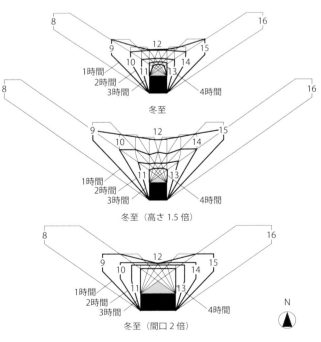

図 2.3.4　冬至の日影図と日影時間図（北緯 35°）※図中の数値は真太陽時

I 基本と原理　II 設計目標　III 計画と制御

建築環境工学のしくみ

日照・日射

光環境

音環境

熱環境

温熱環境

空気環境

湿気環境

る。一方、間口が広くなる場合は、影の長さは変わらないが、日影ができる範囲は広くなる。図2.3.4中の灰色で塗りつぶされた範囲は、1日中日影になる。このような場所を**終日影**（終日日影ともいう）と呼び、1年を通して日影になる場所は**永久影**（永久日影ともいう）と呼ぶ。永久影の場所は、1年でもっとも影の長さが短い夏至の日の終日影の場所と等しい。

　ある物体によってできる日影の時間の長さが等しい地点を結んだ線を等時間日影線といい、一定時間ごとの等時間日影線を重ね合わせて描いた図を**日影時間図**という。冬至の日の真太陽時8時から16時の間の立方体による日影時間図を図2.3.4に併記した。1時間日影線は、8時と9時、9時と10時、10時と11時…、2時間日影線は8時と10時、9時と11時、10時と12時…のように、各時間の日影図の交点を結んでいくと作成できる。4時間日影線に着目すると、建物高さが高くなってもその範囲はあまり変わらないが、間口が広くなると4時間日影に入る場所も広がる。

　ここで示した例は単一の物体による日影であるが、実際には複雑な形状の複数の建物による日影を検討することになる。実務ではコンピュータを用いて検討するのが一般的である。図2.3.5は複数の建物による日影時間図である。単一の建物による日影は、図2.3.4に示したように、建物から離れれば離れるほど、日影時間が短くなる。しかし、複数の建物が隣接して建っているような場合は、両建物から離れた場所に日影時間の長い場所が島状に発生することがある。これを**島日影**という。設計対象建物が日影をもたらしうるすべての建物について、表2.2.1に示す日影時間の制限値を超えることがないよう、周辺建物も考慮して建物の配置、高さ、形状を検討しなければならない。

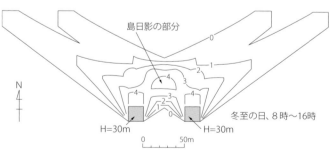

図2.3.5　複数建物による日影時間図

庇・バルコニーによる日射遮蔽
上階のバルコニーは下階にとって庇の役割を果たす。

すだれによる日射遮蔽
窓面を覆うことで窓に直接日射が当たるのを防ぐ。葦などの天然素材でつくられ、日射を遮蔽しつつ、隙間から通風を確保することができる。

壁面緑化による日射遮蔽
建築物の外側に植物を生育させ、窓や外壁に当たる日射を遮蔽するほか、植物の蒸散作用による気化熱で周囲の温度上昇を抑制することができる。冬には枯れる植物を用いれば、日射を遮蔽したい夏季と日射を採り入れたい冬季とで季節に応じた運用が可能となる。

屋上緑化による屋根面からの日射熱の流入制御
太陽高度の高い夏季にほぼ真上から日射を受ける屋根は熱板のごとく高温になる。屋根全面を植物で覆うことで、日射を遮蔽しつつ、植物の蒸散作用によって熱を逃がし、室内の温度上昇を防ぐ。極寒地域では、屋根に生やした植物を断熱材として用いることもある。

図 2.3.7　日射遮蔽の方法

❷ 日射遮蔽の検討

　室内への過剰な日射侵入を防ぐには、日除けによって開口部に影をつくり、窓面に直接当たる日射量を極力減らすことが基本となる。その際、時々刻々と変化する太陽位置を考慮し、年間を通じて最適な日除けの設置方法を検討しなければならない。

　例として、図 2.3.6 に示す長さ L の庇が窓面にもたらす影の範囲について考えてみよう。窓外に遮蔽物がない場合、図中の斜線で示す範囲に庇の影ができることになる。窓面の方位角を a [°] とすると、太陽光線は窓面の法線に対し、$A-a$ [°] の角度（見かけの太陽方位角 A' [°]）で入射する。窓面に生じる影の位置を表す寸法 W_s と H_s は式 (2.3.2)、(2.3.3) の通り求められる。

$$W_s = L \tan A' \tag{2.3.2}$$
$$H_s = L \tan h / \cos A' = L \tan h / \cos(A-a) = L \tan h' \tag{2.3.3}$$

ここで、

h ：太陽高度 [°]
A ：太陽方位角 [°]
a ：窓面方位角 [°]（南：0°、北：±180°、東：−90°、西：+90°）
h'：見かけの太陽高度（プロファイル角）[°]
A'：見かけの太陽方位角 [°]
L ：庇の長さ

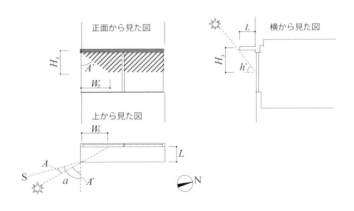

図 2.3.6　窓面にできる庇による影の範囲

図2.3.6の右側に示す通り、窓の法線に対する太陽の高度によって、窓面にできる影の位置は決まる。窓の法線に対する太陽の高度を、**見かけの太陽高度**あるいは**プロファイル角**といい、式 (2.3.4) の通り定義される。

$$\tan h' = \tan h / \cos(A - a) \tag{2.3.4}$$

　東側に面する窓面には明け方に、西側に面する窓面には夕方に、見かけの太陽高度がかなり低い状態で太陽光が照射される。この場合、水平型の庇だけで日射を防ぐことは難しく、カーテンやブラインドなどを併用、あるいは垂直型の庇を選択する方が適当である。このほかすだれや壁面緑化による日射遮蔽の方法を図2.3.7に示す。

建築環境工学のしくみ

日照・日射

光環境

音環境

熱環境

温熱環境

空気環境

湿気環境

【図版出典】
図2.2.1　久保田徹・三浦昌生「商業地域における日照と住民意識に関する実態調査　川口駅周辺商業地域の中高層集合住宅を対象とした検討」(『日本建築学会計画系論文集』562)、2002
図2.2.2　日本建築学会『建築環境工学実験用教材Ⅰ環境測定演習編』1982
図2.3.2　日本建築学会編『建築設計資料集成2』丸善、1960より作成
図2.3.5　日本建築学会編『建築環境工学用教材　環境編』日本建築学会、1955より作成

【参考文献】
1)フロレンス・ナイチンゲール『看護覚え書き改訂第7版』現代社、2011
2)『日経アーキテクチャ』(2010-4-12号)
3)久保田徹・三浦昌生「商業地域における日照と住民意識に関する実態調査　川口駅周辺商業地域の中高層集合住宅を対象とした検討」(『日本建築学会計画系論文集』562)、2002
4)日射に関するデータベース:http://www.nedo.go.jp/library/nissharyou.html、NEDO 独立行政法人　新エネルギー・産業技術総合開発機構

◆演習問題◆

　11月8日に東経139度46分、北緯35度地点にて14時の時報が鳴った。11月8日の均時差を16分25秒として、以下の各問に答えよ。この日の対象地点の大気透過率の値は0.68とする。周辺地面のアルベードは0.30とする。

(1)　東経139度46分を角度（°）の表記に直せ。

(2)　このときの対象地点での平均太陽時を求めよ。

(3)　このときの対象地点での真太陽時を求めよ。

(4)　このときの対象地点での太陽位置（太陽高度、太陽方位角）を求めよ。

(5)　このときに、対象地点にて高さ5mの棒がつくる日影の長さと方位角を求めよ。

(6)　このときの対象地点における法線面直達日射量を求めよ。

(7)　このときの対象地点における天空日射量を求めよ。

(8)　このときの対象地点における北、東、南、西向きの各鉛直面に入射する日射量（直達日射量、天空日射量、反射日射量）を求めよ。ただし、周辺には遮蔽物はいっさいないものと仮定する。

(9)　この日の対象地点における真太陽時8時から16時の間の、一辺の長さ5mの立方体による日影図を1時間ごとに縮尺1：100で描け。

(10)　(9)の場合の1時間日影線、2時間日影線、3時間日影線を描け。

(11)　(9)の場合に終日影のできる範囲を図示せよ。

第 3 章

光環境

われわれ人間は、五感を使って環境情報を取得しているが、中でも目を使って得られる環境情報は全体の約8割以上を占めるといわれる。目で正しく環境情報を取得するために重要となるのが光環境である。モノを正確に見ることができる、作業をしていて目が疲れない、空間の用途に相応しい雰囲気を演出する光環境とはどのようなものか。本章では、人間が光を知覚するメカニズムと快適な光環境を実現するための要件について解説する。

光と視覚

1 人間の視覚

❶ 人間の目の構造

　あらゆる物体の表面からは、その温度に応じた振動、強度を持つ電磁放射（あるいは電磁波ともいう）が放出されている。人間の目は一般に波長が 380 〜 780 nm の範囲の電磁放射を知覚できるとされる。この範囲の電磁放射を「可視放射」あるいは「光」と呼ぶ。

　人間の目の構造を図 3.1.1 に示す。眼球を保護している一番外側の角膜で屈折した光は、瞳孔を通り水晶体でさらに屈折し、網膜に至る。瞳孔はカメラの絞りと同様の機能を果たし、虹彩によってその大きさを直径 2 mm から 8 mm まで変化させ、眼球に入る光の量を調節する。水晶体はカメラのレンズと同様の機能を果たし、網膜の中心（中心窩という）に視対象が結像されるよう、焦点距離に応じ毛様体筋を使ってその厚みが調節される。

●盲点を探してみよう！

　下の図のように、●と×を描いた紙を使って、自分自身の盲点の存在を簡単に確認することができる。

　右目（あるいは左目）で●（左目の場合は×）を注視してみよう。その際に、目線を動かしてはならない。●と×の両方が見える状態から、紙を目に近づけたり離してみたりすると、×（左目の場合は●）がふっと消えるところがあるはずだ（●×の大きさによって違いはあるが、A4 サイズの紙に描いた場合は、肘を軽く曲げたくらいの距離）。そのとき、×あるいは●が右目あるいは左目の視神経乳頭、盲点に結像されている状態となる。右目、左目とも正常に機能していれば、両目に 1 か所ずつ盲点は存在する。自分の盲点の存在を確認してみよう。

図 3.1.4　盲点の確認

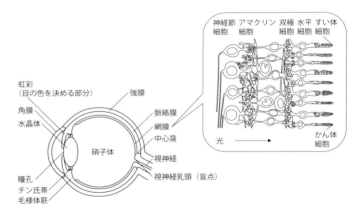

図 3.1.1　人間の眼球の構造

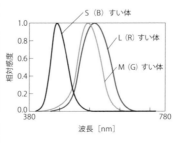

図 3.1.2　すい体細胞の相対分光感度

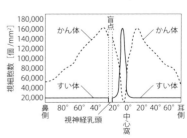

図 3.1.3　網膜上の視細胞分布

網膜上には、**すい（錐）体細胞**（cones）と**かん（杆）体細胞**（rods）の2種類の視細胞がある。すい体細胞は明るいところで機能し、かん体細胞は暗いところで機能する。すい体細胞には、各波長に対して感度の異なるLすい体（Rすい体）、Mすい体（Gすい体）、Sすい体（Bすい体）の3種類がある（図3.1.2）。

すい体細胞は、図3.1.3に示すように主に網膜の中心に存在している。一方、かん体細胞はほとんどが網膜の周辺部に存在している。

明るいところ（照度にして約10 lx以上）に目が順応しモノを見ている状態を「**明所視**」、暗いところ（照度にして約0.01 lx以下）に目が順応しモノを見ている状態を「**暗所視**」という。明所視と暗所視の間の目の状態は「**薄明視**」と呼ばれ、すい体細胞とかん体細胞の両方が機能する。明所視では、分光感度特性の異なるLすい体、Mすい体、Sすい体の3種類のすい体細胞で光のエネルギーを吸収し、各細胞の波長ごとのエネルギー吸収率の違いにより光の色を知覚することとなる。一方、暗所視では、かん体細胞が光のエネルギーを吸収することになるが、かん体細胞は1種類しか存在しないため、光の色を知覚することはできない。しかし、かん体細胞は少ない光に対しても非常に感度よく反応するため、暗い中でモノの色は区別できなくとも、モノの存在を知覚することはできる。網膜の中心窩に対象物の像が結像され主にすい体細胞によって視知覚している状態を「**中心視**」、網膜の周辺部に結像された像を主にかん体細胞によって視知覚している状態を「**周辺視**」という。

すい体細胞あるいはかん体細胞で吸収された光のエネルギーを視神経を介し大脳に伝達して情報処理することで、われわれは明るさや色、モノの形などの視覚情報を得ることができる。

明所視の状態から暗所視の状態に変化する過程を「**暗順応**」、暗所視の状態から明所視の状態に変化する過程を「**明順応**」という。曝露される光の量に応じた瞳孔径の調整、機能する視細胞のスイッチングにかかる時間は明順応と暗順応とでは異なり、明順応は40秒から1分で完了するのに対し、暗順応は30分から最大1時間ほどかかる。

網膜上には視神経および血管が1か所に集まる場所があり、そこには視細胞が存在しない。この点は盲点（視神経乳頭）と呼ばれ、注視している視対象物が盲点に結像された場合は、知覚できない（図3.1.4）。

❷ 加齢に伴う人間の視覚特性の変化

❶で記したように、人間の目は瞳孔径の大きさや2種類

● 虹の7色

われわれが日常的に体験する光は白色光といわれ、さまざまな波長の放射が混合された状態で目に入射する。

各波長の放射を等量ずつ混合すると目には白色に映るが、狭い範囲の波長のみを抽出すると、波長の短い方から虹の7色（紫・藍・青・緑・黄・橙・赤、各色の英語名 Violet-Indigo-Blue-Green-Yellow-Orange-Red の頭文字をとって、VIBGYOR（ヴィブギョール）というと覚えやすい）を呈しているように目には映る。この7色を提唱したのはニュートンで、音の7音階と関連づけて、「各色の帯の幅が、音楽の音階の間の高さに対応している」と考えたためといわれている。

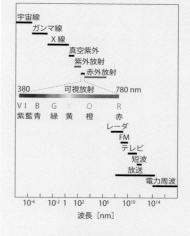

図3.1.5　各波長の放射

建築環境工学のしくみ

日照・日射

光環境

音環境

熱環境

温熱環境

空気環境

湿気環境

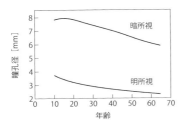

図 3.1.6　加齢に伴う瞳孔径の変化

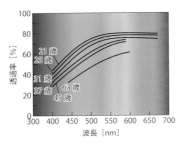

図 3.1.7　加齢に伴う水晶体透過率の変化

の視細胞の使いわけによって、星明りの下での明るさ（照度にして約 0.01 lx）から直射日光のある昼間（照度にして約 10 万 lx）まで、非常に広範囲の明るさに適応することができる。しかし、加齢に伴い適応範囲は狭くなる。図 3.1.6 に示すように、若齢者は順応している明るさに応じて直径 2 ～ 8 mm 程度まで瞳孔径を調節できるが（瞳孔面積にして 1 : 16）、加齢と共に瞳孔径は小さくなっていく。特に、暗所視において瞳孔が十分に開かなくなる。また、加齢に伴い水晶体は白濁化していき、図 3.1.7 に示すように透過率が低下、特に短波長の光の透過率が低下していく[参1]。さらには、すい体細胞の感度の低下・個数の減少、網膜中心部の黄斑部に起こる異常（加齢黄斑変性など）によって、視認能力は低下していく。高齢者や視覚弱者の視覚特性をよく理解したうえで、照明計画に配慮する必要がある。

2　測光量・測色量

　照明計画を行う際には、光の量・質を表す数値化された目標・目安が少なからず必要となる。しかし、1 で記したように、人間の目の網膜にある視細胞の感度は波長によって異なるため、同じエネルギー量の光が網膜に入射したとしても、波長が異なれば、知覚される光の強さは異なる。光の強さを表す数値は、図 3.1.8 に示す明所視における各波長の光に対する分光感度曲線（標準分光視感効率、あるいは標準比視感度ともいう）に基づいて定義される。

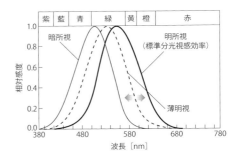

図 3.1.8　人間の目の分光感度曲線

　人間の目の光に対する分光感度は、明所視、暗所視それぞれの最大感度を 1 として、各波長の光に対する感度を相対値で表す。明所視の場合は波長 555 nm、暗所視の場合は波長 507 nm の光に対して感度が最大となる。暗所視の分光感度曲線は、明所視の分光感度曲線を全体的に短波長側にシフトした格好となる（暗所視では短波長の光に対する感度が相対的に高くなる）。この分光感度が短波長側にシフトする現象をプルキンエ現象と呼ぶ。

薄明視ではすい体細胞とかん体細胞の両方が働くが、目の順応レベルによってすい体細胞とかん体細胞の機能する度合いが異なるため、分光感度曲線は一つに定まらない。

❶ 測光量

表 3.1.1 に各種測光量の定義式、図 3.1.9 に各種測光量の関係を示す。

表 3.1.1　各種測光量の定義式

名称	定義式	単位読み方
光束	$\Phi_v = K_m \int_0^\infty \Phi_{e,\lambda}(\lambda) V(\lambda) d\lambda$	lm ルーメン
光度	$I = d\Phi_v / d\omega$	cd カンデラ
照度	$E = d\Phi_v / dS$	lx ルクス
光束発散度	$M = d\Phi_v / dS$	lm/m² ルーメン毎平米
輝度	$L = d\Phi_v / (d\omega \cdot dS\cos\theta) = dI / dS\cos\theta$	cd/m² カンデラ毎平米

$\Phi_{e,\lambda}(\lambda)$：分光放射束 [W/nm]（単位時間の波長別放射エネルギー）
$V(\lambda)$：標準分光視感効率 [-]
K_m：明所視における最大視感効果度（= 683 lm/W）

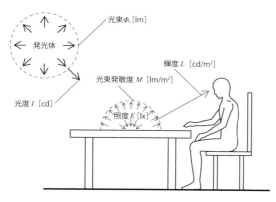

図 3.1.9　各種測光量の関係

すべての測光量の基本となるのは、光束である。光束とは、ある発光体から放射される単位時間あたりの各波長のエネルギー量を標準分光視感効率 $V(\lambda)$ で重みづけし、人間が目で知覚できる波長域について積分した値と定義される。

発光体から発せられる光のうち、ある微小な範囲（単位立体角 $d\omega$ [sr（ステラジアン）]）に向けて発せられる光束の密度が**光度**と定義される。図 3.1.9 のように、机の上のある一点を注視している際、机の上には空間内のあらゆる方向から光 I が入射してくることになる。

受照面に入射する光束の単位面積あたりの入射光束が**照度**と定義される。受照面が受けた光は、机の上で反射され人間

◉照度と輝度の測定

照度は照度計、輝度は輝度計で測定できる。照度計のセンサーの形からもわかるように、照度はある微小面に入射する単位面積あたりの光束を表す。

図 3.1.10　照度計の例

輝度を測定する際は、光を発する対象面の微小範囲をセンサーでねらって測定する。照度は、光の到来方向に関係なく、対象点が受け取る光束が等しければ同じ値になるのに対し、到来方向によって到達する光の量が異なる場合は、対象点を見る方向によって輝度が異なる。

図 3.1.11　輝度計の例

最近では、カメラを用いた画像測光により、広範囲の面の輝度分布を同時に測定できるようになっている。シャッタースピードとレンズの絞りを複数の条件で組み合わせて撮影した画像を重ね合わせることにより、幅広いレンジの輝度を同時に測定できる。

図 3.1.12　画像による輝度測光の一例

建築環境工学のしくみ

日照・日射

光環境

音環境

熱環境

温熱環境

空気環境

湿気環境

●立体角と立体角投射率

点 P を中心とする半径 1 の半球に対象光源を投影した際に、半球の表面上に占める投影面積が対象光源の**立体角**、さらに半球面上の投影面を半球の底面に投影した際の半球の底面に占める面積割合が**立体角投射率**に相当する。

点 P に対する光源 i の立体角

$$\omega = dS' = dS/r^2$$

点 P に対する光源 i の立体角投射率

$$\varphi = dS''/\pi$$

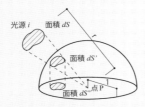

図 3.1.14　立体角と立体角投射率

立体角 ω の定義式を使って、光度 I、照度 E の定義式を書き換えると

$$I = \frac{d\Phi_v}{d\omega} = \frac{d\Phi_v r^2}{dS} \tag{3.1.1}$$

$$E = \frac{d\Phi_v}{dS} = \frac{I}{r^2} \tag{3.1.2}$$

光度 I を発する点光源による照度 E は、点光源と受照点の間の垂直距離 r の 2 乗に反比例して減少していく。この関係を、**距離の逆 2 乗則**という。

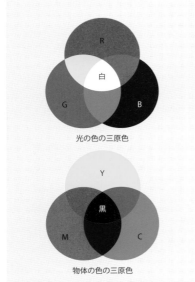

光の色の三原色

物体の色の三原色

図 3.1.15　光の色の三原色と物体の色の三原色

の目に届くわけだが、微小面から発散される光の総量が**光束発散度**と定義される。

微小面から発散される光のうち、ある微小な範囲に向けた単位立体角・単位投影面積あたりの発散光束密度が**輝度**と定義される（図 3.1.13）。ここで θ は、微小面の法線と光の発散方向のなす角である。

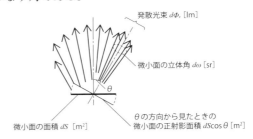

発散光束 $d\Phi_v$ [lm]

微小面の立体角 $d\omega$ [sr]

微小面の面積 dS [m²]

θ の方向から見たときの微小面の正射影面積 $dS\cos\theta$ [m²]

図 3.1.13　輝度の定義

❷ 測色量

光源から発せられる光の色と光を反射あるいは透過した物体の色は区別して扱われる。本節**❶❶** 43 頁で述べたように、人間は L すい体、M すい体、S すい体の 3 種類のすい体細胞によって色を知覚するが、3 種類のすい体細胞に対応する赤（R）・緑（G）・青（B）の 3 種の色刺激を適当な比率で混合することで、任意の光色を再現することができる。光の色を再現する際の基本となるこの 3 種類の色刺激を**光の三原色**という。RGB に相当する光のエネルギーを等量ずつ混色すると白色になる。混色するにつれ明度が上がる（白に近づく）現象を加法混色という。

一方、物体の色はシアン（C）・マゼンタ（M）・イエロー（Y）の 3 種の色刺激を適当な比率で混色することで、任意の色を再現することができる。この 3 種の色刺激を**物体の色の三原色**という。CMY を等量ずつ混色すると黒色になる。混色するにつれ明度が下がる（黒に近づく）現象を減法混色という。

色を特定する方法には、数値を使って定量的に表現する方法と、数値・記号・名称などを使って定性的に表現する方法とがある。

定性的な色の表現方法の代表的なものに、**マンセル表色系**（図 3.1.16）がある。マンセル（A. H. Munsell）が考案した色票集に基づく表色方法で、**色相（ヒュー）**、**明度（バリュー）**、**彩度（クロマ）**の三属性で表現される。例えば、有彩色であれば 5R 5/14、無彩色であれば彩度は表記せず N5 のように表される。

色相は色みの系統を表す記号で、赤（R）- 黄（Y）- 緑（G）-

青（B）- 紫（P）の 5 つの色相を基本に、その間に黄赤（YR）、黄緑（GY）、青緑（BG）、青紫（PB）、赤紫（RP）を配して 10 色相とし、さらに各色相間を色相知覚の差が等間隔となるように 10 分割、全部で 100 の色みに分割される。色みの感じられない白、黒、灰色のような無彩色は、N（Neutral）の記号が当てられる。

明度は色の明暗の度合いを数値で表すもので、もっとも暗い色（黒）ともっとも明るい色（白）の間を感覚的に等間隔となるよう 0 から 10 までの数値で表現する。0 は理想的な黒、10 は理想的な白であるが、実際の色票では再現できないため、1 〜 9.5 の値をとる。

彩度は色みの強さの度合いを表すもので、有彩色の色みの強さをその色と明度の等しい無彩色と比べたときの知覚的な隔たりを数値で表したものである。最高彩度の値は、色相・明度によって異なる。

一方、数値を使って定量的に色を特定する方法として、二次元の座標で表す方法がある。ほとんどの色は、光の三原色である R（赤）・G（緑）・B（青）の合成比を変えることでつくり出せるが、RGB の三刺激値を人間の 3 種類のすい体細胞の波長感度特性に基づく式（3.1.3）を用いて XYZ の三刺激値に換算し、さらに三刺激値 XYZ を式（3.1.4）のように規格化して、xyz のうち 2 つの値を用いて二次元座標の図上に布置して色を特定する[参2)]。これは、国際照明委員会 CIE（Commission internationale de l'éclairage）が定めた CIE 表色系と呼ばれる方法で、図 3.1.17 は **CIE 色度図**と呼ばれる。

マンセル色相環

マンセル明度と彩度（例：2.5R）

図 3.1.16　マンセル表色系

$$\begin{pmatrix} X \\ Y \\ Z \end{pmatrix} = \begin{pmatrix} 2.7689 & 1.7517 & 1.1302 \\ 1.0000 & 4.5907 & 0.0601 \\ 0.0000 & 0.0565 & 5.5943 \end{pmatrix} \begin{pmatrix} R \\ G \\ B \end{pmatrix}$$

(3.1.3)

$$x = \frac{X}{X+Y+Z}$$

$$y = \frac{Y}{X+Y+Z}$$

(3.1.4)

$$z = \frac{Z}{X+Y+Z}$$

xyz の値が等しくなる色度図上の中心点（0.333, 0.333）は、RGB を等量ずつ混色した色、すなわち白色を表す。中心点から外側に向かうにつれて色の純度（彩度）が高まっていく。外周の曲線上に座標が位置する色を純色と言い、x 座標が最大となる赤から反時計回りに橙、黄、緑、青、藍、紫と虹の 7 色の配列順序となっている。

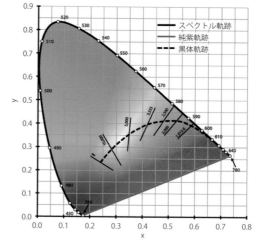

図 3.1.17　CIE 色度図

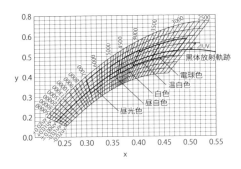

図 3.1.18　相関色温度と黒体放射軌跡

完全黒体というエネルギーを完全に吸収する理想的な物体の温度を上昇させていったとき、ある燃焼温度で発する炎の光色をそのときの物体の絶対温度を使って表現することがある。**色温度**と呼ばれる指標で、単位は絶対温度の単位と同じケルビン［K］を用いる。各色温度の色度を xy 色度図上に表していくと、図 3.1.18 に示すような軌跡（**黒体放射軌跡**という）が描ける。黒体放射軌跡上に色度が分布するのは、一般に完全黒体と同様の燃焼によって放射される光であり、蛍光ランプ、LED などの温度放射によらない光源は見た目の光色がほぼ同じであっても、黒体放射軌跡上からは色度座標がずれる。そこで、黒体放射軌跡と交差する等色温度線上に色度座標が乗る場合は、**相関色温度**と称して色温度と同じように光色を表す。（相関）色温度が高いほど青みがかった光色に、（相関）色温度が低いほど赤みがかった光色に見える。ただし、相関色温度は白色光に限って適用され、黒体放射軌跡からの色度座標のずれ（色差 d_{uv}）が大きいほど、黒体放射の色と異なって見える（$d_{uv}>0$ の場合は緑色味、$d_{uv}<0$ の場合は赤紫色味を帯びてくる）。図 3.1.19 に代表的な光源の（相関）色温度を示す。

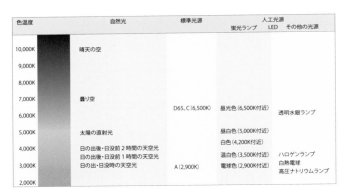

図 3.1.19　代表的な光源の（相関）色温度

③ 光の伝達

われわれは光源から発せられる光を直接知覚することはあまりない。物体の表面で反射、あるいは透過された光を知覚する場合がほとんどである。物体に入射した光束は、**反射**、**透過**、あるいは**吸収**されるが（図 3.1.20）、エネルギー保存の法則により、以下の関係式が成り立つ。

$$F_i = F_\rho + F_a + F_\tau \tag{3.1.5}$$

ここで、

F_i：入射光束［lm］、F_ρ：反射光束［lm］

F_a：吸収光束［lm］、F_τ：透過光束［lm］

また、入射光束に対して、反射、吸収、透過される光束の割合をそれぞれ**反射率**、**吸収率**、**透過率**といい、以下の関係式が成り立つ。

$$\rho + \alpha + \tau = 1 \qquad (3.1.6)$$

ここで、ρ：反射率、α：吸収率、τ：透過率

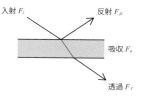

図 3.1.20　光の反射・吸収・透過

光が入射する物体表面の法線と入射光のなす角を**入射角**、反射光と反射面の法線のなす角を**反射角**という。図 3.1.21 に示す入射角 θ_i と反射角 θ_ρ が等しくなる反射の仕方を**正反射**あるいは**鏡面反射**といい、鏡のような平滑面は正反射面となる。光が光学的に不均一な物体内を通過することによって、その方向が変化する現象を**屈折**といい、透過光と透過面の法線のなす角を屈折角という。入射した光が物体内で屈折せず（入射角 $\theta_i =$ 屈折角 θ_v）、方向を変えずにそのまま物体を通過する現象を**正透過**といい、透明なプラスチックなどでは光はほぼ正透過する。

一方で、入射した光が物体表面であらゆる方向に散らばって反射する現象を**拡散反射**あるいは**乱反射**という。物体を通過した後、あらゆる方向に散らばって光が放射される現象を**拡散透過**という。このとき、全方向で輝度が等しくなる面は**均等拡散面**と呼ばれ、表面はマットなざらついた質感であることが多い。

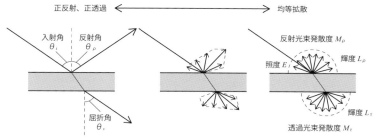

図 3.1.21　正反射と正透過、拡散反射と拡散透過

精緻な照明計算を行う場合は、光の入射角別に反射光、透過光の強さを全方向から測定して、物体表面の反射特性、透過特性を求めることもあるが、一般的な照明計算では、物体表面は均等拡散面を想定する場合が多い。均等拡散面を仮定できる場合、面上の任意の点の照度 E と反射光束発散度 M_ρ、透過光束発散度 M_τ と均等拡散面の輝度 L_ρ、L_τ との関係は、物体表面の反射率 ρ、透過率 τ を用いて以下の式で表される。

$$M_\rho = \rho E = \pi L_\rho \qquad (3.1.7)$$
$$M_\tau = \tau E = \pi L_\tau \qquad (3.1.8)$$

◉積分球とゴニオフォトメーター

光源の総光束や配光特性、材料の光学特性値は、下図に示すような積分球とゴニオフォトメーターを用いて測定する。

光源の配光を測る場合は、積分球の中心に試料光源を設置し、受光器を常に積分球の中心に向けながら回転させ、全方向から光の強度を測定する。

反射材あるいは透過材の光学特性値を測る場合は、試料を積分球の中心に設置し、平行光線を一定方向から当てて、その材料の反射光、透過光の配光を測ることで、光の入射角別の反射特性、透過特性を求めることができる。

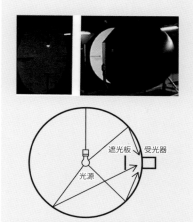

図 3.1.22　積分球による総光束の測定

光環境の評価指標

視力は視認できる視角サイズの逆数で定義される。視力検査によく用いられるランドルト環は、円環全体の直径：円弧の幅：切り欠き幅＝5：1：1となるように定められており、視認できる切り欠きの視角サイズによって、視力（視認できる視角（分）の逆数）を求める。

例えば、1.5 mmの切り欠きを5 mの距離から見たときの視角は1分（tan⁻¹（1.5/2 ÷ 5,000）× 2 ≒ 1/60° ＝ 1分）となり、このときの視力が1.0と評価される。

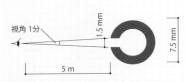

図 3.2.1　ランドルト環による視力測定

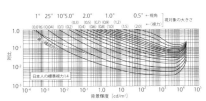

図 3.2.2　順応輝度、輝度対比と視力の関係[参3]
背景輝度（≒順応輝度）が高くなるにつれ、輝度対比が小さくなっても視力を高く保つことができる。

1 明視要件

照明環境の必要最低要件は、作業を行う際に視対象が難なく見えるということである。視対象の見えには、以下の4つの要素が関係することが知られており、**明視4要素**と呼ばれる。室内環境では、視対象物を見る時間が十分に確保されていることも多く、①～③だけを明視3要素と呼ぶこともある。

①視対象物の大きさ（**視角**）
②視対象を見る環境の明るさ（**順応輝度**）
③視対象物と背景の輝度対比（**コントラスト**）
④視認時間

視対象物の視角は大きいほど、視対象物を見る際の順応輝度は高いほど、視対象物とその背景の輝度対比は大きいほど、視対象物は見やすくなる（図 3.2.2）。視対象物の大きさ、視対象物の種類（文字、絵など）、視作業の内容（静止しているものか動いているものかなど）などに応じて、照明計画を行う必要がある。

2 明るさと明るさのむら

空間用途あるいは視作業の細かさに応じて必要とされる明るさの目安は、照度の値として各種基準に定められている。表 3.2.1 に事務所衛生基準規則に定められている視作業の細かさに応じた照度基準、表 3.2.2 に JIS Z 9125：2007 屋内作業場の照明基準[参4]（以下、JIS照明基準と記す）に定められている事務所の推奨照度を示す。JIS照明基準では、事務所を含む31の建物用途について、推奨照度の範囲を定めている。また、基準面の平均照度の維持照度（使用期間中に下回らないように維持すべき値）として推奨値を定めている。基準面が特定できない場合は、机上視作業時は床上0.8 m、座業は床上0.4 m、床または地面のいずれかを仮定する。

両基準とも、視作業の内容が細かいほど、作業面照度を高く設計するよう推奨している。視対象と背景の輝度対比が極端に低い場合、精密な視作業、高い生産性が求められる作業、作業者の視機能が低い場合などは表 3.2.2 中の括弧内に示す範囲で設計照度を高くする、あるいは、視対象が極端に大きい、視作業対象と背景の輝度対比が高い、作業に従事する時間が極端に短い場合などは、表 3.2.2 中の括弧内に示す範囲

建築環境工学のしくみ

日照・日射

光環境

音環境

熱環境

温熱環境

空気環境

湿気環境

で設計照度を低くしても良いとされている。設計対象の空間が実際にどのように使われるかを十分に把握したうえで、昼光の活用、各種照明制御の活用などによって、極力少ないエネルギー消費で必要な明るさを確保する照明計画が求められる。また、作業場に極端な照度の差があると視覚疲労につながるため、作業領域の照度はできるだけ一様にすることが望ましい。照度の差（明るさのむら）の程度は**均斉度**（最小値／平均値）で表される。JIS 照明基準では、作業領域の照度の均斉度は 0.7 未満になってはならないこと、作業近傍の照度の均斉度は 0.5 以上とすることが推奨されている。

表 3.2.1　「事務所衛生基準規則」第 10 条第 1 項　照度基準

作業の区分	基準
一般的な事務作業	300 lx 以上
付随的な事務作業	150 lx 以上

表 3.2.2　JIS Z 9125：2007 に定められた事務所の推奨照度

室、作業、活動のタイプ	維持照度（照度範囲）[lx]
ファイリング、コピー、配布など	300（200〜500）
文書作成、タイプ、閲読、データ処理	500（300〜750）
製図	1,000（750〜1,500）
執務室	750（500〜1,000）
CAD ワークステーション	500（300〜750）
会議室、集会室	500（300〜750）
受付	300（200〜500）
文書保管	200（150〜300）

3 グレア

　高輝度面が視界に入ると、**グレア**（まぶしさ）が生じ、視対象物が見えづらくなったり、不快を感じたりすることがある。まぶしさによって視認性が低下する現象を**視力低下グレア**あるいは**減能グレア**という。一方、視認性の低下はないが、不快感をもたらすまぶしさのことを**不快グレア**という。

　グレアをもたらす光源としては、窓面や照明器具がある。居住者の視界にグレア源となる高輝度面が直接見えないように工夫する（発光面と視線の向きの関係を調整する、遮光がさを取り付けるなど）、あるいは、高輝度面の輝度を抑え、周辺部位との輝度対比を小さくする工夫（拡散板を取り付けるなど）が必要である。

　不快グレアの程度は、グレア源の輝度、グレア源の大きさ、観測者の目が順応しているグレア源以外の背景の輝度（順応輝度）、グレア源の位置の 4 つのパラメータによって決まる。照明器具の不快グレアは、屋内統一グレア評価法 UGR（Unified Glare Rating）で評価することが JIS 照明基準で定められており、建物用途・作業内容ごとに推奨値が定められている。例えば、オフィスでは、UGR が 19（グレアの程

◉光幕反射

　南面に窓を有する学校教室で、廊下側から黒板を見たときに、黒板の文字が見えづらいことがある。あるいは、分厚い本を開いたときに、紙面の一部山なりになっている箇所の文字が見えづらいことがある。これは、視対象面に光がヴェールのように被ることで、視対象物と背景の輝度対比が低下し、見えづらくなる現象で「光幕反射」という。視認性が低下するという点は同じだが、まぶしさが原因による視認性の低下ではないため、視力低下グレアとは区別する。

図 3.2.3　光幕反射による視認性低下

$$輝度対比\ C = \frac{L_t - L_b}{L_t} \tag{3.2.1}$$

$$輝度対比\ C' = \frac{(L_t + L_v) - (L_b + L_v)}{(L_t + L_v)}$$
$$= \frac{L_t - L_b}{L_t + L_v} < C \tag{3.2.2}$$

L_t：視対象（文字等）の輝度 [cd/㎡]
L_b：背景の輝度 [cd/㎡]
L_v：重畳する光の輝度 [cd/㎡]

表 3.2.3　UGR とグレアの程度

UGR	グレアの程度
28	ひどすぎると感じ始める
25	不快である
22	不快であると感じ始める
19	気になる
16	気になると感じ始める
13	感じられる

度：気になる）を超えないようにするのが望ましいとされる。

　具体的には、照明メーカーから提供される照明器具ごとに作成された UGR 表あるいは計算によって求め、空間用途・作業の種類ごとに定められた UGR 制限値を超えないよう照明器具を選定、配置していく。UGR 式を式 (3.2.3)、UGR の値とグレアの程度の対応を表 3.2.3 に示す。

$$\mathrm{UGR} = 8\log\left(\frac{0.25}{L_b}\sum\frac{L_s^2\omega}{P^2}\right) \tag{3.2.3}$$

ここで、

L_b：背景（順応）輝度 [cd/㎡]

L_s：観測者の目の位置から見た照明器具発光部の輝度 [cd/㎡]

ω：観測者の目の位置から見た照明器具発光部の立体角 [sr]

P：各照明器具の Guth（グース）のポジション・インデックス（グレア源の位置指数）[−]（中心視の場合 $P=1$、グレア源が視線から外れるほど、P の値は大きくなる）

　窓面のグレアを防止するには、直射日光の室内への直接入射を防ぐ日除け装置を設置する、ブラインド、ロールスクリーン、カーテンなどで直射日光を反射・拡散させ、居住者の目に直接高輝度光が入らないようにする、あるいは高輝度部分の輝度を下げるなどの方法が考えられる。照明器具や窓面からの光が反射される面（天井、壁、床面など）で二次的なグレア（間接グレア）を生じないよう内装材の反射特性にも配慮が必要である。

4 色の見えと演色

　物体の色の見えは、物体を照明する光の分光分布によって異なる。照明光が物体の色の見えに与える効果を**演色**といい、演色を左右する光源の特性（演色性）を定量的に表す指標に**演色評価数**がある。一般照明用光源の演色性評価方法は、JIS Z 8726：1990「光源の演色性評価方法」[参5] に規定されている。図 3.2.4 に示す各試験色について、標準光源下で見る色度と試験光源下で見る色度の色差から演色評価数が求められる。標準光源には、試験光源と等しい色温度をもつ黒体放射あるいは国際照明委員会 CIE で定められている CIE 昼光を用いる。R9 〜 R15 は特殊演色評価数 R_i を求めるための試験色で、鮮やかな赤・黄・緑・青、西洋人の肌色、木の葉の緑、日本人の肌色など、ある特定の色の見えについて評価する際に用いる。R1 〜 R8 は平均演色評価数 R_a を求めるための試験色で、中程度の鮮やかさ（マンセルクロマ 4 〜 8）で、明度が等しい（マンセルバリュー 6）8 種類の色相の色となっ

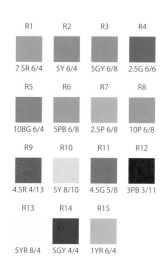

R1　7.5R 6/4　　R2　5Y 6/4　　R3　5GY 6/8　　R4　2.5G 6/6
R5　10BG 6/4　　R6　5PB 6/8　　R7　2.5P 6/8　　R8　10P 6/8
R9　4.5R 4/13　　R10　5Y 8/10　　R11　4.5G 5/8　　R12　3PB 3/11
R13　5YR 8/4　　R14　5GY 4/4　　R15　1YR 6/4

図 3.2.4　演色性評価に用いる試験色

I 基本と原理　II 設計目標　III 計画と制御

建築環境工学のしくみ

日照・日射

光環境

音環境

熱環境

温熱環境

空気環境

湿気環境

ている。特殊演色評価数 R_i、平均演色評価数 R_a の求め方は以下の通りである。

$$R_i = 100 - 4.6\Delta E_i \qquad (3.2.4)$$

$$R_a = \sum_{i=1}^{8} R_i = 100 - 4.6 \sum_{i=1}^{8} \Delta E_i / 8 \qquad (3.2.5)$$

ここで、

ΔE_i：標準光源と試験光源で照明したときの色票 i の色度のずれ

　演色評価数は 100 を最大値として、100 に近い方が色が忠実に見えるということを意味する。空間用途に応じた推奨値は、使用するランプの**平均演色評価数 R_a** で規定される。

5 光の指向性

　立体的な物体を指向性の強い光のみで照明すると、物体表面に強い陰影が生じ、立体感が適切に表現されないことがある。逆に均等拡散の光のみで照明すると、立体感が乏しく平板に見える。このような光の指向性が立体物の見えに与える効果を**モデリング**という（図 3.2.5）。適切なモデリングを得るためには、立体物に対する水平方向の光と鉛直方向の光のバランスに配慮し、適当な陰影あるいは艶を照明光によって生じさせ、好ましい立体感を表現する必要がある。

　明るい窓を背にした人の顔を見るときに、目が高輝度の窓面に順応することで、視対象の人がシルエット状態になり、見えづらい場合がある。これを、**シルエット現象**という（図 3.2.6）。シルエット現象を回避するためには、窓面の輝度を抑える、あるいは視対象となる人の顔を室内側から拡散光で照明するなどして、背景（窓面）と視対象の輝度対比を適切に調整する。

6 雰囲気

　照明計画の目的は、明視性の確保だけでなく、空間の視覚的な雰囲気演出もある。演出する空間の雰囲気としては、例えば、落ち着く、くつろげる、楽しい、活動的などがある。求める空間の雰囲気に応じて、空間内の照度、輝度分布、光源の光色、演色性、光の拡散度合いなどを適切な条件に設計・設定する。

　光源の光色は、表 3.2.4 に示すように視覚的な見た目の色に応じて分類される[参4]。一般に高色温度の光源で低照度に設定すると陰気で不快な雰囲気、低色温度の光源で高照度に設定すると暑苦しく不快な雰囲気になる。低色温度の光源では低照度、高色温度の光源では高照度が好まれる（図 3.2.7）。

拡散光のみ　　　　上から指向性の光のみ

拡散光と指向性の光の双方で照射した場合
図 3.2.5　光の指向性によるモデリングの違い

図 3.2.6　シルエット現象
視対象の背景にある高輝度の窓面に目が順応し、窓面に比べ低輝度の視対象がシルエット状となり、細部が見えづらくなる現象。

表 3.2.4　光源の相関色温度の分類

光色	相関色温度
暖色	3,300 K 未満
中間色	3,300 ～ 5,300 K
涼色	5,300 K を超える

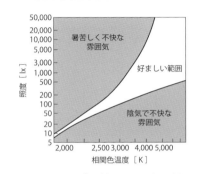
図 3.2.7　クルーゾフ（あるいは、クルイトフ、Kruithof）による快適な相関色温度と照度の組合せ範囲

光環境の計画と制御

●日射量から照度への換算方法

　太陽放射の光的側面について検討する際には、日射量ではなく、照度で表す方が人間の視覚に比較的対応しやすいため便利である。日射量から照度を求めるには、昼光の発光効率 [lm/W] を用いて換算する。

　昼光の発光効率も、昼光の分類と同じく直射日光と天空光の発光効率にわけて考える。直達日射量から直射日光照度、天空日射量から天空光照度を求めるには、各日射量に各発光効率を掛け合わせる。

1 採光計画

❶ 昼光光源の特徴

　地表に到達する**昼光光源**は、**直射日光**、**天空光**、ならびにこれらが地物で反射することによる**地物反射光**からなる（図3.3.1）。

　室内の昼光照明環境を考える際には、室内に入射する直射日光の扱いが非常に重要となる。直射日光の源である太陽は、季節、時刻によってその位置が変化するため、年間を通じて最適となるような直射日光の制御を考えなくてはならない。そのためには、まずはじめに、任意の日時に直射日光が室内にどのように入射するかを知る必要がある。

　例として、図3.3.2に示す室内に入射する直射日光の範囲について考えてみよう。直射日光が直接照射される床面の範囲は、見かけの太陽方位角と見かけの太陽高度（プロファイル角）（38頁参照）を用いて以下の各式より求められる。

$$L_1 = H_1/\tan h \tag{3.3.1}$$
$$L_2 = H_2/\tan h \tag{3.3.2}$$
$$y_1 = H_1/\tan h' \tag{3.3.3}$$
$$y_2 = H_2/\tan h' \tag{3.3.4}$$
$$x_1 = w_1 + L_1 \sin A' \tag{3.3.5}$$
$$x_2 = w_2 + L_1 \sin A' \tag{3.3.6}$$
$$x_3 = w_1 + L_2 \sin A' \tag{3.3.7}$$
$$x_4 = w_2 + L_2 \sin A' \tag{3.3.8}$$

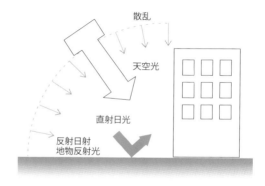

図3.3.1　昼光光源の内訳

ここで、
h ：太陽高度 [°]、h'：見かけの太陽高度（プロファイル角）[°]
A'：見かけの太陽方位角 [°]（$=$ 太陽方位角 $A-$ 窓面方位角 a）
H_1：窓上端の高さ、H_2：窓下端の高さ
w_1：左壁から窓右端の長さ、w_2：左壁から窓左端の長さ

　ここでは、床面に照射される直射日光の範囲を求めたが、机上面に照射される直射日光の範囲を求めたければ、受照面の高さが床面から机上面に上がった分、窓上端の高さ H_1 と窓下端の高さ H_2 からそれぞれ机の高さを差し引いて、式 (3.3.1) ～ (3.3.8) を適用すればよい。

　明け方には東側に面する窓面に、夕方には西側に面する窓面に、見かけの太陽高度がかなり低い状態で直射日光が照射される。室の寸法にもよるが、周囲に太陽を遮る物が何もなければ、直射日光は室奥深くまで入り込み、場合によっては、図 3.3.3 の例のように、室奥や横の壁にまで直射日光が当たることがある。このような状況が、学校教室などで起こると、黒板や壁の掲示物に直射日光が当たることになる。黒板面の視認性低下や掲示物の劣化などの原因となるので注意が必要である。室の用途、使用範囲、使用時間帯などに応じて、直射日光の入射を適宜調節する窓システムを使用しなければならない。

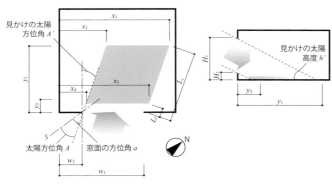

図 3.3.2　窓からの直射日光入射範囲

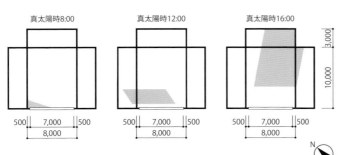

図 3.3.3　冬至の直射日光入射位置の推移（展開図）
（北緯 35°、東経 139°、窓下端高さ 0.5 m、上端高さ 2.5 m）
灰色部分の室内表面に直射日光が照射される

●光源の立体角投射率

　建築基準法第 28 条の採光規定では、天窓は面積が等しい側窓の 3 倍の採光効果があるとされる。窓からの採光量（直接天空光照度）は窓の立体角投射率に比例するが、例えば、下の図にあるような 1 m × 1 m の窓の 1.5 m 離れた作業面に対する立体角投射率を求めてみよう。

　1.5 m 離れた水平面に対する受照面と平行な光源の立体角投射率は約 8.9%、同じく 1.5 m 離れた水平面に対する受照面と垂直な光源の立体角投射率は約 2.7% となる（詳しくは 65 頁参照）。実際には作業面と窓面の位置関係が左右にずれるなど、この例の通りではないが、光源と受照面が平行な関係にある場合（机上面に対する天窓）は、光源が受照面と垂直の関係にある場合（机上面に対する側窓）の約 3 倍となることがわかる。

光源と受照面が平行な場合

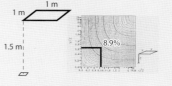

光源と受照面が垂直な場合

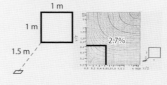

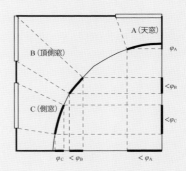

図 3.3.4　窓の位置による立体角投射率の違い

建築環境工学のしくみ

日照・日射

光環境

音環境

熱環境

温熱環境

空気環境

湿気環境

図 3.3.5　岐阜・白川郷に見る頂側窓

日照時間の短くなる冬季にも効率よく採光するため、高い位置に窓を設けている。冬季には低層階は雪に埋まってしまうことからも理にかなった窓の設置位置となっている。

❷ 窓の計画

　建築は外部環境から人間の身を守るシェルターの役割を果たすが、閉じられた建築内部と外部をつなぐ唯一の接点となるのが窓である。窓は、昼光を採り入れ室内を明るくするだけでなく、天候や時刻などの外部情報や眺望などの取得にも役立つ。

　窓はその設置位置や昼光を採り入れる方向によって、表3.3.1 に示すように分類することができる。室内各点における窓からの直接昼光照度は、対象点に対する窓面の**立体角投射率**に比例する（本章Ⅲ❸❶ 65 頁参照）。作業面が机のような水平面の場合、同じ形状・大きさの窓であれば、側窓→頂側窓→天窓の順に立体角投射率は大きくなり、机上面における採光に関しては、天窓がもっとも有利になる。しかし、天窓や頂側窓からは、天空しか望むことができない。眺望としては、天空や地表面だけでなく、天空と地表面の両方が見える方が、在室者の満足度が高いという実験結果もある。

　一方、側窓からは、対向建物が極端に近接していない限り、天空と地表面の両方を望むことができる。在室者の目など鉛直面に直接届く昼光の量は、同じ形状・大きさの窓であれば、天窓→頂側窓→側窓の順に多くなる。壁や在室者の顔面などを明るく照らしたい場合には、側窓がもっとも有利であり、眺望の確保にも有効である。しかしこの場合、直射日光が窓面に直接入射する場合もあるので、窓面がグレア源とならないよう、直射日光の制御が重要となる。また、シルエット現象（53 頁参照）にも注意を要する。直射日光制御の際には、眺望を損なわないような工夫が求められる。

　天井が高い空間では、採光のために天窓あるいは頂側窓を設け（図 3.3.5）、眺望確保のために居住者の目線高さに側窓

表 3.3.1　窓の位置による分類

側窓		天窓	
片側窓	両側窓	天窓	擬似天窓
頂側窓			
高窓	のこぎり屋根		越屋根

を設置するのが効果的である。

　なお、窓からの採光性能を表す指標に**昼光率**がある。天候や時刻による変動が比較的少ない安定した光源である天空光をどのくらい室内に導入できているかを表す指標で、式(3.3.9)の通り求められる。

$$D = \frac{E}{E_s} = \frac{E_d + E_r}{E_s} = D_d + D_r \qquad (3.3.9)$$

ここで、

D ：昼光率 ［－］

D_d：直接昼光率 ［－］

D_r：間接昼光率 ［－］

E_s：全天空照度 ［lx］

E ：天空光による昼光照度 ［lx］

E_d：天空光による直接昼光照度 ［lx］

E_r：天空光による間接昼光照度 ［lx］

　直接昼光率は、窓から直接入射する天空光の割合を表す指標で、窓の大きさや形状、対象点と窓の位置関係（立体角投射率）によって決まる。間接昼光率は、窓から入射した天空光が室内表面で反射し対象点に間接的にもたらされる昼光の割合を表す指標で、室内表面の反射率が関係する。CASBEE（第1章のⅡ**2**②9頁参照）では、直接昼光率（立体角投射率）を昼光率として扱っている。

　なお、窓からの天空光による直接昼光照度は、天候に応じた設計用全天空照度（表3.3.2）と式(3.3.10)より見積もることができる。

$$E_d = \varphi_s \times \tau \times E_s \qquad (3.3.10)$$

ここで、

E_d：天空光による直接昼光照度 ［lx］

E_s：設計用全天空照度 ［lx］

φ_s：任意の点に対する窓（サッシなどを除く有効部分）の立体角投射率 ［－］

τ ：窓ガラスの透過率（汚れによる影響を含む）［－］

表3.3.2　設計用全天空照度 E_s

条件	設計用全天空照度 E_s ［lx］
特に明るい日（薄曇、雲の多い晴天）	50,000
明るい日	30,000
普通の日	15,000
暗い日	5,000
非常に暗い日（雷雲、降雪中）	2,000
快晴の青空	10,000

◉知恵と技術でつくる室内光環境

　日本の伝統的家屋は、兼好法師著『徒然草』に「家の作りやうは、夏をむねとすべし」とあるように、日本の夏の蒸し暑い環境を緩和すべく、さまざまな工夫が施されている。縁側と長い軒の出と大きな開口は、日射を遮蔽しつつ、風通しのよい居住環境を保つことができる。

　縁側は、屋外と室内をつなぐ緩衝空間として、熱環境を緩和するだけでなく、光環境に対しても一役買っている。伝統的家屋は現代の一般的家屋と比べ、天井や縁側などに反射率の低い内装材が使われていることが多いため、薄暗く感じられることも多い。しかし、室内の照度や輝度の分布を測定してみると、長く低めに取り付けた庇で直射日光をできるだけ遮蔽し、天空光や地物反射光などの拡散光を幅広の縁側で反射させ室奥に届けることで、時間や季節によらず安定した光環境を形成できることが示されている[8) 9)]。伝統的民家の窓際の構成と現代建築のような高反射率の内装材を組み合わせることで、安定した明るい室内光環境を実現することも可能である。

図3.3.6　沖縄の伝統的民家に見る縁側
低い位置に取り付けた庇によって直射日光が室内に直接入射するのを防ぎつつ、幅広の縁側に直射日光を反射させて拡散光として室内に採り入れる。

建築環境工学のしくみ

日照・日射

光環境

音環境

熱環境

温熱環境

空気環境

湿気環境

オーニング

ライトシェルフ

ルーバー

外付けブラインド

図 3.3.7　窓システムの例

❸ 採光・日照調整のための窓システム

　採光は窓によるのが一般的であるが、前述のように、直射日光によるグレアや明るさむらなどの諸問題は回避しなくてはならない。直射日光が室内に直接入射するのを防ぐため、各種窓システムが使用される（図 3.3.7）。窓システムを介して直射日光を拡散させた状態で室内に採り入れつつも、眺望は確保することが望ましい。表 3.3.3 に各種窓装置の機能について整理する。

　ルーバーやブラインドなど、必要に応じて開閉ができ、羽根の角度が調整できる装置は、上手く羽根の角度を調整すれば、直射日光を遮蔽しつつ、可能な限り眺望を確保することもできる。また、羽根面で反射させた直射日光で天井面を照らし、部屋全体の明るさむらを緩和することも可能である。オフィスなどでブラインドを使用する場合は、どうしても窓際の人が主に操作するようになってしまう。日本のように奥行きの深い広いオフィスを大勢で使用する場合は、一度閉じられたブラインドが開けられることはなかなかない。曇天日などグレアが問題とならない日には、可能な限りブラインドを開放し、眺望を確保しつつ、昼光利用を心掛けた運用を行うことが望ましい。日射量などの計測値から天候を判断し、自動でブラインド制御を行うオフィスビルもある。

　液晶調光ガラス LCW（Liquid Cristal Window、通電するとガラス間に圧着された液晶フィルムの素子の配列が変化し、瞬時に透明もしくは不透明に変化する）、パッシブ調光型ガラス TCW（Thermo Chromic Window、ある一定温度に達するとガラス間に圧着された液晶ポリマーが溶融し、不透明に変化する）、アクティブ調光型ガラス ECW（Electro Chromic Window、電圧印加による酸化還元反応によって中の高分子材料の色が変化する）やフッ素樹脂系膜構造材料など、直射日光を拡散させてグレアを抑制するタイプのものは、窓面内の最大輝度（太陽が直接見える箇所）を下げることはできるが、より広い面積に直射日光を散乱させてしまい、目線の逃げ場がなくなってしまうこともある。居住者の視野全体がまぶしくならないように注意する必要がある。

② 人工照明の計画

❶ 人工光源の特徴

　照明に用いる人工光源には、**LED や蛍光ランプ、白熱電球**などがある。これらの光源の特徴を表 3.3.4 にまとめる。それぞれ発光原理が異なるため、図 3.3.9 に示すように分光分布も異なる。

建築環境工学のしくみ

日照・日射

光環境

音環境

熱環境

温熱環境

空気環境

湿気環境

LED とは、発光ダイオードの略称で（英語表記の Light Emitting Diode の頭文字）、半導体結晶の発光現象を利用した光源である。1962 年に赤色 LED が登場してから、青色、緑色と順に開発が進められてきた。LED 素子の発光部の面積は小さく、配光（62 頁参照）が狭いため、指向性が非常に強い。そのため、従来は、レーザーポインタやイルミネーション、信号機、発光式の看板などが主たる用途であった。しかし、一般照明に適用しうる程度に発光効率が向上し、また、演色性も改善されたこと、拡散性のカバーや器具形状の工夫により、配光（62 頁参照）が改善され、室内照明としても使用されるようになった。図 3.3.9 に示す LED の分光分布は、青色 LED に黄色蛍光体を組み合わせたものの分光分布である。波長 450 nm 付近に青色 LED からの発光、550 nm 付近に黄色蛍光体からの発光が見てとれる。このほか、RGB の 3 色の LED を組み合わせて白色をつくる方法、紫外域 LED に RGB の蛍光体を組み合わせて白色光をつくる方法なども

表 3.3.3　採光・日照調整のための窓システム一覧

設置場所	名称		調整・制御方法	直射日光の遮蔽	直射日光の利用	眺望
屋外	庇※		固定	○		○
	軒		固定	○	○	○
	バルコニー		固定	○	（反射率高い場合）○	○
	ライトシェルフ		固定	○	◎	○
	ルーバー※		羽根（位置は固定）の角度調整可	○	○	△
	外付けブラインド※		昇降・羽根の角度調整可	○	○	△
	オーニング		出し入れ可	○		○
	すだれ		巻取り可	○		△
	ガラス	複層ガラス	固定			○
		セラミックプリントガラス	固定	○		△
		熱線反射ガラス	固定	○		○
		熱線吸収ガラス	固定			○
		Low-E ガラス	固定	○		○
		エアフローウィンドウ	ガラス内のブラインドやカーテン調整可	○		△
		液晶調光ガラス LCW	ON/OFF、調光率制御可	○		△
		パッシブ調光型ガラス TCW	温度により可変	○		△
		アクティブ調光型ガラス ECW、GCW	ON/OFF、調光率制御可	○		△
	フッ素樹脂系膜構造材料		固定	○		△
	光ダクトシステム		固定		◎	○
屋内	カーテン		手動・自動とも可	○		△
	ロールスクリーン		手動・自動とも可	○		△
	障子		手動	○		△
	ブラインド※		手動・自動とも可	○	○	△
	角度変化形ブラインド		高さによって羽根の角度調整可	○	○	○

※プロファイル角（38 頁参照）が大きい場合は水平型、プロファイル角が小さい場合は縦型が効果的
◎：特に効果的　　○：有効　　△：場合により阻害される

●天空の輝度分布

　採光計算や昼光照明設計では、天空光を光源として扱うこととなる。光源としての天空光に関する情報は、天空の輝度分布で与えられる。

　天空の輝度分布は、太陽の位置や大気の状態によって異なる。天空全体が厚い雲に覆われている場合は、太陽位置の影響は小さいが、雲のない快晴の場合は、太陽位置によって輝度分布が大きく異なる。

　国際照明委員会 CIE は、実用的な昼光照明設計を行うために、天空輝度分布を「CIE 標準一般天空」と「CIE 標準曇天空」に大別し、天頂輝度に対する相対値として天空輝度を求められるようした。「CIE 標準一般天空」は 15 種類に分類され、その一つに「CIE 標準晴天空」が含まれる。

　下の図は、「CIE 標準晴天空」と「CIE 標準曇天空」の例である。晴天空の場合は、太陽周辺の輝度がもっとも高く、太陽から天頂を通って 90°離れた部分の輝度がもっとも低くなる。

　これに対し、曇天の場合は太陽位置によらず、天空要素の高度によって輝度が変化する。高度が等しければ、輝度も等しくなる。

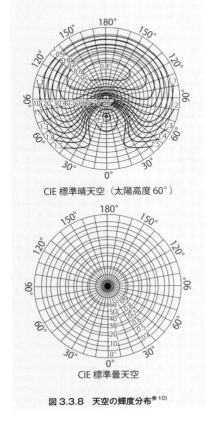

CIE 標準晴天空（太陽高度 60°）

CIE 標準曇天空

図 3.3.8　天空の輝度分布[※10]

ある（図 3.3.10）。

表 3.3.4　各種人工光源の特徴

光源	W 数	発光効率 [lm/W]	寿命 [h]	平均演色評価数 Ra
LED	数 W	～150	40,000 以上	60~98
蛍光ランプ	4 ～ 220	50 ～ 120	6,000 ～ 15,000	60~99
白熱電球	10 ～ 1,000	10 ～ 20	1,000 ～ 1,500	100
メタルハライドランプ	125 ～ 2,000	40 ～ 96	6,000 ～ 9,000	65~93
ナトリウムランプ	150 ～ 1,000	95 ～ 140	9,000 ～ 12,000	25~85
水銀ランプ	40 ～ 2,000	38 ～ 65	6,000 ～ 12,000	14~40

　LED 単体では出力が非常に小さく、また、指向性も強いため、複数の LED をユニット化し、発光面全体からの出力を高めた拡散光源の LED 電球や LED 照明器具が室内照明には用いられる。単なる消費電力の削減を目的とした利用ではなく、点灯速度の速さ、調光・調色制御のスムーズさ、発光面積の小ささゆえのさまざまな形状への対応のよさ、といった LED の特徴を最大限に活かした設計が期待される。

　蛍光ランプはルミネッセンス放射と呼ばれる発光方式で、電極間の放電により管内に封入されたガスが励起することで発生した紫外線が、管表面に塗布された蛍光体に照射されることにより発光するものである。市販の一般照明用蛍光ランプには、通常 3 種類の蛍光体が管表面に塗布されている（三波長形蛍光ランプと呼ばれる）。図 3.3.9 中には相関色温度 5,000 K の蛍光ランプの分光分布を一例として示した。管表面に塗布されている 3 種類の蛍光体からの発光である波長 450 nm、550 nm、600 nm 付近に相対的に出力の大きい輝線が見てとれる。

　輝線がどの波長に出現するかは、管表面に塗布する蛍光体の種類によって決まり、蛍光体の組合せによって、蛍光ランプの光色（分光分布）は決まる。蛍光管表面から光が放射される際、光は管表面で拡散され、すべての方向にほぼ均等に光は広がる。直管形、環形、電球形などいろいろな形がある。1938 年に米国で実用化されて以来、寿命が長く、効率のよい光源として日本でも、広く使用されてきたが、今後は LED に置き換えられていくと考えられる。

　白熱電球は温度放射による発光であり、フィラメントと呼ばれる金属線（タングステンが一般的）の燃焼によって発光している。白熱電球の分光分布は、太陽放射やろうそくの灯りなどの温度放射による光源と同じく滑らかに連続した分光分布となる。ガラス表面が透明なものと乳白のものとがある

LED（相関色温度 5,000K）

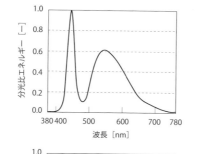

放電により電子が内部の水銀原子と
衝突し、紫外線を発する

紫外線が管表面に塗布された蛍光物質に
照射され、可視放射を発生

蛍光ランプ（相関色温度 5,000K）

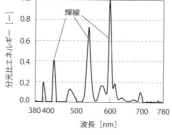

電流が流れると
フィラメントが
電気抵抗より
白熱化し発光

白熱電球（色温度 2,800K）

図 3.3.9　室内照明に使われる主な各種光源の特徴

が、透明のものは、直視するとフィラメントが直接目に見えるため、まぶしい場合がある。白熱電球は 1879 年にエジソンが実用電球を発明して以来、日本でも幅広く使用されてきたが、発光効率が悪く（10 〜 20 lm/W 程度）、寿命も短いため、地球温暖化防止の観点から、生産停止するメーカーも多い。LED や蛍光ランプなどの高効率な光源への置き換えが推進されているが、白熱電球は電気エネルギーを使ってはいるものの、ろうそくや炭火のような燃焼による発光と同じく太陽光に非常に近い特徴をもつ光源といえる。自然光に限りなく近い光源の特徴を最大限に活かす使用方法が求められる。

❷ 照明方式の分類

　室内の照明には、❶に記したような各種光源が使用されるが、光源単体で用いることはほとんどなく、照明器具に光源を取り付けて使用する、あるいは器具と光源が一体になっている場合が多い。光源あるいは光源を照明器具に取り付けた際に、どの方向にどれだけの強さの光が放たれるかを、光源直下からの鉛直角に対する光度の分布で表したものを「配

●白色 LED の種類

　白色 LED には、青色 LED に青色の光が当たると黄色を発光する蛍光体を組み合わせたもの、赤色 LED・緑色 LED・青色 LED の 3 種類の LED を組み合わせたものなどがある。

1）青色 LED＋黄色蛍光体

　LED の青色光と、その光で励起される補色の黄色を発光する蛍光体の組合せで白色をつくる。

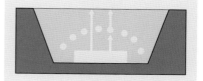

2）RGB タイプ（赤色・緑色・青色 LED）

　見た目には白色光が得られるが、放射エネルギーのない波長域があるために、物の見え方が不自然になることもある。ディスプレイや、大型映像装置などで用いられる。

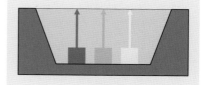

3）紫外 LED＋赤色・緑色・青色の蛍光体

　三波長形蛍光ランプと同じ発光方式。きれいな白色が得られるが、発光効率はまだ低い。

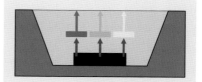

図 3.3.10　白色 LED の発光方式

建築環境工学のしくみ

日照・日射

光環境

音環境

熱環境

温熱環境

空気環境

湿気環境

●光源と省エネルギー

照明器具は長時間使用すると、光源自体の性能が低下したり、光源や器具がほこりなどで汚れ、効率が低下する。しかし、その照明を使用している期間中は、所要の明るさを確保し続ける必要がある。

一般的な照明計画では、光源の交換直前を想定し、交換直前の照明器具から発せられる光束に基づき、必要な照明器具台数を求める。例えば、初期に比べ、交換直前には光源から発せられる光束が70%まで低下するとする。必要な器具台数は、初期光束に70%（この補正係数を保守率という）をかけた値から算出する（器具台数は100/70≒1.4倍となる）。

こうすると、初期状態では、光源交換直前よりも30%程度、照度が高くなってしまい、過剰なエネルギーを使用することになる。必要以上のエネルギー使用を抑えるため、光源の点灯時間に応じた光束の減衰を考慮し、点灯時間によらず照度がほぼ一定となるよう光源の出力を制御する。このような制御を初期光束補正あるいは初期照度補正といい、これにより約15%の消費エネルギーが削減できる（下図中の灰色部分が削減可能）。

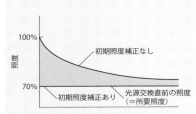

図 3.3.12　初期照度補正の概念

実際に照明を運用していくにあたって、不要なときは消灯あるいは減光し、必要なときのみ点灯するといったきめ細かな制御が省エネルギーには欠かせない。不要なときに消灯あるいは減光する制御方法として、人感センサーを用いて居住者が不在の場所を検知し、不要な箇所のみ消灯/減光する方法（在室検知制御）や、明るさセンサーを用いて、窓から入射する昼光の照度に応じて不足する明るさ分のみを人工照明で補う方法（昼光連動制御）などがある。

光」という。図 3.3.11 に配光曲線の一例を示す。

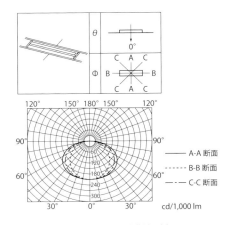

図 3.3.11　配光曲線の例

（埋込み型照明器具、高周波点灯方式蛍光ランプ 2 灯用）

電球形の光源のように、どの方向から見ても等しい配光をもつ場合は、ある一つの断面について配光が測定されるが、水平方向に非対称な配光をもつ光源（直管形など）については、JIS 規格（JIS C8105-5：2014「照明器具—第 5 部：配光測定方法」）により定められた測定間隔に応じて測定する。一般に配光データは、1,000 lm あたりの光度で示されているため、光源や照明器具の光束に応じて光度を算定することを忘れないよう注意する。

照明器具の形態や配光などによる人工照明の方式の分類を以下に記す。

(1) 配光による照明の分類

照明器具からの光が作業面に到達する割合によって図3.3.13 のように分類される。直接照明のように、視作業面（図 3.3.13 では視作業面を照明器具取り付け面より下にある机と想定）に直接届く光束の割合が多いほど、エネルギー効率のよい照明方式といえる。一方、間接照明は、視作業面に直接届く光束は少ないが、視作業面以外の面（天井や壁など）にいったん光が照射され、各面で十分に拡散反射したやわらかい光を空間全体に届けることができる。

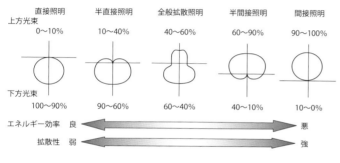

図 3.3.13　配光による照明の分類

(2) 形態による照明の分類

　天井や壁などの建築構造物と一体となった照明を建築化照明といい、建築物からは独立した照明を独立型照明器具という。

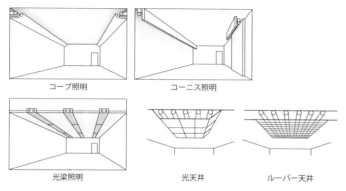

図 3.3.14　形態による照明の分類―建築化照明

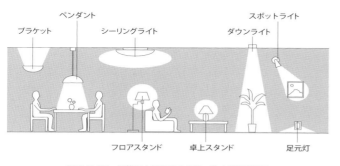

図 3.3.15　形態による照明の分類―独立型照明器具

　建築化照明には図 3.3.14 に示すようなものがあり、独立型照明器具には図 3.3.15 に示すようなものがある。独立型照明器具には、建築物完成後でも後付けで据えつけることが可能なものもあり、照明器具交換も比較的容易である。卓上スタンド、フロアスタンドなどは、明るさを必要とする場所に適時移動させることができる。

●博物館における照明の工夫

　美術館や博物館などの展示空間では、照明によって展示物のモデリングを適切に表現することが重要であり、指向性の光と拡散性の光のバランスに配慮した照明計画が求められる。

　絵画や彫刻の微細部分まで見える明視性を確保することは重要であるが、空間全体を高照度にしてしまうと、目の順応レベルが高くなり、展示物の陰影や質感を強調するには、さらに強い光で展示物を照らさなければならない。そうなると、グレアの発生が問題となる。観測者の明視性を確保するための最小限の拡散光を展示物全体に与えるとともに、観察者に対しては直接目に入らない位置から、展示物の光沢や陰影などを強調するための指向性の光を加えることで、少ない光でも効果的に展示物のモデリングを高めることができる。

図 3.3.16　博物館における照明の工夫

ルーバー越しの拡散光によって全体をやわらかい光で照らしつつ、左右のスポットライトから指向性の光を追加することで、適度な陰影を表現している。

建築環境工学のしくみ

日照・日射

光環境

音環境

熱環境

温熱環境

空気環境

湿気環境

(3) 照明範囲による照明の分類（全般照明と局部照明）

　照明器具が照明する範囲によっても照明方式を分類することができる。

　全般照明は、天井に規則的に照明器具を配置し、室全体がほぼ均等な明るさになるよう照らす照明方式である。

　局部照明は、ある特定の作業領域のみを明るくするような照明方式である。

　空間全体を照らす全般照明と作業用の局部照明を組み合わせた照明方式を、**タスク・アンビエント照明方式**（タスク＝作業、アンビエント＝環境、雰囲気）という。日本のオフィスのように、多数の執務者が広い空間を共通で使用する場合には、全般照明のみで作業に必要な明るさを確保しようとすると、相当なエネルギーが必要になる。また、執務者が不在の場所にも照明を常時点灯することになり、無駄な照明用エネルギーが発生する。アンビエント照明で必要最低限の明るさを確保し、タスク照明で作業に必要な明るさを確保するよう、執務者個人がタスク照明を点灯・消灯する、あるいは照明の位置・照射方向を変えるなどきめ細かな調整を行えば、省エネルギーだけでなく、執務者の視的快適性向上にも役立つ。しかし、この照明方式は室全体が薄暗く感じられるという問題点もあり、省エネルギーの観点から推奨されるべきであるが、なかなか普及に至っていないのが現状である。日本のオフィスの形態、ならびに空間全体が陰鬱にならないようなタスク照明とアンビエント照明の適切なバランスなど、タスク・アンビエント照明のあり方についてさらなる検討が必要である。

3 照明計算

　光源から発せられた光は、受照面に直接届く場合と、受照面以外の面に入射し、反射あるいは透過して受照面に間接的に届く場合とがある。受照面に直接届く光による照度を「**直接照度**」、間接的に届く光による照度を「**間接照度**」と呼ぶ（図 3.3.17）。ここでは、❶面光源による直接照度、❷点光源による直接照度（**逐点法**）、❸全般照明による直接照度と間接照度を統合した室内の平均照度（**光束法**）、❹天井、壁、床などでの反射光による間接照度（**作業面切断公式**）の4つの計算方法を紹介する。

●**タスク・アンビエント照明**

　省エネルギーに有効とされるが、1992 年に（一社）照明学会が行った 208 件のオフィスを対象とした調査では、タスク・アンビエント照明を導入しているのは、わずか 5% 程度であった[11]。2009 年に 77 件のオフィスを対象に実施した調査でも、卓上照明が設置されていない場合や、設置してあっても使用していない場合を合わせると、約 9 割がタスク照明を使用していないという実状であった[12]。

　テナントビルでは、タスク照明の購入・管理は、テナント側の費用負担となるため、なかなかタスク照明の設置は進まない。設計者も誰がどのような視作業を行うかわからない空間を設計する際、安全を見込んで環境全体を高照度の設計にしてしまいがちである。アンビエント照明だけで作業に必要な照度が確保されていれば、当然タスク照明は使用されない。明視性はタスク照明で確保するという割り切り、勇気も省エネルギー設計には不可欠である。

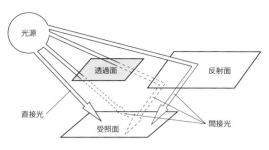

図 3.3.17　光源から発せられた光が受照面に届くまで

❶ 面光源による直接照度

　面光源から任意の点に直接届く光による照度は、受照点と面光源の位置関係ならびに面光源の輝度より式（3.3.11）に基づいて算出することができる。面光源が均等拡散面の場合には（均一輝度分布の天空を望む窓面やシーリングライト、光天井など）、式（3.3.12）の通りとなる。

$$E_d = \pi \sum_{i=1}^{n} L_i \times \varphi_i \tag{3.3.11}$$

$$E_d = \sum_{i=1}^{n} M_i \times \varphi_i \tag{3.3.12}$$

E_d：光源による直接照度 [lx]
L_i：光源 i（均等拡散面）の輝度 [cd/㎡]
M_i：光源 i の光束発散度 [lm/㎡]
φ_i：受照点から見た光源 i の立体角投射率 [−]
n　：受照点に光を与える光源の数

　立体角投射率の定義は、本章Ⅰ❷❶ 46 頁で記した通りだが、長方形光源の場合、受照点に対して光源が垂直な場合は式（3.3.13）、受照点に対して光源が平行な場合は式（3.3.14）より算出することができる。

❶-1　受照点と光源が垂直な場合
（例：机に対する側窓、鉛直を向いた目に対する天窓）

$$\varphi_v = \frac{1}{2\pi}\left(\tan^{-1}\frac{x}{z} - \frac{z}{\sqrt{z^2+y^2}}\tan^{-1}\frac{x}{\sqrt{z^2+y^2}}\right) \tag{3.3.13}$$

❶-2 受照点と光源が平行な場合
（例：机に対する天窓、鉛直を向いた目に対する側窓）

$$\varphi_p = \frac{1}{2\pi}\left(\frac{x}{\sqrt{z^2+x^2}}\tan^{-1}\frac{y}{\sqrt{z^2+x^2}} + \frac{y}{\sqrt{z^2+y^2}}\tan^{-1}\frac{x}{\sqrt{z^2+y^2}}\right)$$
$$\tag{3.3.14}$$

　より簡易におおよその値を知りたい場合には、図 3.3.18、

建築環境工学のしくみ

日照・日射

光環境

音環境

熱環境

温熱環境

空気環境

湿気環境

065

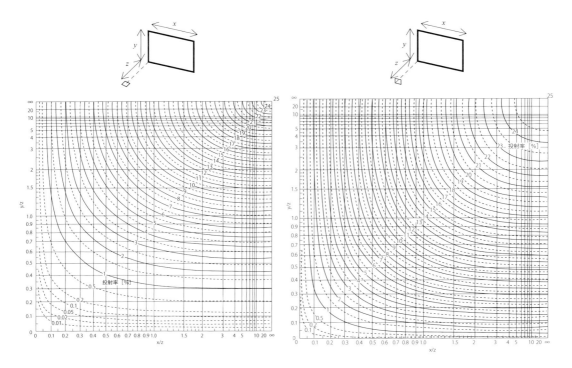

図 3.3.18　受照点と光源が垂直な場合　　　　　　　　　　図 3.3.19　受照点と光源が平行な場合

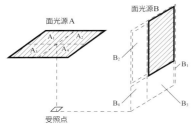

図 3.3.20　立体角投射率の求め方

図 3.3.19 を用いて求めることもできる。ただし、これらの計算式あるいは図は、受照点から光源のある面に下ろした垂線の足を頂点にもつ矩形についてのみ適用できる。例えば、図3.3.20 に示すような場合、面光源 A については受照点から光源に下ろした垂線の足を頂点にもつ 4 つの矩形（A_1、A_2、A_3、A_4）に光源を分割し、各矩形の立体角投射率をそれぞれ求めた後に全てを合算することで、面光源 A 全体の立体角投射率を求めることができる（$\varphi_{A1}+\varphi_{A2}+\varphi_{A3}+\varphi_{A4}$）。面光源 B については、受照点から光源のある面に下ろした垂線の足を頂点にもち、光源を内包するような矩形を仮に考え、余分な矩形の立体角投射率を加減して面光源 B の立体角投射率を求めることとなる（$\varphi_{B1}-\varphi_{B2}-\varphi_{B3}+\varphi_{B4}$）。

Ⅰ 基本と原理　Ⅱ 設計目標　Ⅲ 計画と制御

建築環境工学のしくみ

日照・日射

光環境

音環境

熱環境

温熱環境

空気環境

湿気環境

❷ 逐点法

点光源と受照点が図 3.3.21 のような位置関係にある場合、受照点の面積を dS、受照点に入射する点光源からの光束を dF とすれば、受照点が点光源から直接受ける光放射の量は、式 (3.3.15) ～式 (3.3.17) の通り求めることができる。

$$E_n = \frac{dF}{dS} = \frac{I_\theta\,d\omega}{dS} = \frac{I_\theta}{dS/d\omega} = \frac{I_\theta}{r^2} \tag{3.3.15}$$

$$E_v = E_n \sin\theta = \frac{I_\theta}{r^2}\sin\theta \tag{3.3.16}$$

$$E_h = E_n \cos\theta = \frac{I_\theta}{r^2}\cos\theta \tag{3.3.17}$$

一般に、光源の直径に対して、その 10 倍以上の距離が離れていれば、点光源とみなしてよい。光源から受照点への光度 I_θ は、配光曲線から求める。

❸ 全般照明による平均照度（光束法）

室内各点にどのように光が分配されるかを正確に知るためには室の形状、内装の反射特性、室内表面間での相互反射、照明器具の配光・配置を考慮する必要があるが、比較的単純な形状の室を全般照明方式で照明する場合には、式 (3.3.18) に示す光束法の式を用いて作業面の平均照度を概算することができる。

$$E = \frac{NFUM}{A} \tag{3.3.18}$$

E：作業面の平均照度 [lx]
N：使用するランプ数 [本]
F：ランプ 1 本あたりの光束 [lm]
U：照明率 [−]
M：保守率（光源の劣化、汚れ具合による補正係数）[−]
A：照明対象範囲の作業面面積 [㎡]（対象空間が直方体の場合は、床面積＝作業面面積と考える）

照明率 U は、照明器具の配光や対象空間の内装反射率の組合せ、室の形状によって決まる係数で、表 3.3.5 に示すような照明率表の形で照明器具と適用する光源の組合せに応じてメーカーから提供される。ここで、**室指数** K は対象空間の形状から式 (3.3.19) で求める。

$$K = \frac{XY}{H(X+Y)} \tag{3.3.19}$$

X：室の横幅
Y：室の奥行き
H：設計対象面（机など）と照明器具の発光面との間の距離

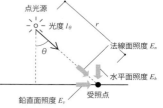

θ：点光源の受照点に対する入射角
I_θ：入射角 θ 方向の光度 [cd]
r：点光源と受照点の間の距離 [lm]

図 3.3.21　点光源による直接照度

表 3.3.5　照明率表の例

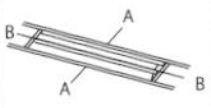

	天井		70			50			30		
反射率	壁		70	50		70	50		70	50	
	床	30	10	30	10	30	10	30	10	30	10
4,950 lm × 2 灯	室指数	照明率 U（× 0.01）									
	0.6	43	40	33	31	26	25	30	26	25	25
	0.8	51	47	41	39	35	33	40	38	34	33
最大取付間隔	1.0	57	51	47	44	40	38	45	42	39	38
A-A　1.5H	1.25	62	56	53	49	46	44	51	48	45	43
B-B　1.3H	1.5	66	59	57	53	51	48	55	51	49	47
保守率 M	2.0	72	64	65	59	59	54	61	57	56	53
良　0.73	3.0	78	69	72	65	68	61	68	63	64	60
普通　0.69	4.0	82	71	77	68	72	65	72	66	69	64
悪　0.61	5.0	84	73	80	70	75	68	75	68	72	66
	10.0	88	76	86	74	80	73	80	73	79	72

※ 表の数値列ヘッダーについては、天井70/壁70/床30,10、壁50/床30,10、天井50/壁70/床30,10、壁50/床30,10、天井30/壁70/床30,10、壁50/床30,10 の区分で値が並ぶ。

式 (3.3.19) 中の高さ H は天井高ではなく、照明器具の発光面と設計対象となる作業面の間の距離であることに注意する。

保守率 M は、あらかじめ光源・照明器具の経年劣化、汚れ等による照度低下を見込んで余分に照明器具を配置しておくための係数で、照明器具の形状や清掃頻度によって決まる。その値は、照明率表と共にメーカーから提供される。

❹ 室内表面による間接照度 （作業面切断公式）

室内の照度には、窓面や照明器具からの直接照度だけでなく、天井・壁・床などの室内表面や什器によって反射された間接照度も加わる。室内各表面の反射特性を考慮し、反射面間の相互反射を解いて間接照度を求める必要があるが、直接照度に比べればその値が小さいこと、分布も比較的均一に近いことから、平均的な値として略算値により求めるのが一般的である。その際に用いられるのが、式 (3.3.20) に示す**作業面切断公式**である（図 3.3.22）。

$$E_{r1} = \frac{\rho_{e2}(F_2 + \rho_{e1}F_1)}{A(1 - \rho_{e1}\rho_{e2})} \tag{3.3.20}$$

ここで、

$$\rho_{ej} = \frac{\rho_{mj}A}{S_j - \rho_{mj}(S_j - A)}$$

$$\rho_{mj} = \frac{\displaystyle\sum_{i=1}^{n_j} S_{ji}\rho_{ji}}{\displaystyle\sum_{i=1}^{n_j} S_{ji}}$$

$j = 1$ or 2 (1：下方空間、2：上方空間)
n_j：作業面より上方／下方空間を構成する面の数

作業空間を作業面より上方／下方で2分割し、下方空間へ入射する直接光束 F_1 が下方空間内で反射されて上方空間へ向かう反射光束 $\rho_{e1}F_1$ と、上方空間に直接入射する光束 F_2 とを合わせ、それらが上方空間内で反射され下方空間へ向かうと考え、間接照度 E_{r1} を算出する。ただし、奥行きの深い片側採光の室などでは、窓からの昼光による間接照度を室奥で過剰に見積もることもありうるため、注意が必要である。

❺ シミュレーションソフトの活用

光は熱・音・空気などの他の環境要素とは異なり、目に見える現象として扱える点に最大の特徴がある。あらかじめ現実に近い状態を再現、確認することができれば、設計段階で不具合を見つけ、結果をフィードバックすることが十分可能となる。最近では、コンピュータの処理能力の向上もあって、

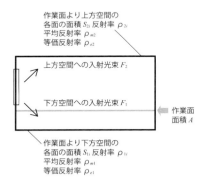

作業面より上方空間の
各面の面積 S_2 反射率 ρ_{2i}
平均反射率 ρ_{m2}
等価反射率 ρ_{e2}

上方空間への入射光束 F_2

下方空間への入射光束 F_1

作業面
面積 A

作業面より下方空間の
各面の面積 S_1 反射率 ρ_{1i}
平均反射率 ρ_{m1}
等価反射率 ρ_{e1}

図 3.3.22　室内間接照度の考え方

手計算による照明計算だけでなく、シミュレーションやCG
を活用した照明設計の事例も増えつつある。照明メーカーが
独自に開発した照明環境シミュレーションプログラムもある
が、以下にフリーでダウンロード可能な光環境シミュレーシ
ョンのためのプログラムを紹介する。

● Radiance

　カリフォルニア大学ローレンス・バークレー国立研究所が
開発したフリーのソフトで、照度分布、輝度分布を数値と
画像の両方で出力できる。検討対象のモデルは、3次元座標
をテキストで入力するか、モデリングソフトを用いて入力し、
内装の反射特性はいくつかのタイプの中から選択する。天空
条件は、CIE標準天空の中から選択する。

　輝度分布の出力結果から、グレア源の位置やグレアの程度
の評価も可能である。照度分布からは、均斉度や年間の昼光
利用可能性を検証することも可能である（図3.3.23）。

図3.3.23　Radiance による出力の一例

● DIALux

　ドイツのDIAL社が開発したフリーの照明シミュレーショ
ンソフトで、代表的な照明器具のデータベースをダウンロー
ドし、使用する照明器具を選択、昼光に関しては国際照明委
員会CIEによる天空輝度分布のモデルを選択し、シミュレ
ートすることで、照明器具の配置計画や照度分布を求めるこ
とができる。CADと連携することで、複雑な形状の室の検
討も可能である（図3.3.24）。

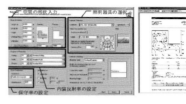

図3.3.24　DIALux による出力の一例

【図版・表出典】

図3.1.7　社団法人インテリア産業協会『高齢者のための照明・色彩設計 -
光と色彩の調和を考える- 第3版』産能大学出版部、2003

図3.1.9　槙究・古賀誉章『基礎からわかる建築環境工学』彰国社、2014

図3.1.17　Illuminating Engineering Society: The Lighting
Handbook, 10th Edition

図3.3.18、図3.3.19　日本建築学会編『建築設計資料集成1　環境』丸
善、1978

図3.2.7　Kruithof, A. A. Tublar luminescence lamps for general
illumination Philips Technical Review　6（3）,1941

【参考文献】

1）社団法人インテリア産業協会『高齢者のための照明・色彩設計　第3
版』産能大学出版部、2003

2）JIS Z 8701: 1999（色の表示方法 -XYZ表色系及びX₁₀Y₁₀Z₁₀表色
系）日本工業標準調査会、1999

3）中根芳一・伊藤克三『明視照明のための標準等視力曲線に関する研究』
（『日本建築学会論文報告集』229）日本建築学会、1975

4）JIS Z 9125: 2007（屋内作業場の照明基準）日本工業標準調査会、
2007

5）JIS Z 8726: 1990（光源の演色性評価方法）日本工業標準調査会、
1990

6）JIS Z 8720: 2012（測定用の標準イルミナント（標準の光）及び標準
光源）日本工業標準調査会、2012

7）Kruithof, A. A. Tublar luminescence lamps for general
illumination　Philips Technical Review6（3）,65-73,1941

8）山田浩嗣・戸倉三和子・三木保弘「伝統的民家と現代住宅の和室におけ
る室内照度分布の比較検討」（『日本建築学会大会学術講梗概集』D1）日
本建築学会、2003

9）山田浩嗣・戸倉三和子・三木保弘「伝統的民家と現代住宅の和室におけ
る室内光環境の輝度分布表現による比較検討」（『日本建築学会大会学術講
梗概集』D1）日本建築学会、2004

10）天空の輝度分布 CIE：CIE S 003/E-1996: Spatial distribution of
daylight-CIE Standard Overcast Sky and Clear Sky,CIE,1998

11）一般社団法人照明学会編『タスク・アンビエント照明システム研究調
査委員会報告書12』照明学会、1995

12）小池克也・望月悦子「オフィス建築における光環境の実態調査」（『日
本建築学会大会学術講梗概集』D1）日本建築学会、2008

13）http://radsite.lbl.gov/radiance/HOME.html

建築環境工学のしくみ

日照・日射

光環境

音環境

熱環境

温熱環境

空気環境

湿気環境

◆演習問題◆

(1) 光源 A から 300 lm、光源 B から 600 lm の光が面 P に入射するときの面 P の照度を求めよ。

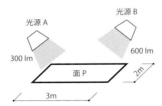

(2) (1)の面 P が反射率 70% の均等拡散面の場合の面 P からの光束発散度を求めよ。

(3) 光度 100 cd の微小面 S を点 V から注視したときの輝度を求めよ。

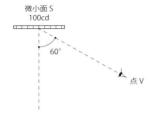

(4) 下図の配光をもつ光源を点 S に設置した場合の点 P に対する光度ならびに点 P における点 S に設置した光源による水平面照度、鉛直面照度を求めよ。

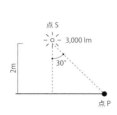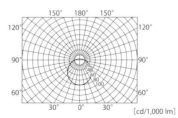

(5) 幅 10,000 mm、奥行 6,000 mm、高さ 2,800 mm の室に一灯あたりの光束が 3,000 lm のランプ 2 灯用の照明器具を 8 台設置した。このときの机上面高さの平均照度を求めよ。ただし、ここで使用する照明器具の机上面高さに対する照明率は 0.5、保守率は 0.7 とする。

(6) 点 P に対する光源 A、光源 B の立体角投射率をそれぞれ求めよ。

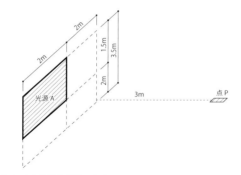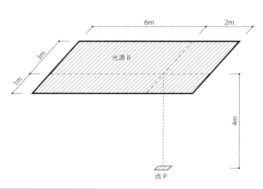

第4章

音環境

人は常に音に囲まれて生活しており、聴覚は視覚と並んで周辺情報の取得に大きな役割を果たしている。音環境は、音声コミュニケーションや音楽など、聴く対象として人の社会的・文化的生活を支える一方で、静けさが確保されなければ生活行為を妨害し騒音問題を引き起こす。人の活動を支えるために必要な音を伝えること、不必要な音を遮ることが、音環境面から建築物に求められる性能となる。本章では、用途に応じた静けさと響き、それらを実現するための手段について解説する。

音と聴覚

◼ 音を表す量

❶ 音波

　物質の一部に外力が加わると、物質内部に生じる弾性力と慣性力によって振動が生じ、物質内部を波動として伝わる。このような波動を**音波**という。一般に人が聞く音は空気中を伝わる音波であり、空気の粒子の振動によって生じる圧力の変化、すなわち大気圧からの圧力差のことを音圧という。ある時刻の状態を空間的に見ると、圧力の変化によって空気の粒子の密度が濃いところと薄いところができることから、音波は疎密波と呼ばれる。時間の経過とともに疎密の分布は移動する。これが音波の伝搬である。空気の粒子の振動方向と音波の伝搬方向とは等しく、この音波の性質を縦波という。音は波動であり、反射・屈折・回折※1・干渉※2といった波の性質を示す。

※1：回折とは、音波が障害物にぶつかって先端から背後に回り込む現象。

※2：干渉とは、2つの音波が互いに強めあったり弱めあったりする現象。

❷ 波形とスペクトル

　音を特徴づけているのは**波形**（時間波形）と**スペクトル**（周波数特性）である。波形は時間軸上での音圧の変動を示し、スペクトルは含まれる周波数成分を示す。特徴的な音として、単一の周波数（ラインスペクトル）の正弦波で構成される純音、その整数倍の周波数の正弦波（倍音）の重ね合わせにより複数のラインスペクトルから構成される周期性複合音（楽器音や人の声）などが挙げられる。（図4.1.1）

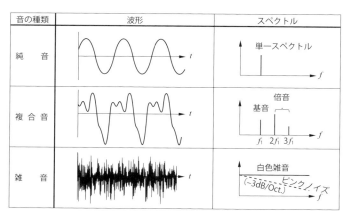

図 4.1.1　音の波形とスペクトル

日常的な環境音は幅広い周波数の音が含まれている。また一般に、建築材料の音響特性は周波数によって異なる特性を示す。そのため、音圧や材料特性は周波数ごとに把握する必要がある。そこで、対数軸上で等間隔な帯域幅をもつ**オクターブバンドフィルタ**※3を用いた周波数分析がよく用いられる。通常、63、125、250、500、1k、2k、4k [Hz] を中心周波数とする1オクターブバンド分析結果によって、周波数特性を表示する。

❸ 音の物理量とレベル表示

ある位置（計測点）での音圧を示す量として、以下の式による**音圧レベル**が用いられる。

$$L_p = 10\log\left(\frac{p^2}{p_0^2}\right) = 20\log\left(\frac{p}{p_0}\right) \tag{4.1.1}$$

基準値（$p_0 = 2 \times 10^{-5}$ Pa）に対する相対値を2乗し、その対数を10倍してレベル表示したもので、**デシベル** [dB] という単位が用いられる。この他に音のエネルギー量に関わる物理量としては、単位面積を通過する音のエネルギーを表す「**音の強さ（音響インテンシティ、I）**」、空間内の単位体積に含まれる音のエネルギーを表す「**音響エネルギー密度（E）**」、音源の発生量を表す「**音響パワー（W）**」が定義されている。表4.1.1に示すように、いずれも基準値に対する量をレベル表示して表される。

表 4.1.1　音に関わるレベル表示量※4

名称	定義式	基準値
音圧レベル：L_p	$L_p = 10\log(p^2/p_0^2)$	$p_0 = (\rho_0 c \cdot I)^{\frac{1}{2}} = 2 \times 10^{-5}$ Pa
音の強さのレベル：L_I	$L_I = 10\log(I/I_0)$	$I_0 = 10^{-12}$ W/m²
音響エネルギー密度レベル：L_E	$L_E = 10\log(E/E_0)$	$E_0 = I_0/c = 2.94 \times 10^{-15}$ J/m³
音響パワーレベル：L_W	$L_W = 10\log(W/W_0)$	$W_0 = 10^{-12}$ W

レベル表示された量を合成する場合の演算を考えてみよう。例えば2つの音源によって空間に生じる音響エネルギー密度をそれぞれ E_1、E_2 [J/m³]、レベル表示した値を L_1、L_2 [dB] とすると、2つが同時に存在するときのレベル L_{1+2} [dB] は次式で計算される※5。

$$L_{1+2} = 10\log\left(\frac{E_1 + E_2}{E_0}\right) = 10\log\left(10^{\frac{L_1}{10}} + 10^{\frac{L_2}{10}}\right) \tag{4.1.4}$$

一般に、N個のレベルの合成は次式で求まる。

$$L = 10\log\left(\sum_{i=1}^{N} 10^{\frac{Li}{10}}\right) \tag{4.1.5}$$

同様に、レベルの分解については次式で計算される。

※3：オクターブバンドフィルタは、1オクターブまたは1/3オクターブの周波数範囲の音響信号を通過させるフィルタで、以下のような中心周波数 [Hz] が用いられる。

1オクターブ	1/3オクターブ	1オクターブ	1/3オクターブ
	50		800
63	63	1,000	1,000
	80		1,250
	100		1,600
125	125	2,000	2,000
	160		2,500
	200		3,150
250	250	4,000	4,000
	315		5,000
	400		6,300
500	500	8,000	8,000
	630		10,000

●オクターブ

周波数 f_1、f_2 に対して $\log_2(f_2/f_1)$ をオクターブ数という。ある音が別の音の2倍の周波数であるとき、この2つの音は1オクターブの差をもつ同じ音程の音と知覚される。

●レベル表示

人の可聴範囲は $20\,\mu$Pa～20 Pa であり、6桁という広い範囲にわたる。また人間の感覚は刺激の絶対量よりもむしろその対数に比例する傾向がある（ウェーバー・フェヒナーの法則）。これらのことから、音圧など音の大きさに関する物理量には、対数変換によるレベル表示（デシベル表示）が用いられる。

●音の物理量間の関係

一般に音の強さ I と音圧 p との間には次式が成り立つ。

$$I = \frac{p^2}{\rho_0 c} \tag{4.1.2}$$

ただし、ρ_0：媒質の密度、c：音速

平面波音場では、音の強さ I と音響エネルギー密度 E との間に次式が成り立つ。

$$E = \frac{I}{c} = \frac{p^2}{\rho_0 c^2} \tag{4.1.3}$$

※4：レベル表示の定義より、音の強さのレベル L_I を10 dB下げるには、音の強さ I を1/10に、20 dB下げるには1/100にしなければならない。

※5：レベルの合成の式（式4.1.4）より、発生するパワーが等しい大きさの音源が2つある場合、1つの音源による音響エネルギー密度レベルに比べて、3（＝$10\log 2$）dBの増加となる。

建築環境工学のしくみ

日照・日射

光環境

音環境

熱環境

温熱環境

空気環境

湿気環境

●耳の構造

人間の耳は、外耳・中耳・内耳からなる。外耳はある程度の集音効果と方向検知の機能をもつ耳介（耳たぶ）と、音を中耳に導く外耳道からなり、その奥に鼓膜があって外気の圧力変動（音圧）によって振動する。中耳には鼓室と呼ばれている小さな空間があり、その中の3つの小骨（つち骨、きぬた骨、あぶみ骨）が振動を内耳に伝える。内耳のか（蝸）牛は音の物理的刺激を聴神経を通して脳へ伝える機能をもつ器官で、カタツムリのようならせん形に巻かれた管である。このか牛は、周波数分析の機能も果たしている。

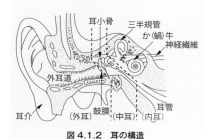

図4.1.2 耳の構造

●聴覚の効果

a. マスキング効果

同時に2つ以上の音があるとき、ある音が他の音によって聞こえにくくなる現象。

b. カクテルパーティー効果

同時に2つ以上の音があっても、1つの音に着目すれば、ある程度その音を聞き取ることができる（カクテルパーティーで、多くの人の話し声の中から特定の人の声を選択的に聞き取ることができるということから、この呼び名が生まれた）。

c. 両耳効果

両耳で聞くことによって生じる聴覚現象。代表的なものとして方向知覚、距離知覚、空間印象（広がり感）知覚などがある。この効果を含めて音を収録する装置としてダミーヘッドマイクが用いられる。

図4.1.3 ダミーヘッドマイクの例
両耳の内部にマイクロホンが埋め込まれている。

$$L_1 = 10\log\left(\frac{E_{1+2} - E_2}{E_0}\right) = 10\log\left(10^{\frac{L_{1+2}}{10}} - 10^{\frac{L_2}{10}}\right) \quad (4.1.6)$$

レベル値の単純な加算・減算とはならないことに注意が必要である。

2 聴覚と騒音レベル

❶ 聴覚の基本特性

聴覚が知覚する音の属性は、音の大きさ、高さ、音色の3つである。基本的には、音の大きさは音波（音圧）の振幅に、音の高さは周波数に、音色はスペクトル構造に関係する。

音の大きさ（ラウドネス：loudness）は音の強さに関する聴覚特性であり、音の強さが大きい音ほど大きく聞こえる。人の**可聴範囲**は一般に、音圧の実効値でおよそ $20\,\mu\mathrm{Pa}$ から $20\,\mathrm{Pa}$（音圧レベルでは $0 \sim 120\,\mathrm{dB}$）といわれている。ただし、音の大きさの感覚（ラウドネス）や可聴範囲は周波数にも依存する。

音の大きさの感覚の周波数依存性を表す図として、**等ラウドネス曲線**（図4.1.4に示す曲線群）が知られている。これは、1,000 Hzの純音を基準として、それと同じ大きさに聞こえる他の周波数の音の音圧レベルを曲線でつないだものである。約200 Hz以下、5,000 Hz以上で耳の感度が低下していること、数千ヘルツ付近でもっとも高いことがわかる。ある音の感覚的な大きさを表す場合、それと同じ大きさに聞こえる（等ラウドネス曲線上にある）1,000 Hzの純音の音圧レベルの値に phon という単位をつけて表す。これを音の大きさのレベルまたは**ラウドネスレベル**（loudness level：LL）という。

音の高さ（ピッチ）は音の周波数に対する聴覚特性であり、一般に人は 20 Hz から 20,000 Hz の周波数の音を聞くことができる。可聴域よりも高い周波数の音波は超音波、低い周波数の音波は超低周波音という。

以上は一般的な聴覚特性であり、加齢によって聴力は低下する。老人性難聴の多くは、内耳（か牛）または聴覚神経の障害による感音性難聴であり、全般的な感度の低下に加えて高齢になるほど高い周波数の感度が低くなる。音声聴取において高音が不足すると、子音が不明瞭となり、もごもごとこもった音に聞こえて言葉が聞き取りにくくなる。高齢者の聞こえの特徴として、小さな音や早口の聞き取り、雑音下や響く場所での放送や会話の聞き分けが難しいという特徴を知っておきたい。

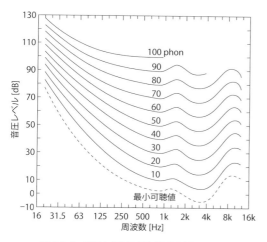

図4.1.4　等ラウドネス曲線 (ISO226:2003)

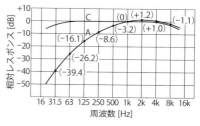

図4.1.5　A特性（周波数重み付け特性）

❷ 騒音の評価量

　前項で述べたように、人の聴覚は周波数によって感度が異なっており、特に低い音の感度が鈍い。このような聴覚の特性を考慮しつつ、さまざまな周波数の音を含む一般の騒音の感覚的な大きさを簡便に表す量として、**騒音レベル**が用いられている。これは、図4.1.5に示す**A特性**[6]と呼ばれる周波数特性の重み付けをして測定した音圧レベルである。騒音レベルの単位はデシベル [dB] であるが、慣用的には [dB(A)] と書くこともある。音圧レベルや騒音レベルは、**騒音計**（図4.1.6）によって測定される。数値の目安として、図4.1.8に身の周りの環境の騒音レベルを示す。

　時間的に変動する騒音を測る場合、その測定結果は時間軸上で変動する騒音レベルとして記録できる。騒音の時間特性は、空調音のように変動が小さい定常的な騒音から、電車や道路騒音など変動する騒音、建設工事機械の音のように間欠的な騒音、上階で物を落とした際に発生する床衝撃音のように単発的に発生する騒音など、さまざまである。そのため、環境騒音の影響を評価する方法としては、騒音源別、目的別にこれまでに多くの評価法が提案されており、国によってまた時代によって異なった方法が採用されてきている。

　現在もっとも代表的な騒音の評価量としては、次式で表される**等価騒音レベル**[7]（L_{Aeq}：equivalent continuous A-weighted sound pressure level）がある。

$$L_{Aeq,T} = 10\log\left[\frac{1}{T}\int_{t_1}^{t_2}\frac{p_A^2(t)}{p_0^2}dt\right] \qquad (4.1.7)$$

　ただし、$L_{Aeq,\,T}$：時刻 t_1 から時刻 t_2 までの時間 T [s] における等価騒音レベル [dB]、$p_A(t)$：対象とする騒音の瞬時A特性音圧 [Pa]、$p_0=20\,\mu$Pa（基準の音圧）。$L_{Aeq,\,T}$ の添字 T

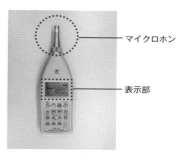

　　　　　　　マイクロホン

　　　　　　　表示部

図4.1.6　騒音計

一般に、マイクロホン、増幅器、周波数重みづけ回路（A特性）、時間重みづけ（時定数）回路（Fast, Slow特性）、表示部から構成される。

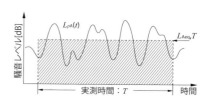

図4.1.7　等価騒音レベルの概念図

建築環境工学のしくみ

日照・日射

光環境

音環境

熱環境

温熱環境

空気環境

湿気環境

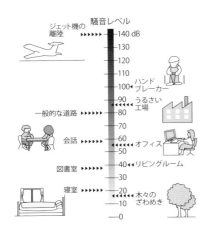

図 4.1.8　身の周りの環境と騒音レベル

は時間または分で表してもよい。たとえば、10分間を対象とする場合には $L_{Aeq, 10min}$、8時間を対象とする場合には $L_{Aeq, 8h}$ などと表す。

これは、連続的に発生し、変動する騒音のエネルギー的な時間平均値に基づいて騒音レベルを算出する量であり、表4.1.2に示す**環境基準**における評価量にも用いられている。この環境基準は、環境基本法第16条に基づき、「生活環境を保全し、人の健康の保護に資する上で維持されることが望ましい基準」として定められているもので、一般の住居地域については昼間 55 dB 以下、夜間 45 dB 以下という値が示されている。

一方、床衝撃音や建設機械が発する騒音など、単発的に発生する騒音については、騒音レベルのピーク値や、1回の発生ごとの騒音のエネルギーを示す**単発騒音暴露レベル**が用いられる。また、新幹線騒音、航空機騒音、工場騒音などについては騒音源ごとに特有の評価量が用いられており、法律で基準値や規制値が定められている。

表 4.1.2　騒音に係る環境基準（一般地域）

地域の類型	基準値	
	昼間 [06:00～22:00]	夜間 [22:00～06:00]
ＡＡ	50 dB 以下	40 dB 以下
ＡおよびＢ	55 dB 以下	45 dB 以下
Ｃ	60 dB 以下	50 dB 以下

ＡＡ：医療施設、社会福祉施設等が集合して設置される地域など、特に静穏を要する地域
Ａ　：もっぱら住居の用に供される地域
Ｂ　：主として住居の用に供される地域
Ｃ　：相当数の住居と併せて商業、工業等の用に供される地域

❸ 音の伝搬と減衰

❶ 音速

音圧変動が伝わっていく速さを**音速** c [m/s] と呼ぶ。音速は温度に依存し、温度 t [℃] の空気中では、以下の式で与えられる[※8]。

$$c = 331.5\sqrt{1+\left(\frac{t}{273}\right)} \qquad (4.1.8)$$
$$\approx 331.5 + 0.61t$$

※8：常温での音速として、式（4.1.8）に $t=15$℃を代入すると、音速 c は約 340 m/s となる。

❷ 距離減衰

音源から音が放射されると、音のエネルギーは空間中に広がっていくため、音源から離れるにしたがって次第に小さくなる。これを**距離減衰**という。

　伝搬距離にくらべて寸法が十分に小さい音源は、点とみなすことができる。このような音源を**点音源**という。点音源から距離 r［m］離れた点の音の強さ I［W/㎡］は、半径 r の球面全体を通過する音のパワーが音源から放射される音のパワー W［W/㎡］に等しい（図4.1.9）ことから、次式で表される。

$$I = \frac{W}{4\pi r^2} \tag{4.1.9}$$

これをレベルで表示すると、以下の式になる。

$$L_I = L_w - 10\log(4\pi) - 10\log r^2 \tag{4.1.10}$$
$$= L_w - 11 - 20\log r$$

音源から r_1、r_2 の距離の2つの点における音圧レベル L_1、L_2 の差 ΔL は、

$$\Delta L = L_1 - L_2 = 20\log_{10}(r_2/r_1) \tag{4.1.11}$$

となり、図4.1.10に示すように、距離が2倍（double distance：d.d.）になるごとに6dBずつ減衰する（−6dB/d.d. と表す）。これを**逆2乗則**による減衰という。

　一方、交通量の多い道路や空調設備の細長い吹出し口などは線状の騒音源であり、**線音源**と呼ばれる。線音源は点音源が一直線状に密に並んだものと考えることができ、無限に長い線音源を想定した場合には、受音点までの距離が2倍になるごとに3dBずつ減衰する（−3dB/d.d.）。また、室内の騒音が外壁面を透過して屋外に放射される場合などはその壁面は**面音源**として扱われる。この場合にも点音源が平面状に密に分布したような音源を想定して、受音点のレベルを求めることができるが、無限大の面音源では距離による減衰は生じない。

　このように、距離減衰量は音源の形状（点、線、面）によって異なる。実際の音源の長さあるいは大きさは有限であり、音源から遠方になると上記の法則とは異なる減衰量を示す（図4.1.10中の破線）。しかし理論上は、距離が倍になるごとに点音源の場合には6dB、線音源の場合には3dB、面音源の場合には0dBと、音源が点から面と大きくなるにつれて距離減衰量は小さくなる。

❸ 回折による減衰効果

　塀やパーティションなど障害物がある場合、障害物の裏側へも音が回折して伝搬する。その際には、障害物がない場合と比べて音は減衰するが、その程度は位置関係、音の周波数などに依存する。

　ナイフエッジをもつ半無限障壁による点音源からの音の回折に伴う減衰値（地表面からの反射がない場合）は、図4.1.12

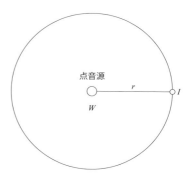

図4.1.9　点音源からの音の伝搬

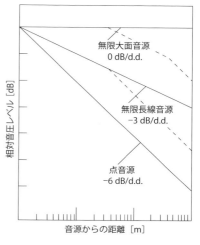

図4.1.10　点・線・面音源からの音の伝搬特性

縦軸：相対音圧レベル［dB］
横軸：音源からの距離［m］

無限大面音源　0dB/d.d.
無限長線音源　−3dB/d.d.
点音源　−6dB/d.d.

●光の回折の理論と補正値[※1]

　光の回折に関する Fresnel-Kirchhoff の理論は、音の回折についても実用的な計算法としてしばしば応用されているが、この理論は大きな仮定を含んだ近似理論であるため、実際の現象とは厳密には一致しない。そこで、前川は実験によってその補正値を求め、図4.1.12（実線）を提案した。さらに、山下・子安は音源が無限長線音源である場合について、破線の回折減衰値を求めた。

建築環境工学のしくみ

日照・日射

光環境

音環境

熱環境

温熱環境

空気環境

湿気環境

の計算チャート（実線）を用いて求めることができる。これによれば、図 4.1.11 において、音源 S から障壁上の点 O を経て受音点 R に至る幾何学的回折経路長と S-R の直達経路長との差を音の波長（λ）の半分で除した値（フレネルナンバー）$N=(r_1+r_2-r_0)/(\lambda/2)$ から、**回折減衰値** ΔL（障壁がない場合とある場合の到達音のレベル差）が求められる。なお、音源が線音源（無限長）の場合は点音源よりも減衰量が少なく、図 4.1.12 の破線から同様に回折減衰値を求めることができる。

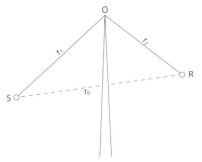

図 4.1.11　半無限障壁における音の回折

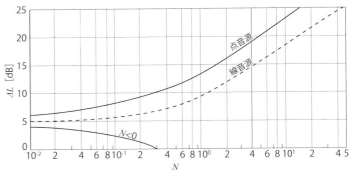

図 4.1.12　半無限障壁による音の減衰

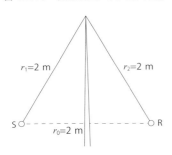

図 4.1.13

回折減衰の量を感覚的に把握するために、点音源から発する波長 1 m（340 Hz）の音について図 4.1.13 のような塀を立てた場合の減衰量を考えてみよう。フレネルナンバーを計算すると $N=(2+2-2)/(1/2)=4$ となり、図 4.1.12 より ΔL を読み取ると回折減衰値は約 18 dB であることがわかる。すなわち、塀から 1 m の距離で音を出したとき、頭上 2 m 近くまでそびえる塀越しに伝わる音の減衰量は 20 dB に満たないのである。音源が塀から離れると N は小さくなり減衰量はさらに減る。塀や生垣を立てても騒音を遮る効果には限界があることを知っておこう。

実際には、地面の反射の影響や障壁の厚さを無視できない場合もあり、また、障壁や先端部分の形状によっても減衰量が変わってくる。このため防音塀の効果の予測には、模型実験やコンピュータを使用した数値解析などが用いられる。近年では、図 4.1.14 のように先端形状を工夫したさまざまな防音塀が使われている。

❹ 空気の音響吸収

空気中を伝搬する音のエネルギーの一部は、空気の粘性や分子運動によって吸収される。この空気の音響吸収による減衰は、音の強さ I_0 [W/㎡] の平面波が x [m] 進行するとき、

図 4.1.14　形状の工夫により減衰効果を向上させた防音塀

次式で表される。

$$I(x) = I_0 e^{-mx} \tag{4.1.12}$$

ここで m は、1 m あたりの音の減衰係数で、図 4.1.15 に示すように周波数が高くなると急激に大きくなる。気温と湿度にも大きく依存する。

屋外の騒音伝搬などを扱う場合には、次式に示す単位長さあたりの減衰値 ΔL [dB/m] の形で扱われることが多い。

$$10\log(I/I_0) = 10\log(e^{-mx}) \tag{4.1.13}$$
$$= -mx \cdot 10\log_{10}e = -4.34mx$$
$$\therefore \Delta L = 4.34m$$

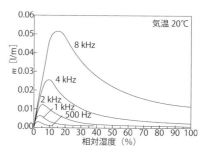

図 4.1.15　空気吸収による音の減衰係数 m

④ 吸音と遮音

❶ 吸音率と吸音力

壁などの境界面に音が入射した場合、入射音のパワー（W_i）は、反射音のパワー（W_r）、透過音のパワー（W_t）、壁体中で熱に変換されるパワー（W_a）に分配される（図 4.1.16）。ここで、入射したパワーに対する反射されなかったパワーの割合を**吸音率**（α）という[※9]。すなわち、次式が成り立つ。

$$\alpha = \frac{W_i - W_r}{W_i} = \frac{W_a + W_t}{W_i} \tag{4.1.14}$$

室内で音が発せられると、音は壁面での反射を繰り返し、反射の度に吸音率に応じて室内に反射するパワーは小さくなる。この反射の繰返しによって徐々に室内の音のエネルギーが減衰して聞こえるのが室の響き（残響）である。したがって、壁面の吸音率が高ければ響きは短く、吸音率が低ければ響きは長くなる。実際には壁・床・天井にはそれぞれ吸音率の異なる材料が使われているため、各壁面の吸音率（α_i）と面積（S_i）の積和（$\Sigma S_i \alpha_i$）が響きの長さを決める。この吸音率と面積の積和を**吸音力**（A [㎡]、**等価吸音面積**とも呼ばれる）といい、室を構成する面による音の吸収能力を示す。また、吸音力を面積で割ると室内の平均的な吸音率が求められ、これを**平均吸音率**（$\bar{\alpha}$）と呼ぶ。平均吸音率は室の響きの長さの目安となる値であり、室の音響設計においてもよく用いられる（本章Ⅲ❷❸ 97 頁参照）。

❷ 透過率と透過損失

壁が隣室に伝わる音を遮る性能、すなわち遮音性能を表す量としては次式に示す（音響）**透過率** τ が用いられる。

$$\tau = \frac{W_t}{W_i} \tag{4.1.15}$$

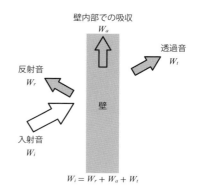

図 4.1.16　壁体における音の反射・吸収・透過

※9：吸音率には、壁内部で吸収されるパワー（W_a）の他に透過音のパワー（W_t）も含まれることに注意しよう。通常の壁面では α は 0～1 の間の値をとる。極端な例として、開放された窓では、そこに入射したパワーはすべて透過する（反射しない）ので、吸音率 α は 1 となる。

すなわち、透過率は入射音のパワー（W_i）に対する透過音のパワー（W_t）の割合である。実用的には、透過率 τ の逆数をレベルで表示した（音響）**透過損失** TL [dB] が使われることが多く、次式のような関係がある[10]。

$$TL = 10\log\frac{1}{\tau} = 10\log\frac{W_i}{W_t} = 10\log W_i - 10\log W_t$$

（4.1.16）

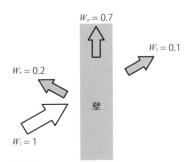

吸音率：$\alpha = 1 - 0.2 = 0.8$
透過損失：$TL = 10\log(1/0.1) = 10$ dB

図 4.1.17　吸音材料の吸音率・透過損失の例

❸ 吸音材料と遮音材料の区別

吸音材料は音をよく吸収する材料であるから、遮音の効果も大きいと考えられがちであるが、必ずしもそうではない。後述の多孔質吸音材料などは、W_a の割合は大きいが、W_t すなわち材料を透過するパワーの割合も大きいので、その材料だけでは高い遮音性能は期待できない。例えば、図4.1.17 に示すように、$W_i = 1$ に対して $W_r = 0.2$、$W_t = 0.1$、$W_a = 0.7$ となるような吸音材料だけで壁をつくったとする。吸音率は 0.8 で入射側からみた吸音性能は高い。しかし、音の透過については、$\tau = 0.1$ すなわち $TL = 10$ dB で、これは薄いベニヤ板 1 枚程度の遮音性能に相当する。遮音のためには W_t を小さくする必要があるわけで、そのためには後（本章Ⅲ❶❷ 90 頁）で述べるように音を透過させずにはね返す重い材料が必要である。

吸音性能は室内側の反射音を弱める材料、遮音性能は隣室への透過音を弱める材料であり、使い分けあるいは併用が必要であることを覚えておこう。

⑤ 室内音場

❶ 室内音場における距離減衰

本節Ⅰ❸で述べた音の距離減衰は、遮るものなく音が伝わる音場（**自由音場**）における減衰性状である。これに対して、室内では、壁・床・天井や室内に置かれた物体で音は反射を繰り返す。このような室内音場は、音響エネルギーが室内全体に均一に分布している"**拡散音場**"という性質をもつ。

拡散音場の定義によれば、室内の音圧レベルは場所によらず一定となるが、実際の室内における音圧レベルは、図4.1.18 に示すように音源の近傍で高くなる。これは、音源近傍では直接音（音源から直接到達する音）の寄与が大きく、拡散音（壁等で反射して到達する音）の寄与が小さいためである。音源からの距離が離れるにつれて直接音が逆 2 乗則に従って -6 dB/d.d. で減衰すると、拡散音が優勢となって、拡散音場の仮定通り音圧レベルが一定となる。室内が反

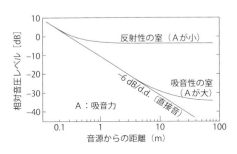

図 4.1.18　室内音場における距離減衰

射性であるほど、距離減衰がなくなる（音圧レベルが一定となる）音源からの距離は短く、一定となる音圧レベルは大きくなる[※11]。

❷ 残響

　室内では、壁、床、天井や室内に置かれた物体で音は反射を繰り返す。音が停止すると反射音は徐々に減衰していき、これが室内に響きをつくる。部屋の響きは、室内での講演者の声を補強して遠くまで伝えたり、音楽の表情を豊かにしたり、プラスの効果がある。一方、過度の残響は音声の明瞭性を失わせ、騒音の喧騒感（騒がしさ）を増す。このため、室の機能に応じて適切な響きが得られるように、吸音特性を考慮して仕上げ材料の選択を行う必要がある。

　このような室内の響きを定量的に表す量として**残響時間**が用いられている。残響時間の定義は、「音源によって定常状態になった室内の平均音響エネルギー密度が、音源を停止した後、定常状態の時の $1/10^6$（$-60\,\mathrm{dB}$）に減衰するまでの時間」とされている（図4.1.19）。室の用途に適した残響時間については本章Ⅱ❷節（86頁）に、それを実現するための設計手法については、Ⅲ❷節（93頁）で述べる。

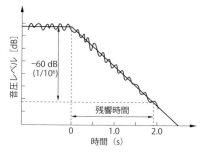

図4.1.19　残響時間の概念図

建築環境工学のしくみ

日照・日射

光環境

音環境

熱環境

温熱環境

空気環境

湿気環境

遮音と室の響き

1 遮音性能

❶ 空気音遮断性能の評価方法と数値目標

※１：空気音遮断性能の測定・評価方法はJIS A 1419-1に定められている。D_r等級曲線による評価の他、近年では、125〜2kHzの各オクターブバンドの音圧レベルの算術平均値（平均室間音圧レベル差：D_m）による評価も用いられるようになってきている。

　２つの室の間の**遮音性能**（空気音遮断性能ともいう）は、一方の室内で音が発生したとき、他方の部屋にどの程度の音が伝わるかで評価できる。これは、**室間音圧レベル差**と呼ばれる量で測定され、測定及び評価の方法がJIS規格で決められている[※1]。室間音圧レベル差は、図4.2.1に示すように音源室でノイズを発生し、受音室で測定した音圧レベルの周波数分析を行い、オクターブバンドごとに２室間の差を計算する。この値を図4.2.2に示す評価曲線（室間音圧レベル差等級 D_r）上にプロットする。すべての周波数帯域で実測値が等級曲線を上回るような等級が、その室間の遮音性能を表す等級値となる。図4.2.2に書き込まれた測定結果の場合、"D_r-50"となる。

　図4.2.2に見られるように、D_r**等級曲線**は右上がりで、各等級を満たすのに必要な室間音圧レベル差は高い周波数ほど大きい。D_r値の数字は500Hzの室間音圧レベル差と等しくなっている。室間音圧レベル差は、遮音される音の量を示すものであるから、数字が大きいほど遮音性能がよいことになる。

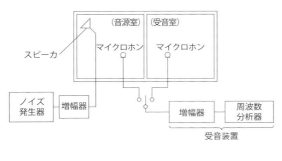

図4.2.1　空間音圧レベル差の測定方法

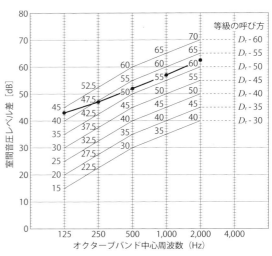

図4.2.2　空気音遮断性能の等級曲線

さまざまな建築物に必要な遮音性能については、日本建築学会が定めた**遮音性能基準**がある（表 4.2.1）。標準仕様（1級）としては、集合住宅の隣戸間界壁で D_r-50、病院の個室間で D_r-45、学校の普通教室間で D_r-40 などの値となっている。

表 4.2.1　空気音遮断性能に関わる遮音性能基準

| 建築物 | 室 用 途 | 部 位 | 適 用 等 級 | | | |
			特級	1 級	2 級	3 級
集合住宅	居　　室	隣 戸 間 界 壁 〃　　界床	D_r-55	50	45	40
ホ テ ル	客　　室	客 室 間 界 壁 〃　　界床	D_r-55	50	45	40
事 務 所	業務上プライバシー を要求される室	室 間 仕 切 壁 テナント間仕切壁	D_r-50	45	40	35
学　　校	普 通 教 室	室 間 仕 切 壁	D_r-45	40	35	30
病　　院	病室（個室）	室 間 仕 切 壁	D_r-50	45	40	35

❷ 床衝撃音遮断性能の評価方法と数値目標

集合住宅などでは、足音やモノの落下など床への衝撃が下階の部屋に聞こえてしまい、問題となることがある。このように床への衝撃が原因となって伝わる音を**床衝撃音**と呼ぶ。床衝撃音に対する遮音性能を**床衝撃音遮断性能**といい、前述の空気音遮断性能と同じく JIS 規格で測定法及び評価法が定められている[※2]。

床衝撃音遮断性能の測定には、実際の床への衝撃を模擬した 2 種類の**標準衝撃源**が用いられる。靴など硬い衝撃源を模擬した軽量衝撃源（タッピングマシン）と、素足でのとびはねのような重くて柔らかい衝撃源を模擬した重量衝撃源（タイヤまたはゴムボールの落下）の 2 種類である。図 4.2.3 に示すように、この標準衝撃源で音源室（上階）の床を加振し、受音室（下階）で発生する“**床衝撃音レベル**”を測定して、周波数分析を行う。結果は図 4.2.4 に示す L_r **等級曲線**上にプロットし、すべての周波数帯域で測定値が等級曲線を下回るような等級が、その測定箇所の等級値となる。図 4.2.4 に書き込まれた測定結果の場合、“L_r-55”となる。

図 4.2.4 に見られるように、L_r 等級曲線は右下がりで、各等級を満たすのに必要な床衝撃音レベルは低い周波数ほど大きくても許容される。L_r 値の数字は 500 Hz の床衝撃音レベルと等しくなっている。床衝撃音レベルは、遮断されずに伝わってしまった音の量を示すので、数字が大きいことは床衝撃音遮断性能が低いことを示す。

床衝撃音遮断性能についても、日本建築学会が基準を定めている（表 4.2.2）。標準仕様（1級）では、集合住宅の隣戸間界床で L_r-45 〜 50、学校の教室間の界床で L_r-55 などの値となっている。

※ 2：床衝撃音遮断性能の測定方法は JIS A 1418 に、評価方法は JIS A 1419-2 に定められている。L_r 等級曲線による評価の他、近年では、A 特性音圧レベルによる評価も用いられるようになってきている。

● L_r **等級曲線と A 特性**

図 4.1.5 の A 特性カーブと図 4.2.4 の L_r 等級曲線を見比べてみよう。A 特性の上下を反転したものが L_r 等級曲線になっている。すなわち L_r 等級曲線では、低音で感度が低いという聴覚の特性を考慮して、床衝撃音の大きさを評価している。

建築環境工学のしくみ

日照・日射

光環境

音環境

熱環境

温熱環境

空気環境

湿気環境

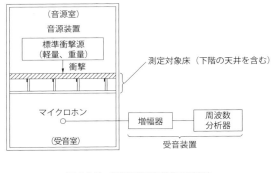

図 4.2.3　床衝撃音遮断性能の測定法

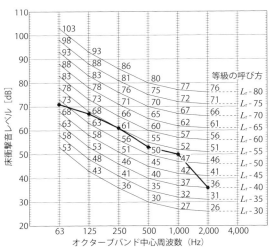

図 4.2.4　床衝撃音遮断性能の等級曲線

表 4.2.2　床衝撃音遮断性能に関わる遮音性能基準

建 築 物	室用途	部 位	衝撃源	適　用　等　級			
				特　級	1 級	2 級	3 級
集合住宅	居　室	隣戸間界床	重量衝撃源	L_r-45	L_r-50	L_r-55	L_r-60, L_r-65*
			軽量衝撃源	L_r-40	L_r-45	L_r-55	L_r-60
ホテル	客　室	客室間界床	重量衝撃源	L_r-45	L_r-50	L_r-55	L_r-60
			軽量衝撃源	L_r-40	L_r-45	L_r-50	L_r-55
学　　校	普通教室	教室間界床	重量衝撃源	L_r-50	L_r-55	L_r-60	L_r-65
			軽量衝撃源				

＊木造、軽量鉄骨造またはこれに類する構造の集合住宅に適用する。

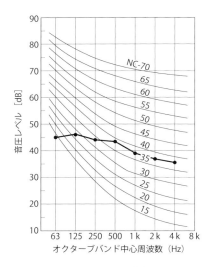

図 4.2.5　NC 曲線

❸ 室内騒音の評価方法と数値目標

　遮音性能確保の目的は、さまざまな活動に必要とされる静けさを建築空間内に実現することにある。室内の静けさに関する基本的な評価量としては騒音レベルが用いられるが、より詳しい検討が求められる場合には **NC 値**が使われる。表4.2.3 に示すように、室用途ごとに許容値が示されている。

　NC 値を求めるには、室内で測定した音のオクターブバンド分析結果を図 4.2.5 に示す NC 曲線上にプロットし、すべての周波数帯域で分析値が曲線を下回るような最小の曲線を NC 値とする。図 4.2.5 に書き込まれた測定結果の場合、"NC-40" となる。騒音レベルでは騒音の周波数特性は規定されないが、NC 曲線を使えばオクターブバンドごとに騒音の許容値が設定される。つまり、騒音源の特性や伝搬経路上の遮音対策などを周波数帯域ごとに検討する際の指針ができる。このため、設計時の目標性能として NC 値が明記されることが多い。

表 4.2.3　室内騒音の許容値

騒音レベル[dB]	20	25	30	35	40	45	50	55	60
NC	10~15	15~20	20~25	25~30	30~35	35~40	40~45	45~50	50~55
うるささ	無音感		非常に静か		特に気にならない		騒音を感じる		騒音を無視できない
会話・電話への影響	5 m 離れてささやき声が聞こえる			10 m 離れて会議可能 電話は支障なし		普通会話（3 m 以内） 電話は可能		大声会話（3 m） 電話やや困難	
スタジオ	無響室	アナウンススタジオ	ラジオスタジオ	テレビスタジオ	主調整室	一般事務室			
集会・ホール		音楽堂	劇場（中）	舞台劇場	映画館・プラネタリウム		ホールロビー		
病院		聴力試験室	特別病室	手術室・病院	診察室	検査室	待合室		
ホテル・住宅				書斎	寝室・客室	宴会場	ロビー		
一般事務室				重役室・大会議室	応接室	小会議室	一般事務室		タイプ・計算機室
公共建物				公会堂	美術館・博物館	図書閲覧	公会堂兼体育館	屋内スポーツ施設（拡）	
学校・教会				音楽教室	講堂・礼拝堂	研究室・普通教室	廊下		
商業建物					音楽喫茶店 宝石店・美術品店	書籍店	一般商店 銀行・レストラン	食堂	

●サウンドマスキングシステム

　静かな図書館で、ページをめくる音や鉛筆が机にあたる音、キーボードを打つ音、ひそひそと話す声など、他の人が発する音が耳について気になってしまう、あるいは他の人に気を遣って窮屈な思いをしてしまう、という経験がないだろうか。

　表 4.2.3 に示したように、室内騒音は定められた値以下の騒音レベル（静けさ）を保つことが望ましいとされている。一方で、静か過ぎると人が出す物音や遠くの話し声までがよく聞こえてしまう。このような場合に音を流すことにより、静か過ぎて居心地が悪い状態を改善する目的で、サウンドマスキングシステムが利用できる。

　近年では、個人情報保護に対する要請から、会話の秘話性に対する関心が高まっている。例えば病院の診察室などで動線確保のために空間を仕切らず連続させる一方で、音が伝わるのは困る、という場合にもサウンドマスキングシステムが利用できる。ノイズなどの定常音をスピーカから出力することで物音や会話の聞き取りを妨害する。北米や北欧などでは、オフィス、医療機関、金融機関等で利用されており、日本でも実験オフィスでの導入事例や、パーティションなどの家具に付属した製品の販売も見られるようになってきた。

　建築がつくる音環境を補完するシステムとして、このような電気音響によるシステムがあることも知っておきたい。ただし、音を付加する一方で、不快感を生じさせない程度の静穏な環境を保つことの必要性にも十分留意する必要がある。

2 室の響き

❶ 室用途と最適残響時間

音声によるコミュニケーションを主目的とする部屋では音声の明瞭性を損なわない短めの残響とすることが重要であり、コンサートホールやパイプオルガンを荘厳に響かせたい教会では比較的長い残響が好まれる。このようにふさわしい残響時間（**最適残響時間**）は室の用途に依存する。加えて、残響時間は長いほど響きが長く感じられるが、残響感は残響の量によっても異なり、これは室の大きさに関係する。したがって、最適残響時間は室容積によって異なる。

図 4.2.7 は、適切な残響時間の確保が重要な室について、最適残響時間を室用途との関係で示す図として提案され、用いられている。最適残響時間は、室容積が大きいほど長く、また音声を聞くための部屋に比べてコンサートホールや教会では長い値となっている。空間の機能と容積に応じて適切な響きが得られるように、設計目標を定める必要がある。

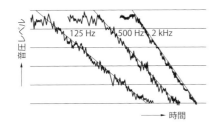

図 4.2.6　残響減衰曲線の測定例
一般に周波数によって残響時間は異なる

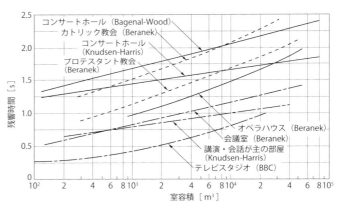

図 4.2.7　室容積と最適残響時間

❷ 音響障害の防止

大きな面（特に曲面）があると、その面からの反射音が生じ、直接音から分離して聞こえる場合にはこれを**エコー**（反響）と呼んで残響とは区別している。ホールや体育館など寸法が大きい部屋では、直接音と反射音の到来時間に数百ミリ秒の差ができることがあり、これは**ロングパスエコー**とも呼ばれる。エコーが生じると、音の明瞭性が低下し、音楽ではリズムを狂わせるなど、音響障害となる危険性がある[3]。

また、平行な面があると、その間で音が何度も往復反射を繰り返すことによって、手を叩くとプルルル……という音が聞こえる。この種のエコーは**フラッターエコー**または**鳴き**

※3：直接音とエコーが到来する時間に50 ms以上の時間差があると、音が分離して二重に聞こえると言われている。

Ⅰ 基本と原理 Ⅱ 設計目標 Ⅲ 計画と制御

建築環境工学のしくみ

日照・日射

光環境

音環境

熱環境

温熱環境

空気環境

湿気環境

竜（図4.2.8）と呼ばれる。フラッターエコーは比較的小さい部屋でも聞こえることがあり、家具が少ないホテルの部屋や、平行面のある通路などで手を叩くとフラッターエコーがあることに気付く場合がある。このような音の反射現象は、一般の室内では生じないようにしなければならない。

　エコー障害の有無は、室内でパルス音源を発したときの反射音列の構造（**インパルス応答**と呼ぶ）によって判断される。滑らかに減衰する自然な残響のインパルス応答は、図4.2.9（a）のように樅の木を横に寝かせたような波形を示す。（b）（c）はそれぞれ離散的な反射音が観察され、単一エコー、フラッターエコーが生じている例である。

　室の平面形状が円形や楕円形、凹曲面などで構成される場合には、曲面の焦点を結ぶ場所に音が集中して音圧が極端に高くなる場所が生じることがある。このような場所を**音の焦点**という。室内に音圧の偏りが生じている場合、焦点とは逆に音圧が極端に低い場所（**デッドスポット**）も生じることがあり、このような偏りをなくして極力室内の音圧分布を一定にすることが望ましい。

❸ 室内音響指標

　残響時間は室に固有の量であるが、実際には室内の位置によって音の聞こえ方は異なる。室内各点における音の聞こえの状態（聴感印象）は、話者等の位置（演壇、ステージ上）を音源点、聴者の位置を受音点として測定したインパルス応答を分析することによって、知ることができる。

　会議室、教室、コンサートホールなどでは、拡声設備に頼らなくても音が室内全体に十分な大きさで伝わる必要がある。そのためには、音量の補強に有効な反射音が得られるように室や壁面の形状を工夫する。室内各点における音の大きさを評価する指標として、次式に表す**ストレングス** G（Sound strength）［dB］が提案されている。

$$G = 10\log_{10}\left\{\frac{\int_0^\infty p^2(t)dt}{\int_0^\infty p_{10m}^2(t)dt}\right\} \quad (4.2.1)$$

　ここで、$p(t)$ は室内の受音点におけるインパルス応答とする。分母の $p_{10m}(t)$ は、自由音場（無響室など反射音のない空間）において音源より10mの距離で測定したインパルス応答のエネルギーであり、G の値によって室内の響きによるエネルギーの増加分を知ることができる。

　より詳しくみると、反射音の到達時間によって、聞こえ方に対する寄与は異なる。音源から直接伝わる音（直接音）から50ms以内（スピーチの場合、音楽の場合には80ms以内

図4.2.8　鳴き竜で有名な日光東照宮本地堂
お堂の真ん中で手を叩くと天井に描かれた竜が鳴いたように聞こえる。

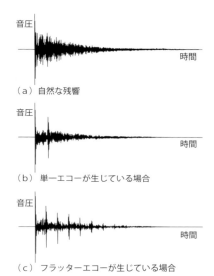

（a）自然な残響

（b）単一エコーが生じている場合

（c）フラッターエコーが生じている場合

図4.2.9　典型的なインパルス応答の例

※4：D値以外に、音楽の明瞭性との対応がよいとされる C 値（Clarity）[dB]、残響感と相関が高いとされている時間重心 T_s [s] なども提案されている。

$$C = 10\log_{10}\left\{\frac{\displaystyle\int_0^{80ms} p^2(t)dt}{\displaystyle\int_{80ms}^{\infty} p_{10m}^2(t)dt}\right\} \qquad (4.2.3)$$

$$T_s = \frac{\displaystyle\int_0^{\infty} t \cdot p^2(t)dt}{\displaystyle\int_0^{\infty} p^2(t)dt} \qquad (4.2.4)$$

となる）に到達する反射音は初期反射音と呼ばれ、直接音を補強して音量感を増し、音の明瞭性を高める効果があるといわれている。音の明瞭性に関係する指標として、次式に示す D 値（Deutlichkeit, Definition）が使われる※4。

$$D = \frac{\displaystyle\int_0^{50ms} p^2(t)dt}{\displaystyle\int_0^{\infty} p^2(t)dt} \qquad (4.2.2)$$

D 値は響き全体に対する初期反射音のエネルギーの割合を表す。

ストレングス G や D 値は現状では基準等で目標値が定められているわけではないが、設計時や竣工後に室内各点で予測・測定することによって、室内のエネルギー分布にむらがないか、音の明瞭性は確保されているか、などの観点から音響性能を確認する際に用いられる。

以上で述べた物理量による評価の他に、室内音場が音声を劣化させずに伝送する性能を「**音声伝送性能**」として評価する方法がある[2]。これは単語了解度試験（日常的に使われる単語を聞かせて書き取らせる試験）を行い、正しく聞き取れた正答率や、「聴き取りにくさ」の段階評価結果を求めるものである。響きの影響と同時に、騒音の存在によって聞こえが阻害される影響も同時に評価できるという利点がある。

音環境の計画と制御

1 騒音防止計画

❶ 騒音防止計画の概要

　騒音防止に関わる計画段階での検討項目を表 4.3.1 に示す。基本計画においては、まずは設計条件を設定するため、敷地周辺の騒音の実態を把握し、建物の使用者の要望や使い方も考慮しながら、室内騒音や遮音性能の目標値を決める。この際、外部からの騒音影響を防止することと同時に、周辺が閑静な住宅地や医療施設等がある静穏な環境である場合には、建物から外部に発する騒音の影響を考慮することも必要である。配置計画においては、上述の周辺環境との関係が懸念される場合には特に、騒音源の影響が小さくなるよう距離をとって、敷地内の建物の配置を検討する。室間の必要遮音性能は、隣接する室の組み合わせ、すなわち音源側（音が発生する室）で想定される発生音の大きさと受音側（影響を受ける室）の室内騒音の要求性能との組み合わせで考える必要がある。発生音が大きい室と静穏な環境が求められる室は、隣接を極力避ける。

　各部計画においては、敷地条件、隣接する室での音の発生条件、各室に必要な室内騒音条件から、外周壁や室間界壁の遮音性能として必要な性能値を設定し、それを実現するための材料・仕様（構法）を検討する。室内で発生する音やその伝搬を抑制するために、適所に吸音処理を施すことも有効である。さらに、各種設備の騒音について、室内の騒音条件に対して支障がないよう装置・機器を選定するとともに、緩衝材の使用や防振対策によって固体伝搬音を防止するなど、対策を施す。

表 4.3.1　騒音防止計画における検討項目

計画過程		検討項目	検討内容
基本計画	条件設定	敷地の音環境調査	道路、鉄道、航空機、工場など周辺の環境騒音の実態を把握する
		設計目標の設定	各室に必要とされる室内騒音条件、遮音性能を把握する
	配置計画	敷地内の施設配置	騒音源と静けさが求められる室・地域との距離を離す
		建物内の室配置	発生音が大きな室と静けさが求められる室の隣接は避ける
各部計画	構法計画	遮音構造	必要遮音性能を満たす壁・床・窓サッシ・扉等の材料・仕様を検討する
		吸音処理	騒音抑制の観点からも過度な響きとならないよう適所に吸音処理を施す
	設備計画	設備騒音対策	換気・冷暖房・給排水・昇降設備からの騒音対策を施す

建築環境工学のしくみ

日照・日射

光環境

音環境

熱環境

温熱環境

空気環境

湿気環境

❷ 単層壁の遮音性能

音が壁を透過するのは、壁に入射する音波が壁を励振し、壁の振動が隣室の空気を振動させて音が発生するためである。したがって、壁が重い材料でできていれば励振されにくく、音を透過させにくいということになる。壁の重さは面密度（1 ㎡あたりの壁の質量、kg/㎡）で表され、面密度が大きい壁ほど透過損失は大きくなる。単一材料でできた単層壁の透過損失は**質量則**に従うことが知られており、壁に垂直に入射する音波（垂直入射波）に対しては次式で表される。

$$TL = 20\log_{10}(f \cdot m) - 43 \tag{4.3.1}$$

ここで、

TL：透過損失 [dB]、f：周波数 [Hz]、m：面密度 [kg/㎡]

質量則によれば、図 4.3.1 に示すように透過損失は右上がりの直線、すなわち高い周波数ほど高い遮音性能をもつことになるが、実際には特定の周波数で遮音性能の落ち込みが生じる。これは、壁に斜めに入射する音波と壁の屈曲波（曲げ波）の共振によって、特定の周波数の音波が透過しやすくなることによる。この現象は**コインシデンス効果**と呼ばれ、透過損失の落ち込みが最大になる周波数を**コインシデンス限界周波数**という[※1]。

材料によっては、遮音性能が必要とされる中音域にコインシデンス効果による遮音性能低下が起こる場合がある。例えば、薄いガラスの窓（3 mm 厚程度）では 1 kHz 付近がコインシデンス限界周波数であり、遮音性能が落ち込む（図 4.3.4c）。一般のコンクリートの壁は遮音性能が問題となる周波数にコインシデンス効果が生じることはないが、軽量気泡コンクリートなど軽い材料になると中音域（500 ～ 1 kHz）でコインシデンス効果が起こるため、遮音材料としては注意が必要である（図 4.3.4a）。

[※1]：コインシデンス限界周波数 f_c [Hz] は以下の式で表される。

$$f_c = \frac{c^2}{2\pi h}\sqrt{\frac{12\rho}{E}} \tag{4.3.2}$$

この式は、壁の密度（ρ）が大きいほど、壁が柔らかい（ヤング率 E が小さい）ほど、壁が薄い（厚さ h が小さい）ほど透過損失が落ち込む周波数（f_c）が高くなることを示している。

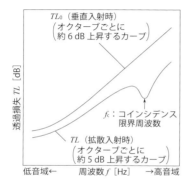

図 4.3.1　単層壁の透過損失の一般的傾向

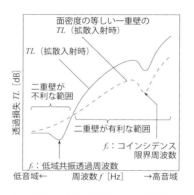

図 4.3.2　二重壁の透過損失の一般的傾向

❸ 二重壁の遮音性能

　コンクリートなどの単層壁の他に、石こうボードなどの板状の材料を間隔を設けて取り付けた二重壁もよく使われる。ここで、2枚の材料が貼り合わされれば面密度は2倍となり、質量則によれば透過損失は6dB増加する。これに対して、2枚の材料の間に数センチから数十センチの間隔（中空層）を設けた二重壁の場合、全体的には遮音性能が高くなるが、間隔部分の空気層がバネとして働く共振が生じ、**低音域共鳴透過**と呼ばれる遮音性能の低下が起こる（図4.3.2）※2。

　図4.3.3に示す通り、二重壁の中空層部分に多孔質材料（抵抗材）を充填すると、ほぼ全周波数帯域にわたって透過損失が向上する。一方、発泡材など（弾性材）やハニカムなど（剛性材）を充填すると中音域の透過損失を低下させてしまう。また、2つの壁が中空層内の間柱に連結している場合には、この間柱を音が伝わり、遮音性能低下の原因となる。このように音を伝えてしまう経路を**サウンドブリッジ**という。

　断熱性能が高い材料としてよく用いられる複層ガラスも二重壁と同様の特性をもち、200〜400Hzに共鳴透過が起こるので、遮音目的には不向きである（図4.3.4c）。一方、複層ガラスに比べ中空層が厚い二重窓では、共鳴周波数が低音域になるため、中高音域においては良好な遮音性能が得られる。

❹ 実際の壁の遮音性能

　図4.3.4は典型的な材料の透過損失を示している。また、図4.3.5は遮音性能の低下が問題となりやすい材料・構法の遮音性能の周波数特性を模式的に示している。実際の壁の遮音性能は材料だけでなく施工の仕方や隙間の有無によっても異なり、その周波数特性によって壁から漏れてくる音の聞こえ方が変わることを知っておこう。

※2：二重壁の共鳴周波数 f_r [Hz] は次式で表される。

$$f_r = \frac{1}{2\pi}\sqrt{\frac{m_1+m_2}{m_1 \cdot m_2}\cdot\frac{\rho c^2}{d}} \qquad (4.3.3)$$

m_1, m_2 は2つの壁の面密度 [kg/㎡]、d は空気層厚 [m]、ρ は空気の密度 [kg/㎡]、c は音速 [m/s]。

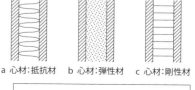

a 心材：抵抗材　　b 心材：弾性材　　c 心材：剛性材

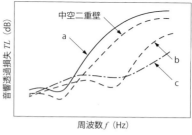

図4.3.3　中空二重壁の充填材と遮音性能

※3：a：普通コンクリートは質量則による遮音性能が得られるのに対して、軽量気泡コンクリートはコインシデンス効果によって中音域の透過損失に落ち込みが生じる。b：二重壁の中空層に多孔質材料を充填すると透過損失が向上する。c：複層ガラスは共鳴透過によって中音域の透過損失が低い。

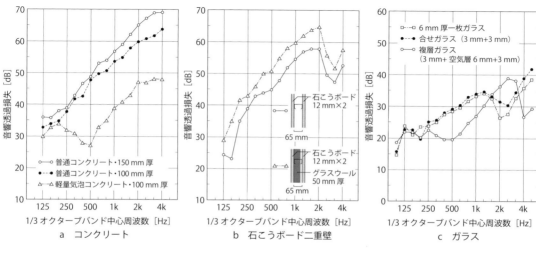

a　コンクリート

b　石こうボード二重壁

c　ガラス

図4.3.4　代表的な材料の音響透過損失※3

建築環境工学のしくみ

日照・日射

光環境

音環境

熱環境

温熱環境

空気環境

湿気環境

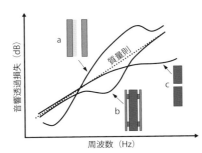

a：二重壁は低音域共鳴透過が起こるため、低音はよく伝わってしまう。

b：コンクリート壁の両側にボード材料を接着する（GL構法）と中音域の遮音性能が大幅に（仕上げなしよりも）低下してしまう。

c：壁材料の継ぎ目やサッシ部分などに隙間があると、高音域の音が透過して遮音性能が下がる。可動間仕切りは、パネル部分の透過損失を高くしても、隙間からの音漏れで高音域の遮音性能が低下してしまうことが多い。

図4.3.5 壁の遮音性能の特徴

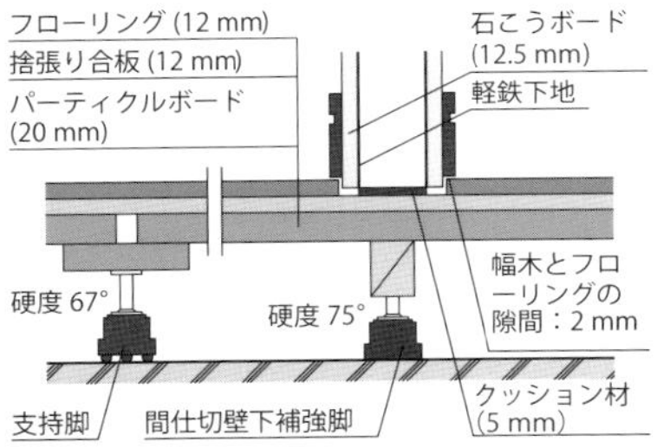

フローリング (12 mm)
捨張り合板 (12 mm)
パーティクルボード (20 mm)
石こうボード (12.5 mm)
軽鉄下地
硬度 67°
硬度 75°
幅木とフローリングの隙間：2 mm
支持脚
間仕切壁下補強脚
クッション材 (5 mm)

図4.3.6 床衝撃音防止措置（乾式浮床構造）の例

❺ 固体音と振動防止

　壁や床、建物の構造体など、固体部分を伝わり、再放射される音を固体（伝搬）音という。機械の振動や、硬いものが床に落下したときに生じる振動は、固体音を発生させやすい。固体中では音はほとんど減衰せずに伝わるので、思わぬところで固体音が問題になることがある。集合住宅で問題となりやすい音源として、ピアノなども床への加振力が大きく、固体音を生じさせやすい。

　防止策としては、表面にカーペットなど衝撃を和らげる柔らかい材料を用いる、床仕上げと構造部分の間にゴム（防振材料）やグラスウールを挿入する、などの対策がとられる。屋内運動場（体育館など）と通常の居室を上下階に配置する場合や、地下鉄の線路の上にコンサートホールをつくる場合などは、この固体音対策として、室全体をゴムなどの上に載せた**浮床構造**とすることもある（図4.3.6）。

❻ 遮音性能確保のための注意点

　実際の建物や室では、壁、窓、天井、床などの部位に応じて複数の材料が使われる。室全体の音響透過損失は、各材料の面積に応じてそれぞれの透過損失を加算して求められ、**総合透過損失**（$\overline{TL}$）と呼ばれる。

$$\overline{TL} = 10\log\frac{1}{\overline{\tau}} = 10\log\frac{\sum S_i}{\sum S_i\tau_i} = 10\log\frac{S}{\sum(S_i \cdot 10^{-TLi/10})}$$
(4.3.4)

　ここで、$\overline{\tau}$は壁全体の平均透過率、S_i、τ_i、TL_iは壁を構成する各部の面積［m²］、透過率、透過損失［dB］である。

　総合透過損失は、壁を構成する材料のうち、もっとも遮音性能の低い部分の影響を大きく受けるので、材料の性能のバランスを考慮することが大切である。また、面を構成する材料の遮音性能だけでなく、図4.3.5に示したように隙間や換気口、建物の施工過程で生じる要因にも大きく影響されるの

●壁面の総合透過損失

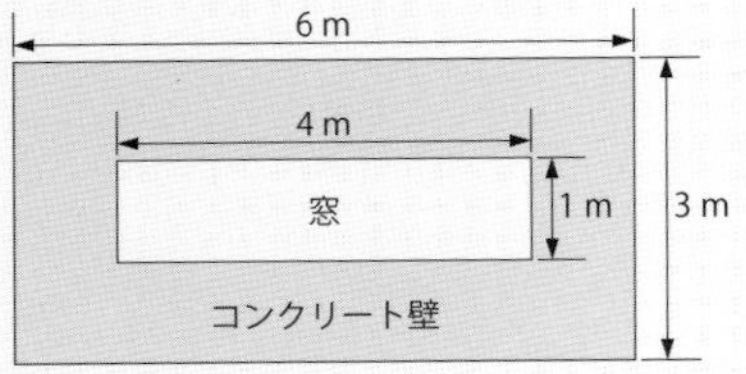

6 m
4 m
窓
1 m
3 m
コンクリート壁

　上図のような壁面の総合透過損失を計算してみよう。500 Hzの透過損失をコンクリート：$TL=50$、ガラス：$TL=30$とすると、透過率τはそれぞれ、0.00001、0.001である。

$$\overline{TL} = 10\log\left(\frac{18}{14\times0.0001+4\times0.001}\right) = 36.4$$

　総合透過損失はガラスの透過損失の値と近くなっており、コンクリートを厚くしたところで総合的な遮音性能は向上しないことがわかる。

で注意しなければならない。

　一般的な建具類の遮音性能はコンクリート壁などに比べて劣るので、それらの単体としての遮音性能、設置位置などを考慮し、壁面全体として十分な遮音性能をもつようにする必要がある。また、室間の音の伝搬は、壁や床などの部材を通してだけでなく、窓や扉などの建具や廊下、階段などを通しても生じる。遮音性能を高めようとする場合、このような**側路伝搬音**についても考慮する必要がある。廊下や階段を伝わる音を低減するためには、音の伝搬経路の天井面などを吸音処理することが有効である。

② 室内音響計画

❶ 室内音響計画の概要

　室内音響計画の目標は、本章Ⅱ②（86頁）に示したような諸特性をもつ音場を室内につくることである。そのために、室形状、壁や天井面の形状、仕上げ材料の反射・吸音特性を決定していく。

　まずは基本計画において、床面積、室容積、室の寸法比など室の基本形状を検討する。劇場、ホールなどは1席あたり0.65〜0.7 ㎡、8〜10 ㎡程度が必要であり、客席数に応じた面積・容積を算定する。室の平面・断面形状を決めるうえでは、円形、楕円形や扇形などの凹面があると、エコー障害や音の集中を生じやすいことに十分注意しなければならない（図4.3.7）。壁面形状の工夫や吸音によっては音響障害を回避

◉サウンドスケープ計画

　建築・都市のさまざまな音は、静けさの確保という観点では騒音として扱われるが、その空間の印象に寄与する環境要素として、積極的にデザインする対象ともなりうる。環境音に付随する意味性や審美性、機能性に焦点をあてて「音の風景」をデザインする姿勢をサウンドスケープ計画という。

　音に満ち溢れた都市では静かな環境に価値がおかれることが多いが、音のない空間は決して心地よいものではない。空間に求められる音環境は、その用途や人の活動のあり方によって異なり、賑わい、活気、華やかさ、落ち着き、静けさ、緊張感など、空間の印象に音環境は大きく影響している。サウンドスケープ計画においては、まずその空間に存在する音を把握して必要な音・不要な音を整理し、適度な静けさの下地をつくる。その上に、拡声器を用いたBGMやサイン音、自然環境音、生活音などを適切な音量で付加し、情報伝達・空間演出を行う。ここでは、音が喚起する記憶やイメージ、個人や社会の歴史的・文化的背景なども考慮することが求められる。建築空間内では、響きも含めた総合的な計画が必要であり、また季節感の演出やメンテナンスといった長期的な運用を見据えた視点も重要である。

◉聖イグナチオ教会の音響設計

　聖イグナチオ教会の主聖堂（1999年、東京都千代田区）は、基本形状が楕円形である。信者を包み込む空間というコンセプトから、楕円の形状が決められ、音響障害をいかに排除するかというテーマの下に、音響模型実験（1/20縮尺）も行われた。

　検討の結果、周壁にはゆるやかに湾曲した壁面が取り入れられ、祭壇付近は反射性、信者席後壁は、レンガブロックを隙間を空けて積み、背後の吸音材および空気層を生かした吸音壁となっている。さらに、すり鉢上の床と天井との往復反射によるフラッターエコーを回避する必要があった。天井の大梁がもつ凹凸は、このフラッターエコーの抑制に寄与して

いる。

　多数の凹曲面から成る空間は音響的には極めて危険な形だが、このような入念な検討を行えば、音響障害を排除して成立させることができる。

信者席後壁のレンガブロック吸音壁、共鳴器型吸音機構をもつ

楕円形にさまざまな拡散の工夫が取り入れられた大聖堂内部

建築環境工学のしくみ

日照・日射

光環境

音環境

熱環境

温熱環境

空気環境

湿気環境

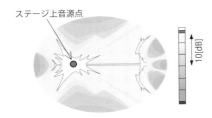

図 4.3.7　楕円形ホールにおける音のエネルギー分布（数値シミュレーション結果、横断面図）

エネルギーの分布に著しい偏りがみられ、拡散体の設置などによって音響障害を排除する必要がある。

図 4.3.8　北九州市・響ホールの壁面

下部は屏風折れ型拡散体、上部は蒲鉾型拡散体。

図 4.3.9　ウィーン・楽友協会大ホールの壁面

女神像（列柱）が音の拡散に寄与している。

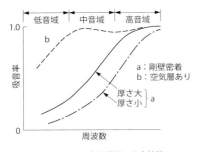

図 4.3.10　多孔質材の吸音特性

カーテンやカーペットも多孔質材料であるが、厚さが薄いため、高い音しか吸音しない。広い範囲の周波数にわたって吸音力を確保したい場合には、25 mm や50 mm のグラスウールなどが用いられる。また、多孔質材料は通気性能があることが重要であるため、通気性を損なう塗装を施すと吸音性能は下がる。多孔質吸音材料を効果的に用いるためには、表面を保護するための材料（格子、金属メッシュ、有孔板など）は、できるだけ開口率の大きなものを用いる必要がある。

できる場合もあるが、入念な音響設計が必要となる。

　凹面や平行面によって生じるエコー障害を回避し、室内の音の分布を均一化するためには、壁面に入射した音を拡散させる壁面形状とする。コンサートホールの壁面には、屏風折れ型、蒲鉾型、列柱型などの音を拡散させる形状、すなわち**拡散体**が多く使用されている（図 4.3.8、図 4.3.9）。これらはエコーを防止し音の拡散性を高めるための装置である。

　つぎに、室に必要な吸音力を考慮して、吸音面、反射面の分量・配置を決める。室の用途や室容積から最適残響時間を設定し、意匠面からの要求と合わせて、使用できる吸音仕上げや配置を検討し、平均吸音率や残響時間を計算しながら、内装の仕様を決めていく。ホールや講義室など多人数の人を収容する室では、使用状態を想定して適当な数の人の吸音力も算定に含める。ホールや講堂などでは、ステージや舞台上など音源の周辺に反射面を配置すると、音源のエネルギーの補強に有効である。そのため、ステージなどの周囲・天井は反射性の仕上げにし、あるいは反射板を設置することが多い。逆にステージの対向面は、エコーを防ぐために吸音性とすることが多い。

❷ 吸音機構と吸音材料

　吸音率が高い材料は吸音材料と呼ばれる。現実に用いられている吸音材料にはさまざまなものがあるが、吸音のメカニズムに着目すれば以下の a 〜 c 3 つの吸音機構に分類でき、それぞれ特徴をもっている。

a. 多孔質型吸音

　グラスウール、ロックウール、発泡材（連続気泡のものに限る）、各種の布類など、通気性のある材料に音波があたると、その振動が材料内部の空気にも伝わる。そうすると、材料内部で空気の粘性による摩擦が生じ、また繊維自体も振動するので、音のエネルギーの一部が熱エネルギーに変換され、吸音効果が生じる。

　多孔質型吸音材料の吸音特性は、通気抵抗、厚さの他に、背後の条件（取付け条件）によって大きく変化する。図 4.3.10 に示す通り、多孔質材を剛壁に密着させた場合は、周波数が高いほど吸音率が大きくなる傾向を示す。その場合、材料が厚いほど全体的に吸音率が増大する。また、同じ材質・厚さの多孔質材でも、剛壁との間に空気層を設けることにより、より低い周波数域まで吸音効果を高めることができる。その場合、空気層の厚さが大きいほど効果が大きい。これは多孔質吸音材料の使い方として重要な点である。

b. 共鳴器型吸音

ビンの口に息を吹き込むとボーッという音が鳴る。特定の高さの音が鳴るのは、ビンなどの容器は特定の周波数に共鳴するためである。ここではビンの中の空気がバネの役割を果たし、ネックの部分の空気が激しく振動して、音のエネルギーが熱のエネルギーに変わっている。つまり、特定の周波数を中心に、吸音力をもつ。このような機構の吸音を**共鳴器型吸音**と呼ぶ。

有孔板（穴あき板）はこの原理で吸音する材料の代表である。有孔板を吸音材料として使用する場合には図 4.3.11 に示すように、壁との間に空気層を設けて有孔板を設置する。有孔板の穴ごとに仮想的な仕切りがあると考えれば、無数の共鳴器（レゾネータ）が並んだ状態とみることができ、ビンの共鳴と同様に、穴の裏側の空気がバネとなって穴（ネック）の部分の空気を激しく振動させる[※4]。

材料の吸音特性としては、ビンやつぼは低い周波数、有孔板は中音域でピークとなる山形の特性となる。有孔板の裏側の空気層を厚くすることは、バネとなって働く空気の体積が増えることを意味し、吸音率のピークはより低音域側になる。また、有孔板のすぐ裏側に多孔質材料を用いると、これが抵抗となって働いて、幅広の吸音特性となる（図 4.3.13）。いずれにせよ、有孔板は背後空気層と一体で吸音効果を発揮するものであり、壁や板材料に密着して用いると吸音効果は得られない。

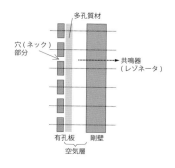

図 4.3.11 有孔板（断面図）による吸音構造

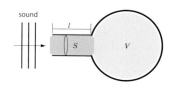

図 4.3.12 共鳴器（レゾネータ）模式図

[※4]：共鳴器型吸音材料の共鳴周波数（f_r [Hz]）は次式で表される。

$$f_r = \frac{c}{2\pi}\sqrt{\frac{S}{(l+\delta)\cdot V}} \qquad (4.3.5)$$

ここで、

c：音速 [m/s]、S：ネックの断面積 [㎡]、V：空洞部の容積 [㎥]、l：ネックの長さ [m]、$\delta=0.8d$（d：ネックの直径 [m]）。

すなわち、f_r はバネとなって働く空気の体積が大きいほど低くなり、ネックの部分の面積が大きいほど高くなる。

●東京カテドラルのレゾネータ[※3]

丹下健三氏設計の教会建築として有名な東京カテドラル聖マリア大聖堂（1964年、室容積 14,400 ㎥、東京都文京区）は、鉄筋コンクリート造の HP シェル 8 枚から構成される大壁面が印象的な空間である。

設計当時、造形・意匠の意図から、内部はコンクリート打放し仕上げとする方針が強く打ち出された。床は大理石、椅子は木製と、吸音性の素材は皆無である。この仕上げでは、残響時間の推定値は 16 秒にもなってしまい、いかに教会とはいえ長すぎる。そこで、人が入った状態での残響時間を 3 秒程度とすることを目標に、人の吸音力が低い低中音域の吸音性を高めるため、レゾネータ（共鳴器）が用いられた。63〜250 Hz の範囲で 7 種類

の共鳴周波数となるようにレゾネータの寸法が設計され、合計約 2,000 個が壁に埋め込まれた。

聖マリア聖堂の特徴的な空間を成立させる背後には、このような音響的装置による工夫が隠されている。

塩ビパイプ製レゾネータ（左から共鳴周波数125、160、200 Hz）、コンクリート壁面（側廊奥の窓の脇など）にパイプ・先端部の開口（直径 4 cm ほどの円形の穴）が並ぶ様子を見ることができる。

コンクリート打放しの大空間が印象的な大聖堂内部

建築環境工学のしくみ

日照・日射

光環境

音環境

熱環境

温熱環境

空気環境

湿気環境

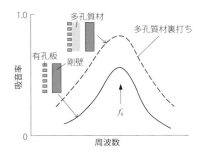

図 4.3.13　有孔板の吸音特性

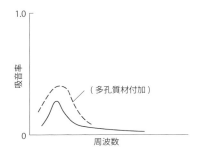

図 4.3.14　板張り構造の吸音特性

c. 板（膜）振動型吸音

　壁との間に空気層を設けて板（または膜）を張ると、空気層と板の弾性がバネとなって働く共振系が形成され、その共振周波数に近い周波数の音が入射すると板が激しく振動する。その際、音のエネルギーが板の振動のエネルギーに変換されて、吸音効果が生じる。合板や石こうボードなど一般の板材料の共振周波数は低音域にあり、低い音を吸音する。板の裏側に多孔質材料を入れると、吸音のピークが大きくなる（図4.3.14）。

　以上述べた吸音機構の周波数特性をまとめて図 4.3.15 に示す。一口に吸音材料といってもすべての周波数を吸音するわけではなく、吸音率の周波数特性にはそれぞれ特徴がある。したがって、室の全面に同一の材料、特に有孔板のような周波数特性にピークをもつ材料を使ってしまうと、響きに非常に癖のある室ができてしまう。例えば、音楽室の壁全面を背後空気層を一律にとった有孔板仕上げとした場合、中音域のみ響きが短くなる。その結果、歌声は響かず、低音域の騒音や高音域の甲高い音は耳障りに響くというひどい状況になってしまう。

　実際の材料の吸音特性を図 4.3.16、表 4.3.2 に示す。室内の内装条件を決める際には、各材料の吸音特性を参照しながら、複数の仕上げを組み合わせたり、空気層の厚さなど断面構造を変えたりしてバランスよく吸音する必要がある。

a. 多孔質型吸音材料は高音域で吸音率が得られる。空気層を設けて設置するとより低い周波数まで吸音率が上がる。

b. 共鳴器型吸音機構として代表的な有孔板は、中音域にピークをもつ山形の吸音特性となる。

c. 板振動型吸音は低音域に低めのピークをもつ吸音特性となる。

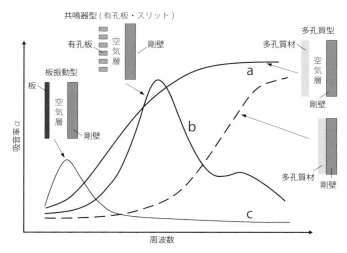

図 4.3.15　各種吸音構造の吸音特性

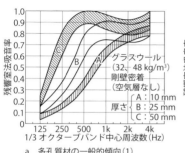

a　多孔質材の一般的傾向(1)
（厚さの効果）

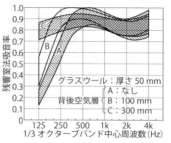

b　多孔質材の一般的傾向(2)
（背後空気層の効果）

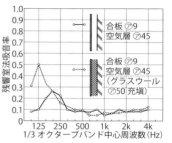

c　板張り構造の例
（測定：大成建設技研）

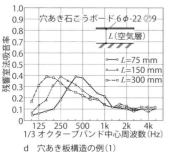

d　穴あき板構造の例(1)
（多孔質材なし）（測定：大成建設技研）

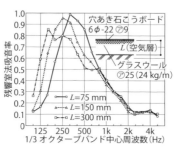

e　穴あき板構造の例(2)
（多孔質材裏打ち）（測定：大成建設技研）

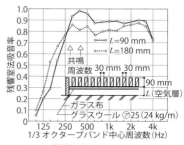

f　リブ構造の例
（測定：東大生研）

図 4.3.16　各種吸音材料の吸音特性

表 4.3.2　代表的な建築材料の吸音率

材　料　名	125	250	500	1,000	2,000	4,000（Hz）
ガラス（大版）	.18	.06	.04	.03	.02	.02
コンクリート　打放し・モルタル金ごて	.01	.01	.02	.02	.02	.03
ペンキ・モルタル VP	.01	.01	.02	.02	.03	.03
布張り	.03	.03	.03	.04	.06	.08
平滑石張り、大理石、花崗岩、テラゾなど・タイル張り（コンクリート下地）	.01	.01	.02	.02	.02	.03
プラスチック系タイル仕上げ（コンクリート下地・床）	.01	.01	.02	.02	.03	.03
板張り床（木造下地・床）・縁甲板張り（舞台床など）	.15	.12	.10	.08	.08	.08

材　料　名	厚さ（mm）	空気層厚（mm）	125	250	500	1,000	2,000	4,000（Hz）
パイルカーペット	10	-	.10	.10	.20	.25	.30	.35
ニードルパンチカーペット	3.5	-	.03	.04	.08	.12	.22	.35
吸音用カーテン 0.25〜0.3kg/m²、2 倍ひだ		50〜100	.10	.25	.55	.65	.70	.70
〃		200	.10	.25	.60	.70	.75	.75

❸ 吸音と残響時間

　室内の仕上げ面に用いられる吸音材料は残響（響き）をコントロールする役割を果たす。室内の残響の長さを定量的に表す量として、本章 Ⅰ **5** **❷**（81 頁）に示した**残響時間** T [s]が用いられている。

　残響時間の予測にはいくつかの式が提案されており、簡易計算には以下の**セービン（Sabine）の式**が用いられる[※5]。

$$T = \frac{KV}{S\bar{\alpha}} = \frac{KV}{A} \tag{4.3.6}$$

※5：Sabine の残響式は拡散音場（80 頁参照）が仮定されており、吸音力の大きい室では誤差が大きくなる。この点を補う式として、Eyring は次式を導いた。

$$T = \frac{KV}{S\{-\log_e(1-\alpha)\}} \tag{4.3.7}$$

　さらに、容積の大きい部屋では空気の音響吸収（図 4.1.15）が無視できないことを考慮した Eyring-Knudsen の式が提案されている。

$$T = \frac{KV}{S\{-\log_e(1-\alpha)\}+4mV} \tag{4.3.8}$$

ここで、m は空気吸収による音の減衰係数である。

建築環境工学のしくみ

日照・日射

光環境

音環境

熱環境

温熱環境

空気環境

湿気環境

ここで、

S：室内の表面積 $[\text{m}^2]$、V：室容積 $[\text{m}^3]$、$\bar{\alpha}$：平均吸音率、A：室の吸音力 $[\text{m}^2]$

$K = \dfrac{6 \times 4}{c \log e}$ であり、常温（$c = 340\,[\text{m/s}]$）では $K = 0.162$ となる。室の吸音力の計算には、以下の式を用いる。

$$A = S\bar{\alpha} = \sum_i S_i \alpha_i \tag{4.3.9}$$

すなわち、天井、壁、窓、扉、床など、室内の仕上げ面の種類ごとに面積 S_i を計算し、各部位の吸音率 α_i との積和をとって室の吸音力とする。

❹ 吸音と室内騒音

室内の吸音材料が果たすもう一つの重要な役割として、室内で発せられる騒音の抑制が挙げられる。これは、図4.1.18 に示したように、室の吸音力が低いと音源から出た音は音源近傍のみでしか減衰せず、室内の音圧レベルが高くなるためである。

吸音による**騒音抑制効果**を知るために、拡散音場におけるエネルギー収支を考えてみよう。拡散音場では、周壁の単位面積に入射する音のパワー $I_i\,[\text{W/m}^2]$ は以下の式で表される。

$$I_i = \frac{cE}{4} \tag{4.3.10}$$

ただし

c：音速 $[\text{m/s}]$、E：音響エネルギー密度 $[\text{J/m}^3]$

定常状態（音が発生し続けており音響エネルギー密度に変化がない状態）では、室内の音源が発生する音響パワーは、周壁で吸収される音のエネルギーと等しいことから、音響パワー $W\,[\text{W}]$ と音響エネルギー密度 $E\,[\text{J/m}^3]$ および室内の吸音力 $A\,[\text{m}^2]$ の関係は次式で表される。

$$W = I_i \cdot A = \frac{cEA}{4} \therefore E = \frac{4W}{cA} \tag{4.3.11}$$

レベル表示した関係式においては、

$$L = L_w - 10\log A + 6 \tag{4.3.12}$$

となる。したがって、音源からある程度離れた距離での室内の平均音圧レベル（拡散音による音圧レベル）は、音源の音響パワーレベルだけでなく、室の吸音力 A に依存し、吸音力が大きいほど小さくなる。すなわち、室内の吸音力を高めることにより、室の響きによる騒音の増長を抑制し、結果的に落ち着きのある空間をつくることができる。

例えば、8m×8m×（H）3mの教室で以下のような仕上げの場合の吸音力、平均吸音率を考えてみよう。各仕上げの面積、吸音率を求め、吸音力を計算する。

使用状態の室について考える場合には家具・什器や人による吸音力を計算に含める。

部位	材料	面積 S_i	吸音率 α_i	吸音力 $S_i\alpha_i$
床	化粧フローリング	64	0.07	4.5
壁	ボード類	48	0.05	2.4
	集成材	29	0.05	1.5
窓	ガラス	19	0.04	0.8
天井	岩綿吸音板	64	0.52	33.3
	計（$A = \sum S_i\alpha_i =$）			42.5

平均吸音率は、$\bar{\alpha} = 42.5/224 \approx 0.19$ となる。

建築環境工学のしくみ

日照・日射

光環境

音環境

熱環境

温熱環境

空気環境

湿気環境

❺ 室内音響設計の実際

室内音響設計というと、コンサートホールなど特殊な空間だけに必要なものと思われがちである。しかし、どのような用途の室でも、快適な音環境には、その室にふさわしい響きの設計、吸音のコントロールが必要とされている。例えば、駅や空港ロビーなどの大空間では、響きが長くなりやすいことに加え、多くの人やさまざまな騒音源が存在することで、アナウンスの明瞭性が低下し喧騒感の高い空間となりやすい。室容積が大きな空間、多くの人が集まる空間では特に、吸音による響きの制御が重要である。

コンサートホールなど慎重な検討が必要な室や、曲面から成る音響障害の排除が難しい設計では、1/10、1/20などの音響模型実験が行われてきており、近年では波動音響理論や幾何音響理論に基づくコンピュータシミュレーションも実用性が向上している。これらの技術を応用し、さまざまな用途の建物について音環境の快適性を追求することは、今後の課題として発展が期待される。

図 4.3.17　横浜みなとみらいホールの 1/10 縮尺音響模型
10倍の周波数で吸音率を実物に合わせ、響きやエコーの有無が確認された。

残響時間・室内音圧レベルに対する吸音の効果（Ⅲ❷❸、❹参照）

下図に示す寸法の教室について、平均吸音率 $\bar{\alpha}$ が（A）0.05、（B）0.2 の 2 つのケースについて、残響時間と室内騒音にどのような違いが生じるか、考えてみよう。

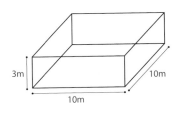

3m　10m　10m

まずは、室の吸音力 A（$=S\bar{\alpha}$）を計算する。$S=320$［㎡］であるから、吸音力は式 4.3.9 より

（A）$A=320\times0.05=16$［㎡］
（B）$A=320\times0.2=64$［㎡］

残響時間の計算には式 4.3.6 を使う。

（A）$T=\dfrac{0.162\times300}{16}=3.01$

（B）$T=\dfrac{0.162\times300}{64}=0.75$

図 4.2.7 より、講演・会話が主の部屋の最適残響時間は 0.7 秒程度であるから、平均吸音率を（B）0.2 程度とすれば良好な条件が満たされることがわかる。一方（A）0.05 では、残響時間が 3 秒となり、これでは音声の明瞭度が非常に低く、情報伝達ができない部屋となってしまう。

次に式 4.3.12 を使って、室内に音響パワーレベル 70 dB の音源がある場合の室内の音圧レベルを求めてみよう。

（A）$L=70-10\times\log16+6=64.0$
（B）$L=70-10\times\log64+6=57.9$

2 つの結果を比べると、平均吸音率が高い（B）では、（A）よりも約 6 dB 残響音による音圧レベルが低いことがわかる。室内に騒音源がある場合や、多くの人が同時に会話するような室では、吸音仕上げを施すことによって、喧騒感を抑えた落ち着いた空間をつくることができる。

教室や会議室などでは、壁や床には吸音率が低い材料が使われることが多い。壁・床の吸音率を 0.04 程度と想定すると、室の平均吸音率を 0.2 にするには、天井には吸音率 0.55 程度の吸音材料を使う必要がある。

●オープンプラン教室の音環境設計

近年、廊下にあたる部分にオープンスペース（OS）を設置し、教室とOSの間の壁をなくしたオープン教室が増加している。オープン教室では空間が連続しているために音が伝わることが避けられず、学習活動に伴って発生する音が隣接教室間で互いの授業の妨害となる危険性が高い。良好な音響性能の確保はオープン教室を設計するうえでのもっとも大きな課題である。

オープン教室の設計における音響性能の改善手法としては右図（上）に示すポイントが挙げられる。まず、遮音という手法が成立しないオープン教室で、授業中に発生する音の伝搬を低減するためには天井の吸音は不可欠である。また、教室間にスペースを挟んで伝搬経路を長くとる、隣室に伝わる音の反射面となるオープンスペース壁面の一部を吸音する、家具等の配置の工夫で音を遮る、なども伝搬音を低減するうえで有効である。

右図（下）の事例では、教室間を伝わる音を極力低減するために、天井面はリブ状のボックス（下面は有孔板、グラスウール裏打ち）とグラスウール直貼りを組み合わせ、低音域から高音域まで高い吸音力を確保する仕上げとしている。

このように連続性の高い空間を成立させるには、きめ細かな音響設計が求められる。

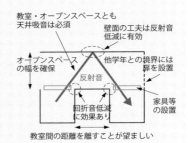

教室・オープンスペースとも天井吸音は必須
壁面の工夫は反射音低減に有効
オープンスペースの幅を確保
他学年との境界には扉を設置
反射音
回折音低減に効果あり
家具等の設置
教室間の距離を離すことが望ましい

オープン教室の伝搬音低減措置

天井面の吸音
OS壁面の吸音

千葉市立M小学校の設計事例

【図版出典】

図4.1.1　環境工学教科書研究会『環境工学教科書　第二版』彰国社、2000

図4.1.2　日本建築学会『建築設計資料集成1　環境』丸善、1978

図4.1.3　等ラウドネス曲線 ISO226,2003

図4.1.5　JIS C 1502

表4.1.2　環境工学教科書研究会『環境工学教科書　第二版』彰国社、2000

図4.1.10　環境工学教科書研究会『環境工学教科書　第二版』彰国社、2000

図4.1.12　環境工学教科書研究会『環境工学教科書　第二版』彰国社、2000

図4.1.15　日本建築学会『設計計画パンフレット4　建築の音環境設計　新訂版』彰国社、1983

図4.1.18　環境工学教科書研究会『環境工学教科書　第二版』彰国社、2000

図4.2.1　空気音遮断性能の測定法：日本規格協会：JIS規格

図4.2.2　空気音遮断性能の等級曲線：日本規格協会：JIS規格

表4.2.1　環境工学教科書研究会『環境工学教科書　第二版』彰国社、2000

図4.2.3　日本建築学会『建築設計資料集成　1　環境』丸善、1978

図4.2.4　床衝撃音遮断性能の等級曲線日本規格協会：JIS規格

表4.2.2　『建築物の遮音性能基準と設計指針　第二版』日本建築学会編、表A.2

図4.2.5L　.L.Beranek,Noise Control3,p.19-27（1957）の提案をT.J.Schultz,J.Acoust,Soc,Am,43,p.637-638（1968）が修正したもの

図4.2.6　環境工学教科書研究会『環境工学教科書　第二版』彰国社、2000

図4.2.7　環境工学教科書研究会『環境工学教科書　第二版』彰国社、2000

図4.3.1　日本建築学会『建築環境工学用教材　環境編』日本建築学会、1988

図4.3.2　日本建築学会『建築環境工学用教材　環境編』日本建築学会、1988

図4.3.4　日本建築学会『建築環境工学用教材　環境編』日本建築学会、1988

図4.3.10　日本建築学会『建築環境工学用教材　環境編』日本建築学会、1988

図4.3.13　日本建築学会『建築環境工学用教材　環境編』日本建築学会、1988

図4.3.14　日本建築学会『建築環境工学用教材　環境編』日本建築学会、1988

図4.3.16　日本建築学会『建築環境工学用教材　環境編』日本建築学会、1988

表4.3.2　永田穂『新版　建築の音響設計』オーム社、1991

【参考文献】

1) 前川純一「騒音の伝搬と塀による遮音」（「環境技術」Vol.2、No.10）pp.723-729、1973

2) 日本建築学会『都市・建築空間における音声伝送性能評価規準・同解説』日本建築学会、2011

3) 石井聖光先生還暦退官記念事業実行委員会編集『オーディトリアムの音響設計・資料集』公和印刷株式会社、1985

4) 環境工学教科書研究会『環境工学教科書　第二版』彰国社、2000

5) 橘秀樹・矢野博夫『応用音響工学』（私製本）2012

◆演習問題◆

(1) 出力 W の点音源からの音の伝搬について、以下の問いに答えよ。ただし、音源点、受音点とも高さは1mとし、地表面および周囲からの反射はないものとする。

　① 1mの距離における音圧レベルが70dBのとき、音源から4mの受音点における音圧レベルを求めよ。

　② ①の受音点について、音源点と受音点の中間地点に高さ3mの塀（半無限障壁）がある場合の音圧レベルを求めよ。ただし、音源は波長1m（340Hz）の純音とする。

(2) 500Hzの透過損失が50dBのコンクリート壁について、以下の問いに答えよ。

　① この材料の遮音性能が質量則に従う場合、透過損失を6dB増やすには、厚さを何倍とすればよいか。

　② 幅8m×高さ3mのコンクリート壁に、幅6m×高さ1mのガラス窓を設けた場合、この壁の総合透過損失を求めよ。ただし、ガラス窓の透過損失は20dBとする。

(3) 12×16×3mの教室について、以下の問いに答えよ。

　① 用途と室容積から定まる残響時間の適正値を求めよ。

　② ①の残響時間を実現するための室の吸音力、平均吸音率を求めよ。

　③ 以下の仕上げを想定し、天井以外の部位による吸音力を求めよ。

部位	材料	α_i	S_i	$S_i\alpha_i$
天井				
床	ビニルシート	0.02		
壁・窓	ガラス	0.04	16 × 3 × 2 = 96	
壁	石こうボード	0.08	12 × 3 × 2 = 72	
机・椅子		0.04（／一席）	N = 100	

　④ ②③より、天井の材料に求められる吸音率を求めよ。

　⑤ ③において、天井を岩綿吸音板（吸音率0.4）として、残響時間を求めよ。

　⑥ ⑤において、100人が在室する場合の残響時間を求めよ。ただし、人の吸音力を0.32/人とする。

第5章

熱環境

室温は、日射、外気温度、換気、家電製品の発熱など、さまざまな影響要因によって変化する。これらの要因による室内熱環境の形成メカニズム（しくみ）を理解することよって、暖冷房への依存を最小限にしつつ、快適な室内環境を実現する建築設計が可能となる。本章では、屋外環境から室内環境への熱的な影響を抑制もしくは利用する手法とそれらの設計基準について解説する。

熱エネルギーとその移動

1 熱エネルギー

　物質を構成する多数の粒子（分子、原子）は、固体、液体、気体を問わず常に不規則な運動（熱運動）をしている。**熱エネルギー**とは、この構成粒子のエネルギーの総和として定義される。建物を構成する建材等も同様の性質を有しており、"熱い"物質ほど熱運動が激しい物質ということになる（図5.1.1）。またこの熱エネルギーを定量的に規定するための尺度として温度が定義される。どのような物質でも $-273.15℃$ で熱運動が静止して、エネルギーがゼロの状態となる。この温度を**絶対零度**という。絶対零度を基準とし、温度差1度がセルシウス温度 t［℃］と等しくなるように定めた温度が**絶対温度** T（単位はケルビン［K］）であり、次式のように定義される。

$$T = t + 273.15 \tag{5.1.1}$$

　室温や壁体等の温度が決まると、その物質の保有する熱エネルギーは絶対零度等の基準温度からの差（状態量）として定義できるが、一方で高い温度の物質と低い温度の物質が接している場合は、温度の高い物質から低い物質へ熱エネルギーが移動する（図5.1.2）。熱エネルギーは、この温度の高いところから低いところに移動するエネルギーの形態としても定義でき、このように移動した熱エネルギーの量を熱量もしくは任意の境界面における移動量として考える場合は**熱流束**、**熱流**という。また熱平衡状態（温度が均一な状態）では熱によるエネルギー移動はなくなる。

　一般に建築空間は、固体と流体（気体＋液体）で構成されており、固体内、流体内および各状態の物質間での熱の移動が存在する。このうち、固体内の熱の移動を主に熱伝導（本節**3**）といい、固体と流体の間に生じる熱の移動を対流熱伝達（**4**）、固体間の熱の移動を放射熱伝達（**5**）という。

2 熱貫流

　良好な室内の温熱環境を形成するには、屋外からの熱的な影響を小さくするため建物外皮に十分な断熱性能を持たせる必要がある。屋内外に温度差があるような場合、温度の異なる空気（気体）を建物外皮（固体）が仕切るような状態となり、

高温　　　　低温（絶対零度）

熱運動が活発　　　熱運動をしていない

図 5.1.1　温度と熱運動

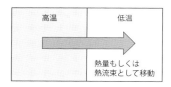

高温　　　　低温

熱量もしくは
熱流束として移動

図 5.1.2　熱移動

◉熱源と冷熱源

　熱の定義によると、「熱」は、温度の高いところから低いところに移動するため、温度差により生じるエネルギー形態であるといえる。別の見方をすると、温度の高いところを熱源、逆に温度の低いところを冷熱源と見なすことができる。例えば、夏季の冷房している部屋では、外気温度＞室温となるため、外気が熱源、室内が冷熱源となり、外気から室内側へ熱エネルギーが流れることになる。建築空間においては、屋内外、部屋間、部位間等のさまざまなスケールで温度差が生じ（熱源、冷熱源が発生し）、熱移動が繰り返されていることになる。

前述の熱伝導、対流熱伝達、放射熱伝達によって室内−屋外間で熱が移動する。例えば、図 5.1.3 に示すように室内温度＞外気温度の場合、室内（高温）側から外気（低温）側へ熱が移動する。詳細には、まず建物外皮の室内側表面では①室内周辺から放射により熱が伝わり、また②室温と外皮表面との間で対流により熱が伝わる。外皮内では、この放射と対流によって伝えられた熱エネルギーが③伝導により建物外皮の屋外側表面に伝わり、そこでまた④放射、さらには⑤対流により屋外側へ熱エネルギーが伝えられる。このように、建物外皮における高温側から低温側への一連の熱エネルギーの流れを**熱貫流**という。熱貫流は、建物外皮の伝導、対流、放射といった熱移動現象を総合的にとらえるものであるが、外皮表面の熱移動にのみ着目すると、対流熱伝達や放射熱伝達に代表されるように熱伝達として表現される。また、熱貫流において十分に時間が経ち、建物外皮に流入出する熱量が等しい（① ＋ ② ＝ ③ ＝ ④ ＋ ⑤）ような場合を**定常状態**といい、それらが等しくない場合を**非定常状態**という。建築空間においては、屋外環境が時々刻々と変化するためほとんどが非定常状態であるといえる（詳細は本章Ⅱ **5** 126 頁参照）。

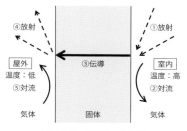

図 5.1.3　熱貫流の概念図

3 熱伝導

　壁体等の固体内に温度差があれば、熱移動が生じる。これを**熱伝導**といい、定常状態では図 5.1.4 に示すように、直線的な温度分布となる。このときの固体内の熱伝導に関しては、次式に示す**フーリエの法則**（Fourier's law）として表せる。

$$q = -\lambda(\partial t / \partial x) \tag{5.1.2}$$

ここで、
q：固体内の熱流 ［W/㎡］
λ：固体の熱伝導率 ［W/m・K］
t：固体内の温度 ［℃］
x：固体の厚さ方向の距離 ［m］

　この式では、熱伝導による熱流は温度勾配（固体の単位厚さあたりの温度差）と熱伝導率の積として定義でき、温度勾配が大きいほど、また熱伝導率の大きい物質ほど熱流が大きくなることを意味する。ここで、**熱伝導率** ［W/m・K］とは 1 m の厚さの固体の両端の温度差が 1℃のときに生じる単位面積あたりの熱流（＝W/㎡・K×m）であり、表 5.1.1 に示すように、一般に密度の大きい金属等の物質では大きく、密度の小さい断熱材等で小さくなる。また、図 5.1.4 に示すような定常状態では、固体内の x 方向の温度勾配は x 軸上のどの

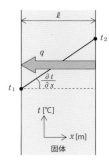

図 5.1.4　熱伝導の概念図

●**式 (5.1.2) および式 (5.1.3) の符号**
　両式の右辺にマイナスの符号が付いているのは、温度勾配と逆の方向に熱流が流れるからである。例えば、図 5.1.4 では温度勾配 $(\partial t / \partial x)$ が正のときに、熱流の向きは負（左）となる。

建築環境工学のしくみ

日照・日射

光環境

音環境

熱環境

温熱環境

空気環境

湿気環境

地点でも等しくなる。このような場合は、式 (5.1.2) は以下のように簡略化できる。

$$q = -\lambda(t_2 - t_1)/\ell \tag{5.1.3}$$

ここで、

t_1、t_2：それぞれの固体表面温度 [℃]

ℓ：固体の x 方向の厚さ [m]

表 5.1.1　各種材料の熱物性値

	材料	熱伝導率 λ [W/m・K]	密度 ρ [kg/㎥]	比熱 C [kJ/kg・K]
金属・ガラス	鋼材	45	7860	0.48
	板ガラス	0.78	2540	0.77
木材・木質材	杉（含水率 0%）	0.069	300	1.3
	合板	0.15	550	1.3
セメント	PC コンクリート	1.3	2400	0.79
	モルタル	1.3	2000	0.8
断熱材	グラスウール保温板　10 K（繊維系）	0.051	10	0.84
	押出発泡ポリスチレンフォーム（プラスチック系）	0.037	28	1.0 ～ 1.5
その他	水	0.6	998	4.2
	空気	0.022	1.3	1

4 対流熱伝達

　壁体等の固体と室内空気等の気体（流体）との間に温度差があれば、流体の流動に伴った熱移動が生じる。これを**対流熱伝達**といい、固体表面から流体へ（もしくは流体から固体表面へ）伝達される熱流 q_c [W/㎡] は、次式に示す**ニュートンの冷却則**（Newton's law of cooling）として表せる。

$$q_c = \alpha_c(t_s - t_a) \tag{5.1.4}$$

ここで、

α_c：対流熱伝達率 [W/㎡・K]。固体と流体の温度差が 1℃ 生じた場合の固体表面 1 ㎡ あたりから生じる熱流 [W] を意味する。

t_s、t_a：それぞれ固体表面および流体の温度 [℃]

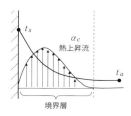

図 5.1.5　固体表面の熱伝導

　この式でも、熱伝導と同様に対流熱伝達によって生じる熱流は温度勾配（固体表面と流体の温度差）と**対流熱伝達率**の積として定義できる。また図 5.1.5 に示す通り、対流熱伝達が行われている固体表面近傍では、流体の温度もしくは速度の変化が著しい層（境界層）が形成されており、流体温度 t_a は一般に温度の境界層の外側の温度が代表値として用いられることが多い。

建築環境工学のしくみ

日照・日射

光環境

音環境

熱環境

温熱環境

空気環境

湿気環境

　対流熱伝達現象は、流体の流動が温度差によって自然に生じる場合と外部風等によって強制的に生じる場合がある。前者を**自然対流熱伝達**、後者を**強制対流熱伝達**という（図5.1.6）。自然対流熱伝達の場合、対流熱伝達率 α_c は温度差や熱流の向き（水平方向、鉛直方向）によって異なるが、建築空間では温度差がおおむね小さいため、α_c も 1〜5 W/㎡・K 程度の小さな値となる。一方、強制対流熱伝達の場合、自然対流熱伝達と比較すると外部風等の影響により熱伝達が促進されるため、α_c は相対的に大きな値となる。屋外の強制対流時の熱伝達率に関しては、凹凸の少ない普通面を対象とした実験により以下の式が提案されている。

$$\alpha_c = 5.8 + 3.9v \quad (v \le 5 \text{ m/s})$$
$$\alpha_c = 7.1v^{0.78} \quad (v > 5 \text{ m/s}) \tag{5.1.5}$$

　この式によると、屋外側の固体表面の対流熱伝達率は、外部風速 v [m/s] の増加に伴って増大し、風速が対流熱伝達を促進することを顕著に示している。例えば、外部風速 3.0 m/s の場合、α_c は 17.5 W/㎡・K となり、自然対流と比較すると非常に大きい。一方、室内空間の場合、機械換気を行っていても、室内風速はほとんどゼロと見なしてよいため、自然対流時の α_c に近い値が強制対流時のものとして使用される。機械工学の分野では、物理現象を簡略化し、さまざまな状況を想定して、対流熱伝達率 α_c を用いた無次元数（ヌセルト数等）の関係式として整備している。しかし、建築空間では空間構成要素も多く複雑な温度分布を示し、また外部風速や各種温度の時間変動も大きいといった問題や、同様の関係式を用いる際の煩わしさ等もあいまって、建築環境工学の分野では相応の精度を有する数値として表5.1.2に示すような実用的な数値を用いることが多い。

5 放射熱伝達

　絶対零度以上の物質であれば、構成粒子レベルで熱運動を行うということは前述したが、構成粒子は一般に電荷を帯びているため、熱運動の際に電磁波を放出している。この電磁波を**熱放射**もしくは**熱輻射**という。したがって、建築空間でも同様に空間構成要素の温度に対応した熱放射（ここでは、**長波長放射**[※1]を意味する）を出している。また熱放射は固体のみではなく、気体においても放出・吸収されるが、一般に建築空間ではそれらの影響がほとんどの場合極めて小さいため固体表面間での移動のみを取り扱う。

　同一温度でもっとも放射熱を放出する物体（もしくは入射

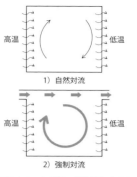

図 5.1.6　2種類の対流熱伝達現象

- 1) 自然対流
- 2) 強制対流

●対流熱伝達率 α_c とヌセルト数（Nu 数）

$Nu = \alpha_c L / \lambda$

L：代表長さ [m]

λ：空気の熱伝導率 [W/m・K]

表 5.1.2　屋内外の対流熱伝達率の実用値

	部位	熱流の向き・外部風速	α_c
室内	天井面	上向き（暖房時）	4.7
		下向き（冷房時）	1.7
	壁面	水平（暖冷房時）	3.5
	床面	上向き（冷房時）	4.7
		下向き（暖房時）	1.7
屋外	屋根面 壁面 ※式 (5.1.5) より算出	微風時（0 m/s）	5.8
		風速 3 m/s	17.5
		風速 6 m/s	28.7

※1：短波長放射と長波長放射

　日射（可視光線）や赤外線、紫外線、X線、γ線もすべて電磁波の一種である。建築環境工学分野で取り扱う熱放射とは、一般に 0.2〜3 μm の波長の短波長放射と 3〜70 μm の波長の長波長放射に分類される。第2章の Ⅰ 1 および 2 にて解説した日射はおもに前者（太陽放射エネルギーの厳密な波長範囲は 0.2〜4 μm）に、本節 5 で紹介する放射は後者に対応する。

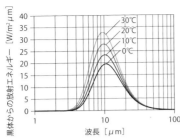

図 5.1.7　完全黒体からの放射エネルギー

するすべての放射熱を吸収する物体）を**黒体**という。一般に黒体から放出される放射エネルギー $E_b(\lambda)$ [W/㎡・μm] は図 5.1.7 に示すような波長特性を有している。この積分値 E_b [W/㎡] が次式に示す通り、黒体の絶対温度 T [K] の 4 乗に比例することが知られており、この関係を**ステファン - ボルツマンの法則**（Stephan-Boltzmann law）という。

$$E_b = \int_0^\infty E_b(\lambda)d\lambda = \sigma T^4 \qquad (5.1.6)$$

ここで、λ は波長 [μm]、σ はステファン - ボルツマン定数 (5.68×10^{-8}) [W/㎡・K^4] を意味する。また黒体でない通常の物体から放出される放射エネルギー E [W/㎡] は次式で表される。

$$E = \varepsilon E_b = \varepsilon \sigma T^4 \qquad (5.1.7)$$

ε [-] は物体の放射率 $(0 \leqq \varepsilon \leqq 1)$ であり、黒体に対してどの程度の**放射エネルギー**を放出するかを表す。通常、材料表面に入射する放射エネルギーは一部が吸収・反射され、残りが透過する。入射する放射エネルギーに対して吸収、反射、透過する割合をそれぞれ吸収率 a_L [-]、反射率 ρ_L [-]、透過率 τ_L [-] とすると次式が成立する。

$$a_L + \rho_L + \tau_L = 1 \qquad (5.1.8)$$

ただし、木材やコンクリートなどの建材は一般に放射エネルギーが透過しないため、$\tau_L = 0$ となり、

$$a_L + \rho_L = 1 \qquad (5.1.8')$$

となる。また同一固体表面における吸収率 a_L と前述の放射率 ε は等しくなることが知られている $(a_L = \varepsilon)$。この関係を**キルヒホッフの法則**（Kirchhoff's law）という。各種材料表面の放射率 ε と日射（短波長放射）吸収率 a_S[※2] の関係を図 5.1.8 に示す。これによると、通常の物体（灰色体）の表面の ε および a_L は 0.9 前後の値となっており、多くの建材は入射する放射エネルギーの 9 割前後を吸収し、また黒体の 9 割前後であるが絶対温度の 4 乗に比例した放射エネルギーを放出していることになる[※3]。図中に表記されていないが、通常のガラスの場合、短波長放射である日射エネルギーはそのほとんどを透過するが、長波長の放射エネルギーは透過せず、その ε および a_L は 0.9〜0.95 程度である。一方、鏡面仕上げのアルミ箔などの場合は、表面の ε および a_L は 0.1 以下と小さな値となる。このため、表面での放射エネルギーの吸収および放出はほとんど行われない。

※2：日射（短波長放射）の吸収率 a_S [-]、反射率 ρ_S [-]、透過率 τ_S [-] に関しては、本章Ⅱ**4**にて解説する。なお、添え字の S は短波長放射（Short wave radiation）のものを、L は長波長放射（Long wave radiation）のものを意味する。放射率 ε は、ここでは、長波長放射のみで定義されるため、添え字の L は省略する。

※3：反射、相互放射に関してはここでは無視している。

Ⅰ 基本と原理　Ⅱ 設計目標　Ⅲ 計画と制御

建築環境工学のしくみ

日照・日射

光環境

音環境

熱環境

温熱環境

空気環境

湿気環境

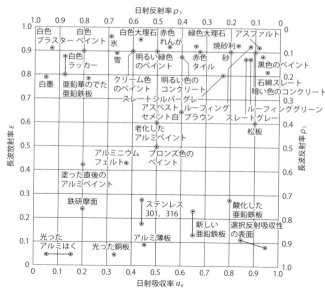

図 5.1.8　材料表面の放射率と日射吸収率[※4]

※4：日射吸収率に関しては、長波長放射の吸収率と比較して、その値は 0 〜 1 の間に広く分布する。例えば、黒色系の表面仕上げであれば、日射吸収率は 1 に近く、白色系は 0 に近い値となる。

　次に、図 5.1.9 に示すように 2 つの平面間の熱放射の実質的な交換熱量について考えてみる。まず、平面 1 および平面 2 から放出される単位面積あたりの放射エネルギーを E_1 および E_2 [W/㎡]、平面 1 から放出されて平面 2 に吸収される放射エネルギーを $q'_{1 \to 2}$ [W]、平面 2 から放出されて平面 1 に吸収される放射エネルギーを $q'_{2 \to 1}$ [W] とすると、$q'_{1 \to 2}$ および $q'_{2 \to 1}$ はそれぞれ次式のように表せる。

$$q'_{1 \to 2} = \varepsilon_2 F_{12}(E_1 A_1) \qquad (5.1.9)^{※5}$$
$$q'_{2 \to 1} = \varepsilon_1 F_{21}(E_2 A_2) \qquad (5.1.10)$$

　ここで、F_{12} および F_{21} [-] は形態係数であり、F_{12} の場合、面 1 から面 2 の方向を見たときの面 2 の見える割合として定義できる（詳細は第 3 章のⅢ**1** 55 頁、立体角投射率を参照）。

　平面 1 と平面 2 の間の放射による実質的な交換熱量 q'_{12} [W] は、$q'_{1 \to 2}$ と $q'_{2 \to 1}$ の差として定義できるため、次式となる。

$$q'_{12} = \varepsilon_2 F_{12}(E_1 A_1) - \varepsilon_1 F_{21}(E_2 A_2) \qquad (5.1.11)$$

　ここで、形態係数の相反則より $F_{12}A_1 = F_{21}A_2$、また式 (5.1.7) より、式 (5.1.11) は以下のように整理できる。

$$\begin{aligned} q'_{12} &= F_{12}A_1(\varepsilon_2 E_1 - \varepsilon_1 E_2) \\ &= F_{12}\varepsilon_1\varepsilon_2\sigma(T_1^4 - T_2^4)A_1 \end{aligned} \qquad (5.1.12)$$

　さらに上式は、T^4 の項が含まれており煩雑となるため、T_1 と T_2 の平均値 T_m [K] を $T_m = T_1 - \Delta T = T_2 + \Delta T$（ただ

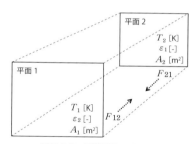

平面 2
T_2 [K]
ε_1 [-]
A_2 [㎡]
F_{21}

平面 1
T_1 [K]
ε_2 [-]
A_1 [㎡]
F_{12}

図 5.1.9　形態係数のイメージ

※5：一般に熱放射は完全拡散と仮定できるため、平面 1 から放出された放射エネルギーは、放射状に伝搬される。形態係数を式 (5.1.9) の $(E_1 A_1)$ [W] にかける理由は、平面 1 から放出された放射エネルギー $(E_1 A_1)$ [W] のうち、平面 2 へ到達する分だけを算出するためである。さらに平面 2 へ到達した放射エネルギーのうち、平面 2 への吸収分だけを計算するために、式 (5.1.9) では ε_2 が乗じられている。

し、$\Delta T = T_1 - T_2$、$T_1 > T_2$）として、一般に以下の線形近似式が用いられることが多い。

$$q'_{12} = F_{12}\varepsilon_1\varepsilon_2\sigma(T_1^3 + T_1^2 T_2 + T_1 T_2^2 + T_2^3)(T_1 - T_2)A_1$$
$$= F_{12}\varepsilon_1\varepsilon_2\sigma\{4T_m(T_m^2 + \Delta T^2)\}(T_1 - T_2)A_1$$
$$\fallingdotseq F_{12}\varepsilon_1\varepsilon_2\sigma 4T_m^3(T_1 - T_2)A_1 \quad (\because \Delta T^2 \ll T_m^2) \quad (5.1.13)$$

上式は面全体での交換熱量［W］であるため、単位面積あたりの交換熱量 q_{12}［W/㎡］は以下の通りとなる。

$$q_{12} = F_{12}\varepsilon_1\varepsilon_2\sigma 4T_m^3(T_1 - T_2) \quad (5.1.13')$$

次に、図 5.1.10 に示すような閉空間内における微小平面 dS における**放射熱伝達**を考えてみる。この場合も、dS（平面 1 に対応）における他の平面（平面 2 に対応）との放射による単位面積あたりの交換熱量 $q_r(=q_{12})$［W/㎡］は式 (5.1.13') と同様に表現できる。ここで、放射熱伝達量 q_r［W/㎡］は対流熱伝達量と同様に**放射熱伝達率** α_r［W/㎡・K］を定義し、以下のように定式化できると便利である。

$$q_r = \alpha_r(T_1 - T_i) = \alpha_r(t_s - t_a) \quad (5.1.14)$$

このため、室温 $T_i = T_2$（室内空間の場合、このように見なせることが多い）と仮定し、α_r を次式のように算出する。

$$\alpha_r = F_{12}\varepsilon_1\varepsilon_2\sigma 4T_m^3 \quad (5.1.15)$$

一般に、図 5.1.10 のような条件の場合、形態係数 F_{12}（面 dS から室内の他の面を見たときの割合）は 1 となり、また建築空間における ε は 0.9 程度となるため、$T_m = 293\,\mathrm{K}$ とすると $\alpha_r \fallingdotseq 4.6$［W/㎡・K］となる。$\alpha_r$ の実用値としては、この値が使われることが多い。

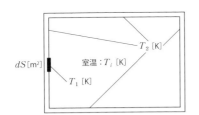

図 5.1.10　閉空間のイメージ

（T_1 および T_i は、図 5.1.5 の t_s［℃］および t_a［℃］にそれぞれ対応する）

❻ 総合熱伝達

前述の対流熱伝達量の式 (5.1.4) および放射熱伝達量の式 (5.1.14) は共に①固体表面と空気の温度差と②熱伝達率の積という形をとっている。また、図 5.1.11 に示すように屋内外の壁や屋根等の固体表面における熱伝達は通常、そのほとんどは対流と放射によるものである[6]。このため、建築環境工学の分野では、次式に示すように**総合熱伝達**（**総合熱伝達量** q［W/㎡・K］）という概念を導入し、双方を一体的に取り扱うことが多い。

$$q = q_c + q_r = (\alpha_c + \alpha_r)(t_s - t_a) = \alpha(t_s - t_a) \quad (5.1.16)$$
$$\alpha = \alpha_c + \alpha_r \quad (5.1.17)$$

1）壁→空気への熱流の場合　2）空気→壁への熱流の場合

図 5.1.11　個体表面の熱収支

※6：固体表面の熱収支に影響を与えるその他の要因としては、日射（第 2 章の I ❷ 25 頁参照）や蒸発冷却などがある。

建築環境工学のしくみ

日照・日射

光環境

音環境

熱環境

温熱環境

空気環境

湿気環境

ここで、

α：総合熱伝達率（対流熱伝達率 α_c と放射熱伝達率 α_r の和）[W/㎡・K]

t_s および t_a：それぞれ固体表面および空気の温度 [℃]

　総合熱伝達率の実用的な数値としては、表 5.1.3 に示すように室内側 α_i が 9 W/㎡・K、屋外側 α_o は外部風速の影響を考慮して 23 W/㎡・K が一般的によく用いられる。

表 5.1.3　総合熱伝達率の実用値

(W/㎡・K)

	対流熱伝達率 α_c	放射熱伝達率 α_r	総合熱伝達率 α_i, α_o
室内側	4	5	9
屋外側	18（風速 3 m/s 程度）	5	23

７ 換気に伴った熱移動

　建物内外における熱移動は、室内→壁・屋根等の固体→屋外、およびその逆のルートといった、いわゆる伝熱（伝導、対流、放射）だけでなく、図 5.1.12 に示すように**換気**に代表される室内外の空気の移動（ここでは、換気と称する）に伴った熱移動も生じる[7]。実際の建築空間では、この伝熱と移流が同時に生じることにより、複雑な熱環境を形成している。

　換気による熱移動を考える際の基本は、室の熱エネルギーのつり合い、いわゆるエネルギー保存則を考えることである。図 5.1.13 の 1）に示すように十分に時間の経った定常状態を対象とし、建物外皮での伝熱がないもの（完全断熱）と仮定すると、室の熱エネルギーの収支は以下のようになる。

　流入する空気の熱量 [W] ＋発熱量 q_i [W] ＝流出する空気の熱量

　これを定式化すると（$t_{out} > t_{in}$）、

$$C_p \rho Q t_{in} + q_i = C_p \rho Q t_{out} \tag{5.1.18}$$

$$q_i = C_p \rho Q (t_{out} - t_{in}) \tag{5.1.18'}$$

ここで、

C_p：空気の比熱 [J/kg・K]

ρ　：空気の密度 [kg/m³]

Q　：換気量 [m³/s]

これらの積 $C_p \rho Q$ [W/K] は、流量 Q の空気の保有する単位温度差あたりの熱量 [W] を意味する。

　実際の換気時には、図 5.1.13 の 2）に示すように建物外皮

※ 7：換気だけではなく、漏気や通風によっても室内の空気は外気と入れ替わる。

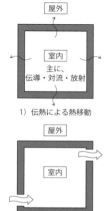

1）伝熱による熱移動

2）換気による熱移動

図 5.1.12　伝熱と換気

からの熱貫流 q_o [W]（室温 > 外気温度の場合を想定）もあり、式 (5.1.18) は次式のようになる。

$$C_p \rho Q t_{in} + q_i = C_p \rho Q t_{out} + q_o \qquad (5.1.19)$$

上式をさらに整理すると、

$$q_i = C_p \rho Q (t_{out} - t_{in}) + q_o \qquad (5.1.19')$$

となり、これは室内で発生した熱が換気および熱貫流によって屋外に移動するということを意味する。例えば、冬季の暖房時に漏気と窓や外壁からの熱貫流により熱が屋外へ逃げているような状況に対応する。一般に、換気に伴った熱移動は、式 (5.1.18') および式 (5.1.19') に示すように、換気量 Q と内外温度差 Δt に依存することになる。換気量の多い空間（Q が大）で冷暖房を行う（Δt が大）とエネルギー消費が多くなるのはこのためである。

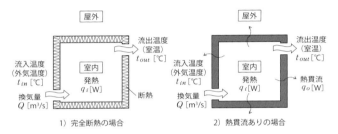

図 5.1.13　換気による熱移動

熱環境の数値目標（住宅を中心に）

建物の目的の一つとして、屋外空間と室内空間を仕切ることにより人にとって望ましい居住環境（安全性やプライバシーの確保等）を提供することが考えられる。熱環境においても同様であり、例えば、居住者にとって快適な環境となるように、さらには暖冷房に要するエネルギー消費量を削減できるように、外壁、窓等に代表される建物外皮等の各種熱的性能を高めるような設計を行う。ここでは、建物全体および各部位の熱的性能を高めるための手法とその数値目標について、主に住宅を中心に解説する。住宅の熱的性能に関しては、これまでに省エネ法によって具体的な数値目標が多数定められているため、まず始めに、住宅の省エネルギー基準の概要（**❶**）について示す。次に熱的性能を高める手法に関しては、①パッシブ手法※1 として、「断熱（**❷**）」、「気密化（**❸**）」、「遮熱・集熱（**❹**）」、「蓄熱（**❺**）」、②アクティブ手法※1 として「暖冷房（**❻**）」の計5つの手法に整理して、それぞれの概要および各手法の具体的な数値目標を示す。なお、室内環境の数値目標となる居住者側の熱的快適性（温冷感）に関しては、第6章にて紹介する。

※1：環境制御手法に関しては、機械設備の使用を前提とするかしないかでその呼称が異なる。機械設備の使用を前提とせず、建築設計面での工夫を重視する場合をパッシブ手法、前提とする場合をアクティブ手法という。例えば、冬季に窓を透過する日射熱により暖房を行うような手法をパッシブヒーティング、エアコンにより暖房を行う場合をアクティブヒーティングという。

❶ 住宅の省エネルギー基準

日本では1970年代の2度にわたる石油危機に直面したため、1979年に工業・産業分野に対する省エネルギー対策として、「エネルギーの使用の合理化等に関する法律（通称：省エネ法）」が制定されている。**住宅の省エネルギー基準**に関しても、同法に関連して「住宅に係るエネルギーの使用の合理化に関する建築主の判断の基準」ならびに「住宅に係るエネルギー使用の合理化に関する設計、施工及び維持保全の指針」として1980年に策定・告示され、住宅の断熱化が推進されてきた。その後、1992年と1999年に改正が行われ、1980年の基準を「旧省エネルギー基準」と称するのに対して、1992年の基準は「新省エネルギー基準」、1999年の基準は「次世代省エネルギー基準（**平成11年基準**、以下ではH11基準）」と呼ばれている。

「建築主の判断の基準」は性能規定、「設計及び施工の指針」は仕様規定となっており、このうち性能規定の指標として、後述する熱損失係数 Q 値（本節**❷❷**c 118頁）や相当隙

●省エネ法とは？

この法律では、燃料およびこれを熱源とする熱ならびに電気を対象のエネルギーとし、「工場等の事業者」、「建築物の建築主」、「エネルギーを消費する機械器具製造業者」に対し、それぞれの分野において使用するエネルギーの合理化に努めることを規定している。併せて国は、事業者に対して努力すべき事項の判断基準を定め、公表することとしている。住宅および建築物に関するさまざまな省エネルギー対策は、この法律を根拠として行われている。

建築環境工学のしくみ

日照・日射

光環境

音環境

熱環境

温熱環境

空気環境

湿気環境

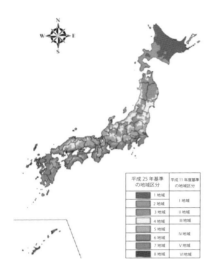

図 5.2.1　平成 25 年基準および平成 11 年基準における地域区分[2]

平成 25 年基準の地域区分	平成 11 年度基準の地域区分
1 地域	I 地域
2 地域	II 地域
3 地域	III 地域
4 地域	III 地域
5 地域	IV 地域
6 地域	V 地域
7 地域	V 地域
8 地域	VI 地域

※ 2：図 5.2.1 に示すように、地域区分によって気候特性も異なるため、同じ建物でも暖房のエネルギー消費は気候特性に対応して異なる。建物の熱的性能としての基準（Q 値など）も以降に示す通り、この気候特性や暖房のエネルギー消費に対応させて地域ごとに変えて基準値を設定している。

※ 3：詳細は以下参照。

http://www.kenken.go.jp/becc/house.html

間面積 C 値（本節**3❷** a 120 頁）、日射取得係数 μ 値（本節**4❺** a 125 頁）、年間暖冷房負荷（本節**6❷** 129 頁）の定義および地域区分（図 5.2.1 の H11 基準）に対応したそれら指標の基準値が定められている。

同基準で定める地域区分は、日本全国の市町村単位で暖房デグリーデーに基づき I 〜 VI の 6 つの地域が定められている（図 5.2.1）。これらの地域区分に対応した、Q 値等の基準値が設けられている。

ただし、H11 基準までの省エネ基準は建物全体の省エネ性能を客観的に比較しにくいことなどの理由から、2013 年にはさらに、外皮の熱性能（外皮基準）を満たすことを原則として、**一次エネルギー消費量**（暖冷房、換気、給湯、照明）を指標とした住宅全体の省エネ性能を評価する基準（**平成 25 年基準**、以下では H25 基準）に見直されている。

外皮基準としては、後述する外皮平均熱貫流率 U_A 値（本節**2❷** d 118 頁）および冷房期の平均日射熱取得率 η_{AC}（本節**4❺** b 126 頁）が新たに導入されている。これらの基準は、H11 基準相当の水準が引き続き求められているが、大きな変更点としては、床面積あたりの基準から、外皮表面積あたりの基準となる点である。また、地域区分に関しても、図 5.2.1 に示す通り、H11 基準の I および IV 地域が細分化されている。さらに、建築物全体（住宅・非住宅）の省エネルギー性能の向上をめざすことを目的として、「建築物のエネルギー消費性能の向上に関する法律（建築物省エネ法）」が、2015 年 7 月 8 日に公布され、2016 年 4 月 1 日と 2017 年 4 月 1 日に施行されている。現在の省エネルギー基準（平成 28 年基準、以下では H28 基準）はこの法律に基づいて定められている。H28 基準のうち建物の外皮基準（U_A、η_{AC}）および一次エネルギー消費量基準は、基本的に H25 基準を引き継いでおり、変更点として「市町村合併を踏まえた地域区分の見直し」と「8 地域における η_{AC} 基準値の見直し（表 5.2.9 参照）」のみである[3]。H11 基準と H28（H25）基準の概要を表 5.2.1 にまとめて示す。

なお、H11 基準は H25 基準への改正に伴い、2013 年 10 月 1 日に廃止されているが、同基準にて採用されていた性能規定の各種指標の明快さを考慮して、以下では H28 基準（H25 基準）だけでなく、H11 基準の各種指標も取り上げ、解説する。

表 5.2.1　H11 基準と H28（H25）基準の比較表

	平成 11 年基準	平成 28 年（平成 25 年）基準
①地域区分	Ⅰ～Ⅵ地域（6 区分）	1 ～ 8 地域（8 区分）
②外皮の熱性能の基準（性能規定）	熱損失係数（Q 値）夏期日射取得係数（μ 値）	外皮平均熱貫流率（U_A 値）冷房期の平均日射熱取得率（η_{AC}）
③一次エネルギー消費量の基準	なし	あり（住宅全体の省エネ性能の基準）

２ 断熱

❶ 断熱の役割

　一般に、室内環境はパッシブもしくはアクティブ手法により居住者にとって快適な状態に制御される。このため、図 5.2.2 に示すように室内温度を t_i[℃]、外気温度を t_o[℃] とすると、通常、夏季は $t_i < t_o$、冬季は $t_i > t_o$ となる。この場合、夏季は屋外から室内へ、冬季は室内から屋外へ、建物外皮を通じて熱貫流（熱伝導）により熱エネルギーが移動し、室内温熱環境の悪化や暖冷房のエネルギー消費量の増大を引き起こす可能性がある。例えば、冬季に室内から屋外への熱エネルギーの移動が多くなれば、室温は低下（温熱環境は悪化）する。室温の低下を抑制するためには、暖房により室内に多くの熱エネルギーを投入しなければならない。この熱貫流による熱エネルギーの移動を抑制、低減する手法が**断熱**である。断熱とは、**断熱材**と呼ばれる熱伝導率が極めて小さい（熱を伝えにくい）材料で、建物外皮を覆ったり、開口部の断熱の性能を高めたりすることを意味する。断熱材には、表 5.1.1 に示すように繊維系（写真 5.2.1）やプラスチック系（写真 5.2.2）等があり、コンクリートと比較すると熱伝導率が 2 桁、合板と比べても 1 桁ほど小さい値となる。また空気は構成分子間の距離が固体より離れているため、表 5.1.1 に示すように静止空気の熱伝導率は 0.022 W/m・K と断熱材と同程度に小さい。実は断熱材はこの熱伝導率の小さい空気の塊[※4]を材料中に包含させて、断熱性能を高めた材料である。空気の断熱性能を利用している材料であるといえる。これは断熱材だけではなく、例えば、開口部の断熱性能を高める際にはガラスそのものに空気の塊を入れるのは望ましくないため、複層ガラスにして空気をガラスで挟み込むような手法が採用されている。

　断熱のメリットとしては冒頭で紹介した、①室内温熱環境の向上や②暖冷房のエネルギー消費量の抑制だけではなく、③暖冷房の ON/OFF 時の応答の速さや後述する④表面結露の防止効果（第 8 章のⅢ**３** 195 頁参照）も期待できる。

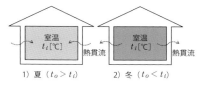

図 5.2.2　夏季、冬季の外気温と室内温度との関係

1) 夏（$t_o > t_i$）　　2) 冬（$t_o < t_i$）

写真 5.2.1　繊維系断熱材の施工例

写真 5.2.2　プラスチック系断熱材の施工例

※ 4：プラスチック系の断熱材内に混入される空気塊は気泡程度に小さい。これは、空気塊が大きい場合、対流（空気の移動）が生じ、熱移動が促進され断熱性能が低下してしまうためである。

建築環境工学のしくみ

日照・日射

光環境

音環境

熱環境

温熱環境

空気環境

湿気環境

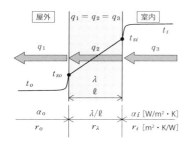

図 5.2.3　単層壁の熱貫流（暖房時）

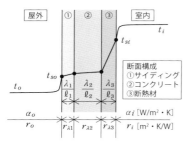

図 5.2.4　多層壁の熱貫流（暖房時）

●**中空層**

　壁体内や複層ガラス等の建築部位内に形成される空気層のことを中空層という。外壁や屋根で主に湿気の排出のために設けられる空気層は、通気層（第 8 章の Ⅲ の **4** 参照）という。中空層内の伝熱は、主として対流と放射によって行われる。特に、層内は正対する固体表面間の形態係数がほぼ 1 になるため、層内の伝熱メカニズムとしては、一般に放射が支配的となる。中空層の厚み δ が 0.01 m 程度であれば、空気の粘性の影響が卓越し、対流が抑制され、空気の熱伝導と放射による熱伝達によって伝熱が行われる。δ が大きくなると、表 5.1.2 の対流熱伝達率と同様に熱流の向き（上下方向、水平方向等）によって、中空層内の対流による熱伝達性状が変化するため、中空層全体の断熱性能も変化することになる。

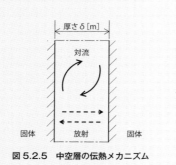

図 5.2.5　中空層の伝熱メカニズム

❷ 断熱の数値目標

a. 熱貫流率（K 値）と熱抵抗

　図 5.2.3 に示すように単層壁によって室内外が仕切られている状況を考える。内外の温度差が一定に保たれるような定常状態の場合、壁体の各断面における熱流が一定となる。ここで、壁体内および両端の熱流を図のように q_1、q_2、q_3 とすると、各熱流は以下のように定義できる。

$$q_1 = \alpha_o(t_{so} - t_o) \tag{5.2.1}$$

$$q_2 = \frac{\lambda}{\ell}(t_{si} - t_{so}) \tag{5.2.2}$$

$$q_3 = \alpha_i(t_i - t_{si}) \tag{5.2.3}$$

なお、

α：総合熱伝達率 [W/㎡・K]
λ：壁体の熱伝導率 [W/m・K]
ℓ：壁体の厚さ [m]、t：温度 [℃]
添え字の i は室内側、o は屋外側、s は壁体表面をそれぞれ意味する。

　このとき、前述の通り $q_1 = q_2 = q_3$ となるため、上記 3 式から t_{so} および t_{si} を消去すると、室内から壁体を通じて貫流する熱流 $q(=q_1, q_2, q_3)$ [W/㎡] は以下のように整理できる。

$$q = \frac{1}{\frac{1}{\alpha_o} + \frac{\ell}{\lambda} + \frac{1}{\alpha_i}}(t_i - t_o) = K(t_i - t_o) \tag{5.2.4}$$

　ここで、K を**熱貫流率**（以下、K 値）[W/㎡・K] といい、**熱貫流抵抗** R [㎡・K/W] を用いて、以下のように表現できる。

$$K = \frac{1}{R} \tag{5.2.5}$$

$$R = r_o + r_\lambda + r_i \tag{5.2.6}$$

　K 値は、壁体の熱の伝えやすさを表し、壁体の熱の伝えにくさを表す熱貫流抵抗 R の逆数となる。R は詳細には、表面熱伝達抵抗 r_o $(=1/\alpha_o)$ および r_i $(=1/\alpha_i)$ と熱伝導抵抗 r_λ $(=l/\lambda)$ の和として表現される。このため、R とは壁体だけでなく、その両端に形成される境界層の熱抵抗も考慮に入れた実質的な熱の伝えにくさ（K 値の場合は熱の伝えやすさ）であることがわかる。

　次に図 5.2.4 のような多層壁の場合の K 値を考えてみる。壁体の各抵抗は直列のため、熱貫流抵抗 R は各熱抵抗の和として表現され、次式のようになる。

$$R = r_o + r_{\lambda 1} + r_{\lambda 2} + r_{\lambda 3} + r_i = \frac{1}{\alpha_o} + \frac{\ell_1}{\lambda_1} + \frac{\ell_2}{\lambda_2} + \frac{\ell_3}{\lambda_3} + \frac{1}{\alpha_i}$$
$$= r_o + \sum_i r_{\lambda i} + r_i = \frac{1}{\alpha_o} + \sum_i \frac{\ell_i}{\lambda_i} + \frac{1}{\alpha_i} \tag{5.2.7}$$

同様に K 値に関しても、次式のようになる。

$$K = \frac{1}{\frac{1}{\alpha_o} + \frac{\ell_1}{\lambda_1} + \frac{\ell_2}{\lambda_2} + \frac{\ell_3}{\lambda_3} + \frac{1}{\alpha_i}} = \frac{1}{\frac{1}{\alpha_o} + \sum_i \frac{\ell_i}{\lambda_i} + \frac{1}{\alpha_i}} \quad (5.2.8)$$

この K 値は、定常状態[※5]を対象とし、内外温度が1℃、表面積1㎡あたりに生じる熱流を表しており、この数値が小さい部位ほど、断熱性能が高いことを意味する。本章のⅠ⑥にて示した通り、総合熱伝達率 α は屋内外でそれぞれ一定の値が用いられることが多いため、K 値の大小関係は各部位の熱伝導率 λ と厚さ l で決まる。すなわち、λ が小さく l が大きいほど K 値は小さくなる（＝熱抵抗が大きくなり、断熱性能は高くなる）。K 値は、その定義の単純明快さ故に、建物外皮の各部位の熱性能を表す指標として、しばしば用いられる。

b. 総合熱貫流率 ($\overline{KS}$)

建物外皮の断面構成、K 値が等しい建物でも、各部位もしくは建物全体の表面積が異なると暖房時の熱損失量も異なる[※6]。

図 5.2.7 に示すように暖房時で室温 t_i [℃] ＞ 外気温度 t_o [℃] の状態を考える。

室内で暖房により供給された熱エネルギーは、壁や窓、屋根、床では熱貫流によって、さらには換気（Ⅰ⑦ 111頁参照）によって、屋外へ流れ損失される。ここで、室内から屋外へ流れる熱量（熱損失量）の総和を Q_{total} [W]、屋根や壁等の部位ごとの熱損失量の総和を Q_{part} [W] とすると、

$$Q_{total} = \Sigma Q_{part} = Q_R + Q_{W1} + Q_{W2} + Q_F + Q_V \quad (5.2.9)$$

となる。

なお、添え字の R は屋根、W_1 は壁、W_2 は窓、F は床、V は換気を意味する。ここで、Q_{part} に関しては熱貫流率 K 値 [W/㎡・K]、各部位の表面積 S [㎡]、換気量 Q' [㎥/s] を用いて、次式のように整理できる。なお、換気量に関しては熱損失係数 Q 値（次頁で説明）との違いを明確にするため Q' と定義している。

$$\begin{aligned} Q_{total} &= K_R S_R(t_i - t_o) + K_{W1} S_{W1}(t_i - t_o) + K_{W2} S_{W2}(t_i - t_o) \\ &\quad + K_F S_F(t_i - t_o) + C_p \rho Q'(t_i - t_o) \\ &= (\sum_j K_j S_j + C_p \rho Q')(t_i - t_o) \\ &= \overline{KS}(t_i - t_o) \quad (5.2.10) \end{aligned}$$

$$\overline{KS} = \sum_j K_j S_j + C_p \rho Q' \quad (5.2.11)$$

この $\overline{KS}$ は、**総合熱貫流率** [W/K] といい、内外温度差が1℃の時の熱損失量として定義でき、この数値が大きい住宅は、暖房時の熱損失量も大きくなる[※7]。$\overline{KS}$ は、冒頭で触れ

表面積／容積 ＝0.72　　　表面積／容積 ＝0.9

図 5.2.6　球体と立方体

た建物全体もしくは各部位の表面積の影響が考慮されており、また熱貫流だけではなく、換気による熱損失（Q_V）の影響も加えられた建物全体の熱的性能を表す指標である（図5.2.7）。

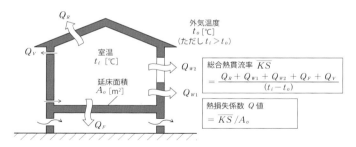

図5.2.7　$\overline{KS}$とQ値

c. 熱損失係数（Q値）

総合熱貫流率 $\overline{KS}$ は、値が小さいほど建物全体の熱的性能は高くなる。しかし、建物の規模が大きくなるに従い、建物外皮の表面積 S [㎡] も大きくなる。よって、この $\overline{KS}$ を建物の規模を代表する指標として延床面積 A_0 [㎡] で除して基準化したものが、**熱損失係数** Q（以下、**Q値**）[W/㎡・K] である（図5.2.7）。

$$Q = \overline{KS}/A_0 \tag{5.2.12}$$

Q 値は、式（5.2.12）より内外温度差が1℃の時の床面積1 ㎡あたりの熱損失量として定義され、表5.2.2に示すように地域区分に対応した基準値（H11基準）が設定されている。

表5.2.2　熱損失係数（Q値）の基準値（H11基準）

地域区分	I	II	III	IV	V	VI
(W/m²K)	1.6	1.9	2.4	2.7	2.7	3.7

d. 外皮平均熱貫流率（U_A値）

U_A値 と Q 値の単位は [W/㎡・K] と同じであるため、内外温度差が1℃の時の単位面積あたりの熱損失量を意味する指標である。ただし、双方では①熱損失量の取り扱いと②基準化に用いる面積が異なっている。まず熱損失量に関しては、U_A 値では式（5.2.9）の換気による熱損失量 Q_V を含めず、部位ごとの熱損失量のみを考慮する。次に、基準化に用いる面積も床面積 A_0 ではなく、外皮等面積 A_S となる。よって、換気による熱損失を含めない総合熱貫流率を $\overline{KS}'$ とすると、U_A 値は次式のように定義できる。

$$\overline{KS}' = \sum_j K_j S_j \tag{5.2.13}$$

● Q値算出の際の換気量 Q' の評価

Q' に関しては、例えば、計画換気に基づく換気量として、換気回数で0.5回/h程度の数値が用いられるが、これは後述する相当隙間面積（C値）の基準を同時に満たす必要があることによる。ただし、熱回収装置の使用により暖房エネルギー消費量の削減が可能な場合は緩和することができる。

Ⅰ 基本と原理　Ⅱ 設計目標　Ⅲ 計画と制御

建築環境工学のしくみ

日照・日射

光環境

音環境

熱環境

温熱環境

空気環境

湿気環境

$$U_A = \overline{KS'}/A_S \qquad (5.2.14)$$

なお、外皮等面積 A_S [㎡] は、熱的境界となる屋根または天井・外壁・床・開口などの外皮、および土に接する土間床の水平部が該当する。U_A 値の基準（H28（H25）基準）は表5.2.3 に示す通りである。

表 5.2.3　外皮平均熱貫流率（U_A）の基準値（H28 基準）

地域区分	1	2	3	4	5	6	7	8
基準値　[W/㎡・K]	0.46	0.46	0.56	0.75	0.87	0.87	0.87	—

3 気密化

❶ 気密化による効果

「換気に伴った熱移動（Ⅰの7）」にて示した通り、換気や隙間風といった屋内外の空気の移動により、冬季に室内から屋外に熱が逃げたり、夏季に屋外から室内に熱が侵入し、暖冷房エネルギー消費の増大につながる。一方で、室内で発生する汚染物質の除去や新鮮外気の供給のため、最低限の換気は必要不可欠である（第7章のⅢ❷❶）。このため、通常、機械換気設備等の導入による計画換気によって必要換気量は確保し、隙間風等の漏気を抑制することが肝要となる。

この漏気を抑制する手法がここで説明する「建物の気密化」であり、断熱化が室内と屋外を熱的に遮断する技術であるのに対して、気密化は"空気"を遮断する技術であるといえる。

気密化による効果としては、前述の①漏気による熱負荷（暖冷房のエネルギー消費量、詳細は本節❻❷ 129 頁参照）の削減だけでなく、図5.2.8 に示すように②断熱材の断熱性能の維持にも重要な役割を担う。断熱材の中もしくは周辺で空気の流動や換気が行われていては、断熱性能が極端に低下してしまうため、断熱性能維持のためには気密化が必要不可欠となる。また図5.2.9 に示すように③繊維系断熱材の場合は、内部結露防止（第8章のⅢ4 196 頁参照）のため湿気の侵入を防ぐように気密化による防湿の効果（空気だけでなく、水蒸気も遮断）も重要である。さらに、④気密化は前述の通り、計画換気を行ううえでの前提条件にもなる。以上、気密化は計4つの効果が期待できる技術である。

●漏気と換気
　漏気とは、隙間風のように居住者の意図とは無関係に、空気が室内に侵入もしくは屋外へ流出することを意味する。一方、換気とは、室内で発生した熱や汚染物質によって悪化した室内空気と清浄な外気と入れ替えることをいう。

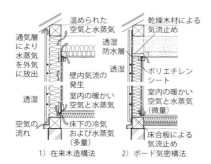

図 5.2.10 気密化と構法

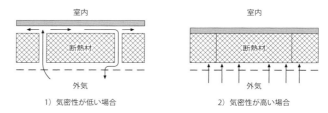

図 5.2.8 断熱材の断熱性能の維持

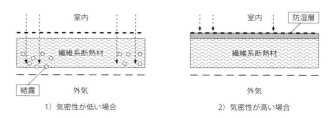

図 5.2.9 繊維系断熱材の防湿

●構法と断熱

　在来木造構法（上図 1）では、床下、壁内、小屋裏などの空隙が連続しており、躯体内ではこれらを経由した通気によって柱、梁などの構造用木材の乾燥が維持されるように工夫されている。しかし、近年よく用いられる充填断熱（主に繊維系断熱材）の場合、躯体内の通気によって、断熱性能が低下することがある。そこで、躯体内の通気を抑制するため、壁の上下端等に「気流止め」を設置する構法が普及している（上図 2）はその一例のボード気密構法）。

　開口部における圧力差 Δp [Pa] と換気量 Q [㎥/s] の式として、次式がある。

$$Q = \alpha A \sqrt{\frac{2\Delta p}{\rho}} \qquad (a)$$

　ここで、αA は相当開口面積 [㎡] であり、住宅の気密測定の際は、隙間の総量 [㎡] に対応する。ρ は空気の密度（＝1.2）[kg/㎥] である。

　$\Delta p = 1$ mmAq すなわち $\Delta p = 9.8$ Pa のときの隙間の通気量を Q_r [㎥/s] とすると、(a) 式より αA は次式のように推定できる。

$$\alpha A = \frac{Q}{\sqrt{\frac{2\Delta p}{\rho}}} = \frac{Q_r}{\sqrt{\frac{2 \times 9.8}{1.2}}} \cong \frac{Q_r}{4} \qquad (b)$$

　ここで、式 (5.2.15) では Q_r の単位が [㎥/h] また隙間面積の単位が [c㎡] であるため、(b) 式の単位換算を行うと、

$$\alpha A \cong \frac{Q_r}{4} \times \frac{10^4}{3600} \cong 0.7 Q_r \qquad (c)$$

となる。この (c) 式を床面積 S [㎡] で割ることにより、式 (5.2.15) を導出することができる。

❷ 気密性能の数値指標

相当隙間面積（C 値）

　隙間風等の漏気が生じる原因としては、①隙間、②漏気を生じさせる圧力差（内的要因：内外温度差など、外的要因：外部風など）があるが、気密性能の指標としては①の建物側の指標である**相当隙間面積**（以下、**C 値**）が広く知られている。C 値の意味は、その建物がどの程度気密であるか、建物にどの程度隙間があるかを示しており、住宅の熱的性能を左右する指標の一つであるといえる。窓や扉等の開口部に関しても、その隙間の程度を気密性能と呼ぶが、住宅内にはその他特定の難しい通気経路が多数あるため、C 値では建物全体の"隙間の総量"として気密性能を定義し、指標化している。このため、どの部位にどの程度の隙間があるかといった詳細な情報を有する指標ではない。C 値の単位は、[c㎡/㎡] であり、床面積 1 ㎡あたりの隙間面積 [c㎡] となる。C 値に関しても、Q 値同様に表 5.2.4 に示すように地域区分に対応した基準値が設定されている。C 値の算出方法は、次式に示す通りである。

$$C = 0.7 Q_r / S \qquad (5.2.15) \text{※8}$$

ここで、

Q_r：住宅内外の圧力差が 9.8 Pa の時の隙間の通気量 [m³/h]

S ：住宅の床面積 [㎡]

　C 値を実際に算出する際には、住宅気密測定器等を設置し、

建築環境工学のしくみ

日照・日射

光環境

音環境

熱環境

温熱環境

空気環境

湿気環境

現場実測により Q_r を推定する必要がある。この点は、Q 値等の指標と異なり、設計段階での評価が難しい指標であるといえる。

　具体的な測定原理としては、建物に送風機を用いて強制的に送風もしくは吸引を行い、その風量と内外差圧の関係から、Q_r を求めるという方法である（図 5.2.11）。

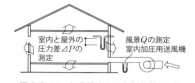

図 5.2.11　気密性能の測定方法（加圧時）

表 5.2.4　相当隙間面積（C 値）の基準値（H11 基準）

地域区分	Ⅰ	Ⅱ	Ⅲ	Ⅳ	Ⅴ	Ⅵ
(cm²/m²)	2.0			5.0		

4 日射熱の遮蔽と取得

❶ 日射遮蔽・日射熱取得の役割

　パッシブな室内環境の調整には、光・熱としての日射のコントロールが重要課題の一つとなる。また日射の室内環境への影響は、温熱・光環境や居住者の心理的側面だけでなく、暖冷房や照明のエネルギー消費量等まで広範囲にわたる。ここでは、日射の熱エネルギーとしての側面に着目して、その遮蔽と利用について解説する。光エネルギーとしての側面に関しては、第 3 章にて解説している。

　窓から室内側へ直接入射する日射熱や屋根、外壁で受熱して室内側へ熱貫流によって移動する日射熱は、季節を問わず室温の上昇に寄与する要因である。特に夏季においては、室温上昇さらには冷房のエネルギー消費の増加要因ともなるため、前述の断熱（建物外皮での日射受熱の侵入を防ぐ）、表面反射、ブラインド等の遮蔽装置によって日射熱の室内側への侵入を防ぐ必要がある。これが**日射遮蔽（遮熱）**という技術である[※9]。ただし、日射が季節を問わず室温上昇の要因であるということは、冬季には暖房のエネルギー消費の削減要因ともなるため、単に遮蔽するだけではなく、状況に応じて窓等の開口部を通じて利用することも重要となる。これが**日射熱取得（集熱）**という技術である。そのため、四季のある日本のような地域では日射の遮蔽と利用という相反する制御を建物外皮・開口部を中心に設計段階でバランスよく考えることが必要となる。例えば、図 5.2.12 に示すように庇は、太陽高度の高い夏季は日射を遮蔽し、冬季には室内側へ日射を導入し、開口部における日射の遮蔽と利用といった矛盾をうまく解決してくれる優れた技術である。

❷ 開口部における日射のコントロール技術

　開口部は、屋外と室内をつなぐ部位であるため、他の部位

※ 9：一般に日射遮蔽というとブラインド等の遮熱装置を用いた手法を意味することが多いが、ここでは本節 4 ❸ 123 頁にて後述する日射侵入率（η）の定義に対応するように、断熱や表面反射の手法も含めている。

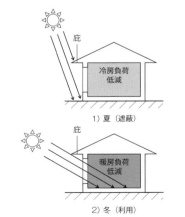

1) 夏（遮蔽）

2) 冬（利用）

図 5.2.12　庇による日射の遮蔽と利用

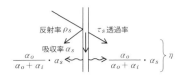

反射率 ρ_S　τ_S 透過率

吸収率 a_S

$$\left.\frac{a_o}{a_o+a_i}\cdot a_S \qquad \frac{a_o}{a_o+a_i}\cdot a_S\right\}\eta$$

図5.2.13　ガラス面（透明部位）における
日射侵入率 η

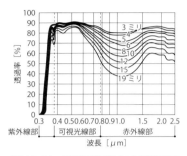

図5.2.14　普通透明板ガラスの分光透過率

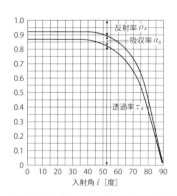

図5.2.15　3mm 厚普通透明板ガラスの
a_S、ρ_S、τ_S と入射角 i [*10] の
関係

※10：ガラスの法線方向が入射角0°に対応

※11：Low-E とは、Low Emissivity で低放射（＝放射率が低いこと）を意味する。放射率に関しては、I 5 参照。Low-E ガラスは、放射による熱伝達性能が低下し、断熱効果が期待できる。

以上に入射・侵入する日射熱が多く、状況に応じた適切な制御が求められる。ここでは、開口部における日射のコントロール技術であるガラス、内部遮蔽、外部遮蔽について解説する。

a. ガラス

ガラスのような半透明体に入射する日射エネルギーは、特定の波長ごとに室内外の両面で反射し、内部で一部を吸収し、残りを室内側へ透過する。それらの比率は長波長放射（I 5 107 頁参照）と同様に、吸収率 a_S [-]、反射率 ρ_S [-]、透過率 τ_S [-] といい、それらの和は 1（$a_S+\rho_S+\tau_S=1$）として定義できる（図5.2.13）。一例として普通透明板ガラスの分光透過率を図5.2.14 に示す。波長によってまたガラスの厚さによって透過性能は大きく異なる。波長別の透過率 τ_λ（分光透過率）に太陽放射スペクトル（第2章のI 1 参照）を用いて重み平均をとったものが前述の日射の透過率 τ_S であり、反射率 ρ_S、吸収率 a_S に関しても同様に定義できる。また、a_S、ρ_S、τ_S といったガラスの熱的性能は、図5.2.15 に示す通り日射の入射角 i [°] によっても影響を受ける。

入射角 i が 40° よりも小さければ、a_S、ρ_S、τ_S は一定となるが、90° に近づくにつれて、ρ_S が卓越し、a_S、τ_S が小さくなる。近年では、熱的性能の異なるさまざまなガラスが提案されている。例えば、断熱性能を高めた例として2枚の板ガラスの間に空気を封入した複層ガラス（ペアガラス）、反射率 ρ_S や吸収率 a_S を高め、日射遮蔽性能を向上させた例として熱線反射ガラスや熱線吸収ガラスがある。また、特殊金属膜（Low-E 膜[※11]）を表面にコーティングしたガラスを一般に Low-E ガラスもしくは低放射ガラスという。さらに、上記の複数のガラスを組み合わせ、遮熱複層ガラス（複層ガラスの室外側に熱線反射ガラスや熱線吸収ガラスを設置）、断熱型低放射複層ガラス（複層ガラスの室内側に低放射ガラスを設置）、遮熱型低放射複層ガラス（複層ガラスの室外側に低放射ガラスを設置）も提案されている。低放射ガラスを室内側に用いる構成は、遮熱性能よりも断熱性能を重視することになるため、断熱型といい、逆に室外側に設置する場合は遮熱型という（図5.2.16）。

b. 内部遮蔽および外部遮蔽

開口部においてガラス以外で日射量を調整する手法としては、開口部の内側で遮蔽する**内部遮蔽**と外側で遮蔽する**外部遮蔽**がある。通常、外部遮蔽の方が内部遮蔽より遮蔽効果が大きいが、外部遮蔽の場合、強風対策が必要となる。

内部遮蔽としては、カーテン、ロールスクリーン、ブラインド等が一般によく使用される（図5.2.17）。

外部遮蔽としては、庇、バルコニー、ルーバー（水平、縦、格子）、オーニング、すだれ・よしず、植栽・緑化（落葉樹、芝生、壁面緑化等）がある（図 5.2.17）。また、日射を遮蔽しつつ昼光を利用する装置としてライトシェルフ（第 3 章参照）などもある。

上記に示すガラス、内部遮蔽および外部遮蔽のうち代表的なものの日射遮蔽性能については表 5.2.5 および表 5.2.6 でそれぞれ示す。また、Ⅲ**4**にて後述するように、年変動、日変動、さらには天候に応じて、室内への透過日射を制御するためには、各種開口部の日射受熱特性（開口部が設置される方位、部位など）を理解したうえで、複数の遮蔽技術を組み合わせて対応する必要がある。

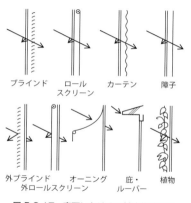

図 5.2.17　窓面における日射遮蔽手法②

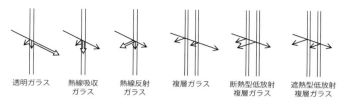

図 5.2.16　窓面における日射遮蔽手法①

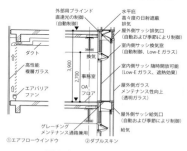

図 5.2.18　窓システム

❸ 建築部位の日射遮蔽性能の数値指標（日射侵入率η）

建物を構成する部位（開口部を含む）の日射の遮蔽性能を表す指標としては、**日射侵入率（η）**があり、ある部位に当たる日射量のうち室内に流れ込む割合として定義される。**日射熱取得率**と表現されることもあるが、基本的に同義である。定義の通り、この数値が小さければ、日射遮蔽の性能は高く、逆に日射熱の取得といった面からは性能が低いことを意味する。例えば、窓ガラスのような透明部位の場合の日射侵入率は、図 5.2.13 に示す通り、室内側への透過部分と一度ガラスに吸収された熱量のうち室内側へ放熱される熱量の和として、次式のように定義される。

$$\eta = \tau_s + \frac{\alpha_i}{\alpha_i + \alpha_o} a_s \tag{5.2.16}$$

ここで、
τ_S：窓ガラスの日射透過率［－］
a_S：日射吸収率［－］
α：総合熱伝達率［W/㎡・K］、添え字の i は室内側、o は屋外側を意味する。

一方、外壁等の不透明部位に関しては、図 5.2.19 に示すように**相当外気温度 *SAT***[12]の定義より、日射による温度上昇 $a_s J / \alpha_o$［℃］に、壁体の熱貫流率 K［W/㎡・K］を掛けると

●オフィスの熱負荷抑制

オフィス建築では、熱貫流や日射による熱負荷抑制のため、図 5.2.18 に示すように建物外皮を 2 重にする①エアフローウインドーと②ダブルスキンが提案されている。前者は室内側の空調の余剰空気が、後者は外気が 2 重外皮の中を通過するシステムである。

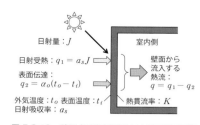

図 5.2.19　壁面（不透明部位）における日射受熱と表面伝達の関係[12]

※ 12：上図において壁面から流入する熱流 q［W/㎡］は、次式のように整理できる。

$$
\begin{aligned}
q &= \alpha_o(t_o - t_s) + a_s J \\
&= \alpha_o\left(t_o + \frac{a_s J}{\alpha_o} - t_s\right) \\
&= \alpha_o(SAT - t_s)
\end{aligned}
\tag{a}
$$

$$SAT = t_o + \frac{a_s J}{\alpha_o} \tag{b}$$

（b）式より壁面からの流入する熱流は、外気温度に日射による温度上昇が加わった *SAT* を用いて定義することができる。この *SAT* を相当外気温度［℃］という。

建築環境工学のしくみ

日照・日射

光環境

音環境

熱環境

温熱環境

空気環境

湿気環境

日射による壁面への流入する熱量 $a_s J K / \alpha_o$ [W/㎡] が求まり、これを壁面の法線方向日射量 J [W/㎡] で除することにより、不透明部位の日射侵入率 η が次式のように定義できる。

$$\eta = \frac{a_s J}{\alpha_o} \times K \times \frac{1}{J} = \frac{a_s K}{\alpha_o} \tag{5.2.17}$$

式 (5.2.17) より不透明部位の場合、吸収率および壁体の熱貫流率が大きいほど日射侵入率が大きくなるため、日射遮蔽の観点からは吸収率が小さく（反射率が大きく）、断熱性能が高い材料の選定が重要であるといえる。

❹ 開口部の日射遮蔽性能の数値指標（日射遮蔽係数 SC）

建物の総合環境性能評価指標である CASBEE（第1章のⅡ❷参照）では、オフィスや集合住宅等の外皮性能の指標として、外壁等は前述の熱貫流率 K、開口部に関しては日射遮蔽係数 SC が用いられている[13]。SC は、標準とする3mm厚の透明板ガラスの日射侵入率（$\eta = 0.88$）に対し、対象とする開口部の日射侵入率 η の比率として定義される。

$$SC = \frac{\text{対象とする開口部の日射侵入率} \eta}{\text{標準3mm厚の透明板ガラスの日射侵入率} \eta} \tag{5.2.18}$$

開口部、特にガラス面では、日射の反射、透過、吸収があり、現象が複雑であるため、簡略化して指標化したものが SC である。各種ガラスの SC および η を表5.2.5に、また日射遮蔽装置の遮蔽係数[14]を表5.2.6にそれぞれ示す。

※13：CASBEE-建築（新築/2016年版）では、オフィスや集合住宅の建物全体および共用部分の外皮性能の基準として、窓システムでは SC =0.2程度、K =3.0 W/㎡・K程度、外壁その他では、K =1.0 W/㎡・K程度をレベル5（最高水準）として設定している。

※14：日射侵入率 η と同様な概念である。

表 5.2.5　ガラスの日射侵入率 η および日射遮蔽係数 SC

ガラスの仕様	日射侵入率 η	日射遮蔽係数 SC
普通透明板ガラス（3 mm）	0.88	1.00
普通複層ガラス	0.79	0.90
普通三層複層ガラス	0.71	0.81
断熱型低放射複層ガラス（空気層12 mm）A	0.75	0.85
断熱型低放射複層ガラス（空気層12 mm）B	0.62	0.70
断熱型低放射複層ガラス（空気層12 mm）C	0.59	0.67
断熱型低放射複層ガラス（空気層6 mm）A	0.74	0.84
断熱型低放射複層ガラス（空気層6 mm）B	0.61	0.69
断熱型低放射複層ガラス（空気層6 mm）C	0.58	0.66
遮熱型低放射複層ガラス（空気層6 mm）A	0.55	0.63
遮熱型低放射複層ガラス（空気層6 mm）B	0.50	0.57
遮熱型低放射複層ガラス（空気層6 mm）C	0.42	0.48
熱線反射ガラス2種	0.55	0.63
熱線反射ガラス3種	0.35	0.40

Ⅰ 基本と原理　Ⅱ 設計目標　Ⅲ 計画と制御

建築環境工学のしくみ

日照・日射

光環境

音環境

熱環境

温熱環境

空気環境

湿気環境

表 5.2.6　日射遮蔽装置の遮蔽係数

日射遮蔽装置	遮蔽係数	
	ガラス仕様①[※15]	ガラス仕様②[※16]
レースカーテン	0.67	0.73
内付けブラインド	0.57	0.65
障子	0.48	0.59
外付けブラインド	0.22	0.21
庇あり（真南±30°以外）[※17]	0.7	
庇あり（真南±30°以内）[※17]	0.5	

※15：普通透明板ガラスおよび普通複層ガラス

※16：ガラス仕様①以外の表5.2.5に示したガラス

※17：庇を設置する窓の向きが真南から±30°以内の場合、庇による遮蔽効果は0.5程度と高いが、それ以上の場合は0.7程度に低くなる。

　窓システムの日射侵入率としては、ガラスのη×日射遮蔽装置の遮蔽係数の積として上表を用いて簡易に算出することができる。例えば、普通複層ガラス＋内付けブラインド＋庇（真南±30°以内）の窓システムの日射侵入率η_{sys}は、次のようになる。

$$\eta_{sys} = 0.79 \times 0.57 \times 0.5 \doteqdot 0.225 \qquad (5.2.19)$$

❺ 建物全体の日射遮蔽性能の数値指標

a. 日射取得係数（μ値）

　日射侵入率ηや日射遮蔽係数SCは部位単位の日射遮蔽性能を表す指標であったが、ここで紹介する**日射取得係数**（以下、**μ値**）は、建物全体の日射遮蔽性能を表す指標である。μ値は図5.2.20に示すように「建物に障害物がないと仮定した場合に取得できる日射量」に対する「実際に建物内部で取得される日射量I[W]」の比率を示しており、次式のようになる。

$$\mu = \frac{I}{J_o S} \qquad (5.2.20)$$

ここで、
J_o：屋外の水平面全天日射量[W/㎡]
S：延床面積[㎡]

　μ値は、季節に関係なく算出可能であるが、夏期の冷房期間中を対象として算出したものを**夏期日射取得係数**といい、Q値と同様に表5.2.8に示すように地域区分に対応した基準値（H11基準）が設けられている。温暖・蒸暑な地域ほど冷房負荷が大きいため、日射による熱取得（μ値）が小さくなるような基準となっている。夏期日射取得係数は部位単位のηを用いて算出する。算出方法の詳細は右欄参照。

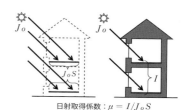

日射取得係数：$\mu = I / J_o S$

図 5.2.20　日射取得係数の概念

●夏期日射取得係数μ値の算出方法

$$\mu = (\Sigma(\Sigma A_{ij} \eta_{ij}) \nu_j + \Sigma A_{ri} \eta_{ri}) / S \qquad (a)$$

　ここで、

A_{ij}：第j方位における外気に接する第i壁（壁面に設けた開口部含む）の面積[㎡]

η_{ij}：第j方位における第i壁の日射侵入率[-]

ν_j：第j方位および図5.2.1に掲げる地域の区分に応じて設定された係数（表5.2.7）

A_{ri}：第i屋根（屋根面に設けた開口部含む）の水平投影面積[㎡]

η_{ri}：第i屋根の日射侵入率[-]

S：住宅の床面積の合計[㎡]

　なお、H25基準では表5.2.7のν_jも法改正に伴い、変更されている。

表 5.2.7　μ算出時に用いる係数（ν_j）

第j方位	地域区分					
	Ⅰ	Ⅱ	Ⅲ	Ⅳ	Ⅴ	Ⅵ
東・西	0.47	0.46	0.45	0.45	0.44	0.43
南	0.47	0.44	0.41	0.39	0.36	0.34
南東・南西	0.50	0.48	0.46	0.45	0.43	0.42
北	0.27	0.27	0.25	0.24	0.23	0.20
北東・北西	0.36	0.36	0.35	0.34	0.34	0.32

表 5.2.8　夏期日射取得係数（μ 値）の基準値（H11 基準）

地域区分	I	II	III	IV	V	VI
単位：無次元	0.08			0.07		0.06

b. 冷房期の平均日射熱取得率（η_{AC} 値）

　冷房期の**平均日射熱取得率** η_{AC} 値の基本的な考え方は、前述の夏期日射取得係数 μ 値と同じであるが、次式に示すように基準化に用いる面積が床面積 S ではなく、外皮等面積 A_S（本節**2❷** d 118 頁の U_A 値と同じ）となっている点が異なっている。なお、η_{AC} 値の基準（H28 基準）は表 5.2.9 に示す通りである。

$$\eta_{AC} = I/J_o A_S \tag{5.2.21}$$

表 5.2.9　冷房期の平均日射熱取得率（η_{AC}）の基準値（H28 基準） [※18]

地域区分	1	2	3	4	5	6	7	8
単位：無次元	–	–	–	–	3.0	2.8	2.7	6.7

※18：H25 基準における 8 地域の η_{AC} の基準値は 3.2

5　蓄熱

❶ 蓄熱の効果

　前述の本節**2**の断熱は、熱貫流を抑制する技術であり、建築材料の重要な熱的性能であることを説明したが、この熱貫流を非定常的な現象として捉えると、もう一つの重要な性能が見えてくる。

　図 5.2.21 に示すように壁体の両端の温度が t_0℃で一定の状態から日射受熱の影響で屋外側の表面温度のみ t_1℃となった場合の壁体内の温度変化を考えてみる。まず①の場合、定常状態であり壁体内の温度は一様に t_0℃である（温度差がなく、熱流ゼロ）。その後、屋外側の表面温度の上昇に伴い、熱伝導が生じ、壁体内の温度は上昇し、②→③→④→⑤と定常状態に達する。熱伝導の式（5.1.2）よりその熱流は熱伝導率 λ と温度勾配（$\partial t/\partial x$）に比例するため、定常状態⑤では温度勾配は一定となり、屋外側から室内側へ一定の熱流（熱貫流）が生じる。ここで、図 5.2.22 のように壁体を厚さ方向に 5 分割して、②、③、⑤の状態を詳細に考えてみる。②の状態は、屋外側から第 1 層目の壁体に熱流が生じ、熱を蓄え（色が濃い部分）、温度が上昇している状態である。③では熱流の影響が室内側までおよび、第 2 層目以降でも熱を蓄え始めている。

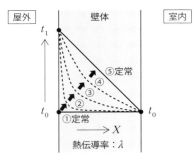

図 5.2.21　壁体内の温度変化
（屋外側の表面温度が t_0 から t_1 へ変化）

●蓄熱を利用した環境制御技術

「蓄熱式暖房機」や「氷蓄熱冷房」等がある。これは、電力料金の安い夜間に熱・冷熱を蓄え、昼間の熱負荷の大きな時間帯に利用するといった技術である。コストメリットだけでなく、電力需要のピークをシフトする平準化効果も期待できる技術である。

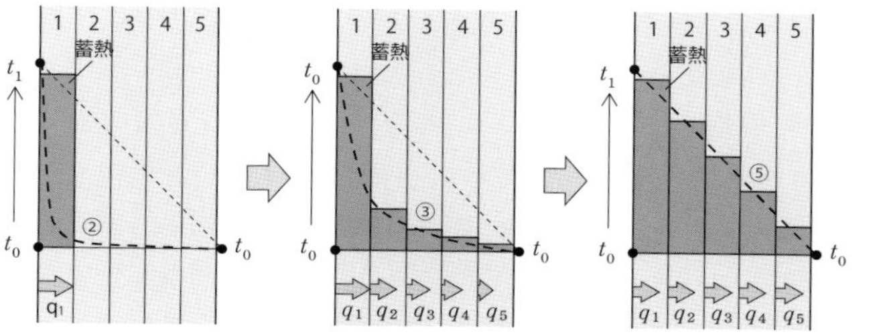

図の上部：

1 2 3 4 5　蓄熱　t_1　t_0　②　q_1
熱流はほとんど1層目までしか到達していない状態（非定常状態）
1）温度分布②

1 2 3 4 5　蓄熱　t_0　③　$q_1 q_2 q_3 q_4 q_5$
熱流は5層目まで到達しているが、$q_1 > q_2 > q_3 > q_4 > q_5$（非定常状態）
2）温度分布③

1 2 3 4 5　蓄熱　t_1　t_0　⑤　$q_1 q_2 q_3 q_4 q_5$
熱流は5層目まで到達しており、$q_1 = q_2 = q_3 = q_4 = q_5$（定常状態）
3）温度分布⑤

図 5.2.22　壁体内の温度変化と熱流、蓄熱量の関係

　ただし熱流（温度勾配）は$q_i > q_i + 1$（$1 \leq i \leq 4$）となる。最後に⑤（定常状態）では第1層目から第5層目まで壁体内で十分に熱を蓄え、壁体内の温後勾配も一定となり、$q_i = q_i + 1$（$1 \leq i \leq 4$）となる。熱貫流は定常状態⑤を前提としているが、熱貫流が生じる非定常的な状態を考えると、図5.2.22に示す通り、熱伝導に伴い壁体内に熱を蓄えるという現象が生じていることがわかる。これが、建築材料のもう一つの重要な熱的性能である**蓄熱**である。蓄熱とは、物質の状態（固体、液体等）を問わず"熱を蓄える性能"を意味しており、例えば、焚き火の焼石を使った料理は、石そのものの熱を蓄える能力を活用した調理方法である。建築空間では、壁、床、柱等の構造躯体に加え、家具や什器類等は十分な蓄熱性能を有する材料で構成されることが多い。特に蓄熱性能の高い構造躯体のことを蓄熱部位という。

　蓄熱部位を室内の温熱環境制御に活用した場合の効果として、冬季は日中の日射熱を蓄熱することにより、オーバーヒートの防止（室温上昇の抑制）が可能となり、夜間は日中に蓄えた日射熱を放熱することにより、室温低下を防ぐことができる。また夏季は、逆に夜間外気を積極的に室内に導入することにより、冷熱を吸収し（躯体の温度を下げ）、日中に放冷（熱負荷を吸収）し、室温の上昇を抑制することができる。ただし、夏季日中に冬季と同様に日射熱を床や壁等の躯体に蓄熱してしまうと夜間の室温が上昇してしまうといった問題も懸念されるため、注意が必要である。

❷ 蓄熱の数値指標（熱容量）

　前述の図5.2.22に示したように、壁体は温度上昇によって熱を蓄えることができるが、その蓄熱性能は材料によって異なる。同じ温度上昇でも多くの熱エネルギーを蓄えられる材料もある。このような蓄熱性能を表す指標として、1kgの物質を1℃上昇させるのに必要な熱量[19]を意味する比熱 C

●内断熱と外断熱

　コンクリートなどの構造躯体の内側に断熱材を施工する場合を内断熱、外側に施工する場合を外断熱という。内断熱は、下図の1）に示すように、断熱性能が高く、熱容量も小さい材料で室内空間が覆われているため、空調や日射受熱による室内の応答性が良い。一方、下図の2）の外断熱は、熱容量の大きいコンクリート等の躯体が断熱材の内側に置かれるため、室温上昇時には蓄熱部位が吸熱し、室温低下時には逆に放熱し、室温の変化が抑制される。

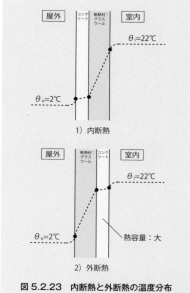

1）内断熱　屋外　コンクリート　断熱材グラスウール　室内　$\theta_i = 22℃$　$\theta_o = 2℃$

2）外断熱　屋外　断熱材グラスウール　コンクリート　室内　$\theta_i = 22℃$　$\theta_o = 2℃$　熱容量：大

図 5.2.23　内断熱と外断熱の温度分布

※19：1kgの物質が1℃上昇する際に蓄えることができる熱量と解釈することができる。

右側タブ：建築環境工学のしくみ／日照・日射／光環境／音環境／熱環境／温熱環境／空気環境／湿気環境

※20：一般に潜熱を用いることで、顕熱よりも桁違いに大きい熱量を蓄えることができる。例えば水の場合、1℃の変化の顕熱は4.18 J/gであるのに対し、0℃の水が凍って0℃の氷になるときの潜熱は334 J/gに達する。

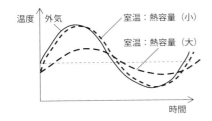

図5.2.24　熱容量と室温の変化

※21：一般的な木造住宅（延べ床面積150㎡程度）の暖房使用時の省エネルギー効果に関する試算結果によると、蓄熱効果が期待できる熱容量は、住宅全体で30,100 kJ/K以上となる。家具やその他の什器類の熱容量が約11,700 kJ/Kとなるため、残りの18,400 kJ/K、すなわち床面積1㎡あたり120 kJ/K程度の熱容量が蓄熱部位に必要となる。

※22：「自立循環型住宅への設計ガイドライン - エネルギー消費50％削減を目指す住宅設計」（財団法人 建築環境・省エネルギー機構）では、蓄熱部位として計上できる「有効厚さ」が材料種別で示されている。この基準を設計目標として、熱容量の算定を行う際には、材料の有効厚さ以上の場合は、有効厚さまでしか計上することができない。これは、有効厚さ以上の材料の蓄熱効果は小さいことを意味する。

[J/kgK] がある。また、単位体積（1㎡）あたりの比熱としては、容積比熱 $C\rho$ [J/㎡・K] も用いられる。ここで、ρ は材料の密度 [kg/㎡] である。代表的な建材の容積比熱を表5.2.10に示す。一般に、材料の蓄熱性能はその質量によって決まるため、C の大きい材料が蓄熱材として利用される。また、物質の相変化に伴って蓄えられる潜熱を利用した蓄熱材（潜熱蓄熱材）[20] も近年では、建材として広く活用されるようになっている。

　建物の蓄熱性能を決める際には、どのような材料を用いるかということ（材料の質）も重要であるが、どの程度用いるのかということ（材料の量）も重要となる。このような場合に使用される指標が熱容量 $C\rho V$ [J/K] であり、建物全体で考えた場合、建物（躯体）を1℃上昇させるのに必要な熱量と定義できる。

　ここで、V は容積 [㎡] を意味する。このため熱容量の大きい建物は、1℃上昇させるのに多くの熱エネルギーを必要とするため、屋外環境（気温や日射量）の変化に対して躯体や室の温度変化が小さく、逆に熱容量が小さい建物は屋外環境の変化に対する応答が良いという熱的性質を有することになる（図5.2.24）。

　熱容量に関しては、省エネ法に基づく明確な基準値は設定されていないが、「自立循環型住宅への設計ガイドライン - エネルギー消費50％削減を目指す住宅設計」（財団法人 建築環境・省エネルギー機構）等には比較的温暖な地域（H11基準のⅣ地域）において日射熱を有効利用する際の蓄熱部位の熱容量として120 kJ/K・㎡[21] という数値が提案されている。

　また熱容量を算定する際の有効厚さ[22] の基準は表5.2.10のような基準が示されている。

表5.2.10　各種建材の容積比熱と有効厚さ

	材料	容積比熱 [kJ/㎡・K]	有効厚さ [m] [22]
コンクリート・左官材料	普通コンクリート	2,013	0.20
	モルタル	2,306	0.12
木材・木質材	松	1,624	0.03
	杉	783	0.03
	合板	1,113	0.03
せっこう・その他	せっこうボード	854	0.06
	木毛セメント板	615	0.06
	タイル	2,612	0.12

6 暖冷房

❶ 暖冷房による室温の調節

　建物の断熱・気密化、日射の遮蔽と利用さらには建物の蓄熱性能を有効に活用することによって、年間を通じてかなりの期間、時間の室内環境を快適にすることは可能である。しかし、冬季で日中に十分な日射量が得られない日や夏季の真夏日等は、通常、居住者にとって快適な温熱環境となるように暖冷房によって室温調節を行うことになる。図 5.2.26 に示すように、外気温度 t_o［℃］がほぼ一定で日射受熱がないような定常状態では、室温 t_i［℃］はほぼ外気温度と等しくなり、夏季冬季共に劣悪な室内温熱環境となる（$t_i = t_o$）。ここで、冬季であれば、暖房により熱損失に見合った熱エネルギー Q_h（$= Q_1 + Q_2 + Q_3$）［W］を室内に供給することにより $t_i > t_o$ を維持し、夏季であれば冷房により取得熱に見合った熱エネルギー Q_c（$= Q_1 + Q_2 + Q_3$）［W］を室内から除去し、$t_i < t_o$ を維持することになる。

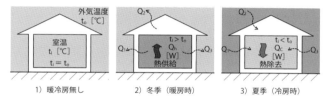

図 5.2.26　定常状態における暖冷房と熱の流れ

1）暖冷房無し　　2）冬季（暖房時）　　3）夏季（冷房時）

❷ 暖冷房の数値目標（年間暖冷房負荷）

　図 5.2.26 に示すように室内の設定温度になるような暖房時の供給熱量および冷房時の除去熱量を熱負荷といい、住宅の熱的性能を表す指標として用いられる。住宅の床面積 1 ㎡ あたりの年間の暖冷房負荷（**年間暖冷房負荷 H**［MJ/㎡年］）に関しては、Q 値と同様に表 5.2.11 に示すように地域区分に対応した基準値（H11 基準）が設けられている[23]。

　なお、H28 基準では、評価対象となる住宅において、地域区分や床面積等の共通条件のもと、実際の住宅の設計仕様で算定した設計一次エネルギー消費量（暖冷房、換気、給湯、照明）が、基準仕様（H25 基準と同等の水準）で算定した基準一次エネルギー消費量以下となること等が求められている。このため、冷暖房のエネルギー消費量のみを対象とした基準ではない。なお、一次エネルギー消費量に関しては、一般公開されている専用のプログラム（図 5.2.27）[24]を用いることで算定・評価が可能である。

● 顕熱と潜熱

　固体や液体が相変化なしに蓄えた熱エネルギーのことを顕熱といい、一方、水が氷になるような「液体・固体間の相変化」に伴い放出あるいは吸収される熱エネルギーのことを潜熱という。熱負荷にも顕熱負荷と潜熱負荷があるため、図 5.2.25 に示すエアコン（住宅の暖冷房の代表）による冷房を例に、それらの定義を以下に示す。

　顕熱負荷 q_S［W］に関しては、エアコンの吹き出し温度 t_{in} および吸い込み温度 t_{out}、さらには風量 Q、空気の密度 ρ を用いて、移流に伴った熱移動の定義式（5.1.18′）から次のようになる。

$$q_S = C_p \rho Q (t_{out} - t_{in})$$

　潜熱負荷 q_L［W］に関しても同様にエアコンの吹き出し絶体湿度 X_{in} および吸い込み絶体湿度 X_{out} と風量 Q、水の密度 ρ_w を用いて次のようになる。

$$q_L = r \rho_w Q (X_{out} - X_{in})$$

　ここで、r は蒸発潜熱［J/kg］（0℃の水 1 kg を蒸発させるのに必要な熱量）である。

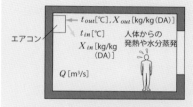

図 5.2.25　冷房による熱除去と除湿

[23]：年間暖冷房負荷の算出にあたっては、暖冷房の期間や室温設定値等の詳細が決められている。

図 5.2.27　建築物のエネルギー消費性能に関する技術情報

[24]：http://www.kenken.go.jp/becc/

　ここで、熱負荷について少し考えてみると、図5.2.26の暖房時であれば、上述の通り供給熱量と熱損失がつり合い、$Q_h = Q_1 + Q_2 + Q_3$の関係が得られる。これを式（5.2.10）のように総合熱貫流率（$\overline{KS}$）を用いて表現すると、

$$Q_h = \overline{KS}(t_i - t_o)$$

となるため、内外温度差（$t_i - t_o$）だけでなく、"$\overline{KS}$"や"$\overline{KS}$を延床面積で除したQ値"が小さいほど熱負荷Q_hも小さくなることが容易に想像できる。このため、建物の外皮性能のH11基準では、①年間暖冷房負荷Hもしくは②熱損失係数Q値および夏季日射取得係数μ値の基準[25]のどちらかに適合すれば良いということになっている。

表 5.2.11　年間暖冷房負荷 H の基準値（H11 基準）

地域区分	I	II	III	IV	V	VI
（MJ/m² 年）	390		460		350	290

熱環境の計画と制御（住宅を中心に）

前節同様にここでも、主に住宅を中心に解説する。暖冷房といった室内の温熱環境制御に必要なエネルギー消費を抑制するためには、まずパッシブ技術を積極的に活用し、アクティブ技術（暖冷房）の使用を控えることが重要である。さらに、暖冷房を入れざるを得ないような状況でもパッシブ技術を併用することによって、暖冷房使用時のエネルギー消費量を低減するように配慮すべきである（図5.3.1）。このように、パッシブ技術を優先的に考え、補助的にアクティブ技術を併用するという考え方は熱環境のみならず建築環境計画の基本となる。

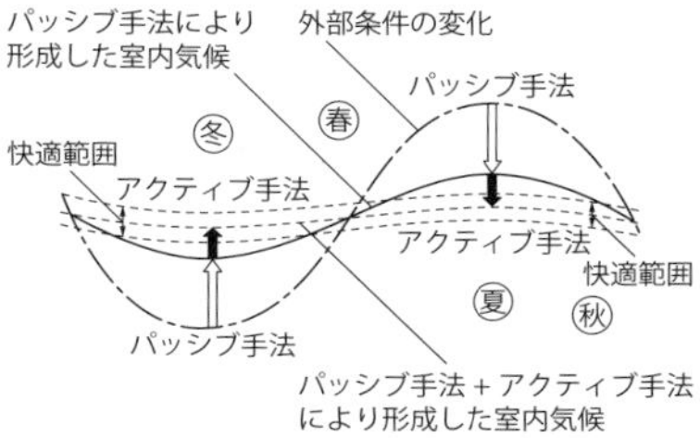

図5.3.1　パッシブ手法とアクティブ手法による環境制御のイメージ

1 建物の熱収支

パッシブ技術による環境制御とは、庇による日射の遮蔽と利用のように"建物に出入りする熱"を建築的な工夫・技術（エネルギー消費を伴わない）によって制御し、室内の温熱環境を快適な状態に保つ、もしくは熱負荷を抑制することである。このため、パッシブ技術による環境制御を考える際には、まず"建物に出入りする熱"、すなわち、**建物の熱収支**について理解する必要がある。

ほぼ定常状態にある建物では、図5.3.2に示す通り熱取得と熱損失のバランス（熱収支）によって室温が形成される。例えば、窓からの透過日射や照明などの室内発生熱は建物の熱取得要因となり、壁からの熱貫流や換気による熱移動は熱損失要因（室温>外気温度の場合）となる。日射を無視した場合の熱収支の数式表現に関しては、式（5.1.19′）に示す通りである。室温は、これら熱取得と熱損失と密接に関係している。すなわち、熱取得が増える、もしくは熱損失が減る場合は室温が上昇し、逆の場合は室温が低下する[※1]。したがって、パッシブに環境制御を行う際は、冬季であれば日射による熱取得を増やしつつ、貫流や換気による熱損失を抑制し（詳細は本節**2**参照）、夏季であれば日射による熱取得を抑制しつつ、換気やその他のクーリング技術による熱損失を増やすことになる（詳細は本節**3**参照）。ただし、図5.3.2では定常状態を対象としているため、蓄熱（Ⅱ**5** 126頁参照）の効果は無視しているが、実際には熱取得が多い時間帯に躯体等に熱を蓄え、熱取得の少ない時間帯に放熱するといった蓄熱

※1：熱取得 H [W] は、熱損失係数 Q [W/㎡・K]、延床面積 A_0 [㎡]、室温 θ_i [℃]、外気温度 θ_o [℃]（ただし、$\theta_i > \theta_o$）より次式のように定義できる。

$$H = Q \times A_0 \times (\theta_i - \theta_o)$$
$$\theta_i = H/QA_0 + \theta_o$$

この式より、室温は、熱取得（H）が増える、もしくは熱損失（Q値）が小さい場合に上昇し、逆に、熱取得（H）が減る、もしくは熱損失（Q値）が大きい場合に低下することがわかる。

建築環境工学のしくみ

日照・日射

光環境

音環境

熱環境

温熱環境

空気環境

湿気環境

表 5.3.1 建物の熱環境の形成要因

外的要因	気候特性（日射、外気温度、風向・風速、降雨、大気放射等） 立地条件（建物の密集度、周辺建物の高さ、隣棟間隔、前面道路の幅等）
建物側の要因	方位、構造、形態、開口部の位置、断熱・気密性能、蓄熱性能
内的要因	家電、設備機器（照明・調理・水回り等）、人および行為

を考慮した制御を行うことも可能である。建物の熱環境の形成に影響を与える要因に関して整理すると表 5.3.1 に示す通りである。

図 5.3.2　建物の熱収支のイメージ（室温＞外気温度）

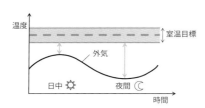

図 5.3.3　冬季の外気温度と室温目標値との関係

2 パッシブヒーティング

　一般に冬季は、室温の目標値は昼夜を問わず外気温度よりも高い（図 5.3.3 参照）。したがって、**パッシブヒーティング**を行うには、まず自然エネルギーを活用した熱取得が重要となる。冬季の自然エネルギー（熱源）として利用しやすく、ポテンシャルが高いのは日射である。このため、図 5.3.4 に示すように日中は日射熱の取得を積極的に行い、取得した熱エネルギーを極力逃がさないように**高断熱・高気密化**を図り、室温の低下を防ぐことが重要となる。一方、夜間には日射熱取得が望めないうえ、外気温度がさらに低下し、貫流や換気による熱損失も増大し、室温が低下する。そこで、日中に熱容量の大きい部位（コンクリートの床、壁など）に余った日射熱を蓄え、夜間に持ち越し放熱することで、夜間の熱損失を補うことになる。

　このように冬季の暖房、さらには給湯エネルギーの大部分を日射で賄うように計画された住宅を**ソーラーハウス**（図 5.3.4）[2] という。日射の熱取得手法に関しては、居住空間に直接日射熱を導き入れる手法と間接的な手法等がある（図 5.3.6 および図 5.3.7）。また日中、天候が優れず、十分な日射が確保できない場合は、その他のパッシブヒーティング技術[3] を準備していれば、それらを活用することになるが、それでも室温の低下を抑えられない場合は暖房を使用することになる。

　また設計段階では、図 5.3.5 に示すように、冬季の熱取得、熱損失、蓄熱の性能を十分確保できるように、例えば、本章 II で紹介した各種指標（U_A 値など）の基準値を具体的な数値目標として設計を行うことになる。

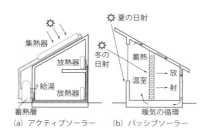

図 5.3.4　ソーラーハウスの概念図

※ 2 ：機械設備を伴わず建築的工夫により対応するものをパッシブソーラーハウスというのに対して、集熱した熱エネルギーをファンやポンプなどで移動させる機械設備の使用を前提としたものをアクティブソーラーハウスという。さらに両者を併用したものをハイブリッドソーラーハウスという。

※ 3 ：その他のパッシブヒーティング技術としては、ヒートチューブを経由した地中熱利用等がある。

建築環境工学のしくみ

日照・日射

光環境

音環境

熱環境

温熱環境

空気環境

湿気環境

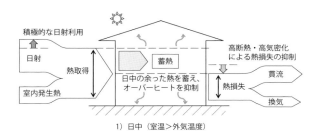

1) 日中（室温＞外気温度）

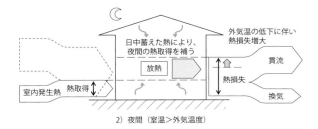

2) 夜間（室温＞外気温度）

図 5.3.5　パッシブヒーティングの日中および夜間の熱の流れ

● 日射の利用

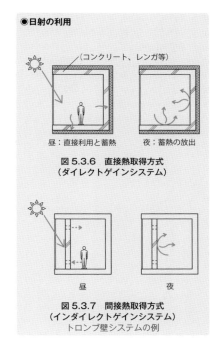

図 5.3.6　直接熱取得方式
（ダイレクトゲインシステム）

図 5.3.7　間接熱取得方式
（インダイレクトゲインシステム）
トロンプ壁システムの例

❸ パッシブクーリング

　夏季および中間期における**パッシブクーリング**の場合、室温と外気温度の関係は以下に示す 3 パターンが考えられるため（図 5.3.8）、冬季と比べて少し複雑である。

　①昼夜を問わず、室温目標≧外気温度

　②日中は室温目標＜外気温度、夜間は室温目標＞外気温度

　③昼夜を問わず、室温目標≦外気温度

　例えば、①はおもに中間期、③は夏季の真夏日＋熱帯夜のような場合である。ここでは、夏季および中間期の典型的なパターンである②の場合（図 5.3.8 ②）について考える。ただし、冬季同様に建物にはある程度の蓄熱性能（熱容量）が備わっているものとする。夏季および中間期において室温を低下させるためには、冷熱源としての自然エネルギーが必要となるが、図 5.3.8 ②に示す通り一般に夜間、外気温度が室温目標よりも低くなるため、これを活用することになる。まず、夜間に自然換気を積極的に利用し、室内環境を良好に保ちつつ[4] 蓄冷（日中の熱取得を放熱）を行う[5]（図 5.3.9 の 1)）。次に、日中は冬季の熱源である日射が室温上昇の要因となるため、日射遮蔽等により熱取得を抑制する（図 5.3.9 の 2)）。ここで、日中は日射、室内発生熱に加え、外気温度の上昇に伴い貫流と換気も熱取得要因となる。これら熱取得を夜間の蓄冷で処理することになるが、冬季の日射と比較して、夏季夜間における自然換気の熱的なポテンシャルは小さい。このため、例えば日中はその他のパッシブクーリング技術[6]を

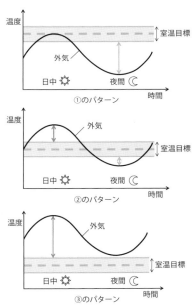

図 5.3.8　夏季の外気温度と室温目標値との関係

※ 4：室温の目標値よりも外気温度が低くなった状態で、夜間に自然換気を行う場合は、居住者への健康面への影響を考慮し、換気量を抑える等、過冷却を行わないよう配慮する必要がある。

※ 5：夏季において建物の蓄熱性を活用する際は、日中の蓄熱部位への日射熱取得の防止に十分配慮する必要がある。また、夜間外気温度が低下した際、室温の応答が悪くなるといったデメリットも伴うので注意が必要である。

※6：各種のパッシブクーリング技術としては、地中熱（土間床の活用、地下・半地下空間の活用、床下・地中への空気の導入）、蒸発冷却、放射冷却等が考えられるが、それぞれの熱的なポテンシャルは冬季の日射熱と比較して相対的に小さい。このため、複数のパッシブ技術を併用する、もしくは、冷房を使用しつつ、パッシブ技術により熱負荷の抑制を図ることになる。また図5.3.10にて紹介する通風も居住者の体感温度を低下させ、比較的高い室温でも快適感が得られるため、冷房の使用を抑制できるパッシブ技術の一つである。

併用したり、必要に応じて冷房を使用することになる。前述の環境制御では、室内の温熱環境の目標値として室温のみを用いているが、人体の温冷感は気温を含めた6要素の複合的な作用によって決まる（第6章参照）。

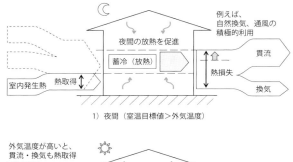

図5.3.9　パッシブクーリングの夜間および日中の熱の流れ

よって、夏季に外気温度が室温の目標値よりも高い状況下であっても外気を積極的に室内に導き入れる**通風**によって、涼を得ることも可能となり、蒸暑地域における有効なパッシブクーリング手法として現在も広く用いられている。通風を積極的に用いる場合（図5.3.10）、室温の目標値＜外気温度の状態でも、快適感が得られ、図5.3.8②のような室温と外気温度の関係が、①のような関係に近づき、冷房を必要としない時間帯、期間が長くなる可能性がある。室温の目標値と外気温度との差が小さい場合、通風で快適感が得られる可能性が高くなるため、通風を優先し、窓を開放するといった対応も考えられる。

図5.3.10　通風によりパッシブクーリングを行う場合の熱の流れ

（昼夜を問わず、自然換気・通風を行う場合、蓄熱の効果は相対的に小さくなる）

　また、①の昼夜を問わず、室温目標≧外気温度の場合の熱の流れに関しては、②の場合と比較すると日中の"貫流＋換気"が熱取得から熱損失に切り替わるため、③の場合以上にクーリングの効果が期待できるが、夜間の過冷却に対する配慮が必要である。一方、③の昼夜を問わず、室温目標≦外気温度の場合は、蓄冷の効果があまり期待できない。通風の積極的な利用やその他のパッシブクーリング技術により快適感を得られるように配慮し、それでも困難な場合は、冷房を使用することになる。

4 パッシブ技術の可変性

パッシブ技術を優先した熱環境の計画を行う場合、対象地域が、例えば、省エネルギー基準（H25基準）における地域区分の1地域のように比較的寒冷な地域であればヒーティング（本節2）重視、8地域のような蒸暑地域であればクーリング（本節3）重視となる。しかし、日本では5、6地域のように温暖で四季のある地域が多く、ヒーティングとクーリングの双方を考える必要がある。このため、開口部においてはとくに、日射の利用と遮蔽（Ⅱ4 121頁）、熱損失の抑制（Ⅱ2 115頁）と通風・自然換気の積極的利用といった相反する性能を季節ごとに持たせるという、熱的性能の可変性が要求される。熱的性能の可変性を有するパッシブ技術として、例えば、図5.3.11に示すルーフポンドなどがあげられる。また、パッシブヒーティングで重要となる蓄熱性能がクーリングの際に日射熱取得と相俟って室内温熱環境の悪化の要因となることも懸念される。したがって、設計段階においては、とくに開口部の日射性能の可変性や十分な断熱性能を有しているかどうかを各種指標（日射侵入率 η や熱貫流率 K 値等）を用いて、確認することが肝要となる。

5 建物の熱性能と住まい手の関わり

パッシブ技術を積極的に導入した住宅では、住まい手がアクティブになるということがしばしば言われる。これは、表5.3.2に示すように、主に開口部における熱的性能の可変性に関連するものである。例えば、冬季において日射熱の取得を重視した住宅では、日中開口部を通じて集熱し、夜間は雨戸を閉める等の対応により断熱性能を高める。一方、夏季は日射遮蔽に配慮する必要があるため、オーニングやよしずに代表される外部遮蔽やカーテン、ロールスクリーンなどの内部遮蔽を操作する。このような、開口部の熱的性能の切り替えの担い手は、通常住まい手であり、季節別もしくは昼夜別、さらには天候別に日射遮蔽や開口部の開閉の操作を行わなければならない。住宅において開口部は多数あり、すべての開口部で毎日対応するとなるとそれなりの苦労を要する場合もある。また単なる開口部の日射遮蔽、開閉程度であれば困難ではないが、図5.3.12の例のように高度にパッシブな環境制御を行うような住宅の場合、住まい手が建物の運用方法に関する具体的な情報を十分に把握・理解できていない、もしくは、運用方法（住まい方）自体の複雑さ、難しさなどの理由から設計段階で想定された省エネ性能を発揮できないといった状況も考えられる。パッシブ技術を積極的に導入するこ

●ルーフポンド

水の蓄熱性を利用しつつ、季節ごとの熱性能の可変性を有する技術として、ルーフポンドがある。下図に示す通り、冬季は日中断熱パネルを開放し集熱し、夜間はパネルを閉め、室内側への放熱を促し、ヒーティングを行う。夏季は、夜間にパネルを開放し、夜間放射により蓄冷し、日中はパネルを閉め、クーリングを行う。

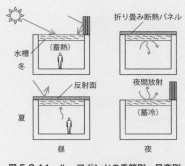

図5.3.11　ルーフポンドの季節別、昼夜別の制御

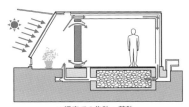

※温室での集熱＋蓄熱
1) 冬期昼間のモード

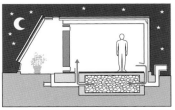

※可動断熱パネルの閉鎖＋放熱
2) 冬期夜間のモード

図5.3.12　パッシブ住宅のモード変化

建築環境工学のしくみ

日照・日射

光環境

音環境

熱環境

温熱環境

空気環境

湿気環境

　（財）省エネルギーセンター発行の「かしこい住まい方ガイド」のように、一般に公開されている。その他、設計段階で想定した住まい方を実施してもらうため、対象住宅の理想的な住まい方、住みこなし方を示す「住まい方マニュアル」を導入した集合住宅も提案されている。図5.3.13は実際に「住まい方マニュアル」に掲載された住まい方情報の一例である。

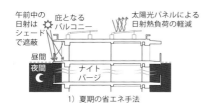

1) 夏期の省エネ手法

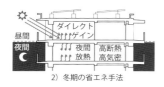

2) 冬期の省エネ手法

図 5.3.13　北九州市 YT マンション共同分譲事業におけるパッシブ環境制御手法

（国土交通省平成21年度住宅・建築物省CO₂推進事業採択プロジェクト）

とは省エネに繋がる可能性はあるものの、住まい手の負担の増大や十分な省エネ性能を発揮できない可能性も有している。この点は、設計段階において、設計者が住まい手のニーズ・ライフスタイルの指向等に十分に配慮すると共に、建物の運用方法に関する情報提供[7]を住まい手に行う等の対応が必要である。また住まい手との関連性の高いパッシブ環境制御としては、上記の開口部の開閉だけではなく、表5.3.2にも示す通り建物の熱的性能を理解したうえで、住まい手がアクティブ技術に頼らないような住まい方を選択し、実行するといった行為も含まれる。例えば、冬季に日当たりの良い空間で作業をしたり、室温が上がりやすくなるように間仕切りを閉める（生活空間の変更や共有）など。その他、時間帯に応じて着衣量をコントロール（薄着や厚着など）するといった居住者の環境適応行動もアクティブ技術に頼らない住まい手の行為といえるが、これらに関しては、第6章にて詳しく解説する。

表 5.3.2　ヒーティング・クーリングと住まい手の関わり

	開口部の制御	住まい手の工夫
ヒーティング関連行為	・内部遮蔽の制御 ・外部遮蔽の制御 ・開口部（雨戸等）の開閉	・生活空間の変更 ・生活空間の共有
クーリング関連行為	・内部遮蔽の制御 ・外部遮蔽の制御 ・開口部の開閉（通風、自然換気） ・樹木の手入れ	・生活空間の変更 ・生活空間の共有 ・打ち水

【図版・表出典】

表 5.1.1　日本建築学会編『建築設計資料集成 1　環境』丸善、1978

表 5.1.2　環境工学教科書研究会編著『環境工学教科書　第二版』彰国社、2000

図 5.1.8　日本建築学会編『建築設計資料集成 1　環境』丸善、1978

図 5.1.10　田中俊六他共著『最新建築環境工学　改訂 2 版』井上書院、2006

図 5.2.1　国立研究開発法人建築研究所「一次エネルギー消費量算定プログラム解説（住宅編）」、2013P.22（http://www.kenken.go.jp/becc/documents/house/TechnicalRep/Manual_House_20130711.pdf）

図 5.2.9　南雄三・坂本雄三監修「結露の完全克服マニュアル」（『建築技術』2002 年 7 月号別冊 8）2002 年

図 5.2.10　新木造住宅技術研究協議会編『新在来木造構法マニュアル 2002　第 2 版』、2003

図 5.2.11　次世代省エネルギー基準解説書編集委員会編『住宅の次世代省エネルギー基準と指針』財団法人 建築環境・省エネルギー機構、2000

図 5.2.13　環境工学教科書研究会編著『環境工学教科書　第二版』彰国社、2000

図 5.2.15　田中俊六他共著『最新建築環境工学　改訂 2 版』井上書院、2006

図 5.2.16　環境工学教科書研究会編著『環境工学教科書　第二版』彰国社、2000

図 5.2.17　環境工学教科書研究会編著『環境工学教科書　第二版』彰国社、2000

図 5.2.18　日本建築学会編『建築設計資料集成　［環境］』丸善、2007

表 5.2.5　国土交通省　国土技術政策総合研究所 独立行政法人　建築研究所監修「自立循環型住宅への設計ガイドライン　エネルギー消費 50% 削減を目指す住宅設計」財団法人　建築環境・省エネルギー機構企画・環境部発行、2006

表 5.2.6　国土交通省　国土技術政策総合研究所 独立行政法人　建築研究所監修「自立循環型住宅への設計ガイドライン　エネルギー消費 50% 削減を目指す住宅設計」財団法人　建築環境・省エネルギー機構企画・環境部発行、2006

図 5.2.20　次世代省エネルギー基準解説書編集委員会編「住宅の次世代省エネルギー基準と指針」財団法人　建築環境・省エネルギー機構発行、2000

図 5.2.21　田中俊六他共著『最新建築環境工学　改訂 2 版』井上書院、2006

図 5.2.22　田中俊六他共著『最新建築環境工学　改訂 2 版』井上書院、2006

表 5.2.10　国土交通省　国土技術政策総合研究所 独立行政法人　建築研究所監修「自立循環型住宅への設計ガイドライン　エネルギー消費 50% 削減を目指す住宅設計」財団法人　建築環境・省エネルギー機構企画・環境部発行、2006

図 5.3.1　日本建築学会編『建築設計資料集成　［環境］』丸善、2007

図 5.3.13　LCCM 住宅研究・開発委員会編『LCCM 住宅の設計手法　デモンストレーション棟を事例として』建築技術、2012

【参考文献】

1）環境工学教科書研究会編著『環境工学教科書　第二版』彰国社、2000

2）田中俊六他共著『最新建築環境工学　改訂版』井上書院、1993

3）田中俊六他共著『最新建築環境工学　改訂 2 版』井上書院、2006

4）岩田利枝他共著『生活環境学』井上書院、2006

5）倉渕隆著『初学者の建築講座　建築環境工学』市ヶ谷出版社、2008

6）加藤信介他共著『図解テキスト　建築環境工学』彰国社、2002

7）宿谷昌則『数値計算で学ぶ　光と熱の建築環境工学』丸善、1993

8）浦野良美編著『住宅のパッシブクーリング～自然を活かした涼しい住まいづくり～』森北出版、1998

9）彰国社編『自然エネルギー利用のためのパッシブ建築設計手法事典　新訂版』彰国社、2000

10）建設省住宅局住宅生産課監修、住宅・建築省エネルギー機構編『パッシブシステム住宅の設計』丸善、1985

11）国土交通省国土技術政策総合研究所　独立行政法人建築研究所監修「自立循環型住宅への設計ガイドライン　エネルギー消費 50% 削減を目指す住宅設計」財団法人　建築環境・省エネルギー機構　企画・環境部発行、2006

12）次世代省エネルギー基準解説書編集委員会編『住宅の次世代省エネルギー基準と指針』財団法人　建築環境・省エネルギー機構発行、2000

13）LCCM 住宅研究・開発委員会編『LCCM 住宅の設計手法　デモンストレーション棟を事例として』建築技術、2012

14）彰国社編『光・熱・音・水・空気のデザイン－人間環境と建築のディテール－』彰国社、1994

15）浦野良美他編著『建築環境工学』森北出版、2002

16）木村建一他共著『新訂　建築士技術全書　2　環境工学』彰国社、1989

17）垂水弘夫他共著『建築環境学テキスト　熱と空気のデザイン』井上書院、2007

18）南雄三・坂本雄三監修「結露の完全克服マニュアル」（『建築技術』2002 年 7 月号別冊 8"）建築技術、2002

19）一般社団法人　日本サステナブル建築協会編「CASBEE- 戸建（新築）建築環境総合性能評価システム　評価マニュアル（2016 年版）」一般社団法人　建築環境・省エネルギー機構発行、2016

20）国土交通省 / エネルギーの使用の合理化等に関する法律（住宅・建築物関係）のページ、2016（http://www.mlit.go.jp/jutakukentiku/build/jutakukentiku_house_tk4_000005.html）

21）「建築物のエネルギー消費性能に関する技術情報」国立研究開発法人建築研究所（協力：国土交通省国土技術政策総合研究所）、2016（http://www.kenken.go.jp/becc/）

建築環境工学のしくみ

日照・日射

光環境

音環境

熱環境

温熱環境

空気環境

湿気環境

◆演習問題◆

(1) 図1のような断面構成の壁体において、単位面積あたりの貫流による熱流を 10 W/㎡ 以下にするには、断熱材の厚さは何 cm 以上にすべきか。ただし、コンクリートの厚さは 5 cm、コンクリートおよび断熱材の熱伝導率はそれぞれ 1.0、0.05 W/m・K とする。

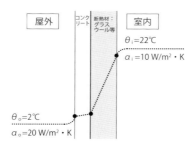

図1　壁体の断面①

(2) ① 図2のように外壁に日射が当たっている場合の相当外気温度 SAT を日射吸収率 a_s [-] を用いて示せ。ただし、外気温度 t_o は 32℃、屋外側の総合熱伝達率 α_o は 20 W/㎡・K、日射量 J（壁面の法線成分）は 500 W/㎡ とする。

② 室温を 28℃ に制御した場合の外壁からの貫流による熱流を 20 W/㎡以下にするための、外壁表面の日射吸収率 a_s の上限値を求めよ。なお、外壁の熱貫流率 K は 2 W/㎡・K とする。

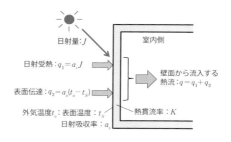

図2　壁体の断面②

(3) 延床面積 150 ㎡ の住宅において、蓄熱部位の熱容量の基準値である 120 kJ/K・㎡（床面積あたり）を満たすためには、コンクリートの蓄熱床を何㎡施工すれば良いか。なお、コンクリートの容積比熱は 2,000 kJ/㎥・K、有効厚さは 0.2 m とする。

第6章

温熱環境

人体の周囲に形成されている熱環境を温熱環境という。快適な温熱環境とはどういう状態か。「快適」には気持ちよさを意味する「積極的快適」と、不快がない状態を意味する「消極的快適」がある。建築環境工学では消極的快適性、つまり「暑くも寒くもない状態」の達成を第一目標としている。本章では、熱的快適性のしくみと快適な温熱環境を実現するための手段について解説する。

体温調節と温冷感

●「快適」とは

　ASHRAE（米国暖房冷凍空調学会）では、熱的快適性を「温熱環境に満足を示す心の状態」と定義している。快適には、「積極的（ポジティブ）な快適」（すごくいい、気持ちいい）と「消極的（ネガティブ）な快適」（まあいい、悪くはない）という2つの意味合いがある。不特定多数の人々を対象とする空調分野では、不快のない「消極的快適」を目指すのが現実的である。すなわち、「暑くも寒くもない」状態を目標としている。

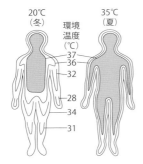

図 6.1.1　人体のコアとシェルの概念

●体温とは

　一般に、体温とはコア部の温度のことをいう。代表値として、直腸温、食道温、鼓膜温、舌下温、腋窩温（わきの下）などが用いられる。測定部位や測定条件によって、多少の差が生じる。

　シェル部の代表値としては、皮膚温が用いられる。温度センサーを皮膚の代表点に貼り付けて平均皮膚温を測定する。また、空港等で疫病により発熱している人を簡易チェックするのに、サーモカメラが導入されている。露出している顔の皮膚表面温度を赤外線により測定している。

1　人間の体温調節

❶　自律性体温調節

　恒温動物である人間は生きている間、常に体内で熱をつくり続けており、これを熱産生という。人体は、体深部の脳や臓器からなるコア部と皮膚や筋肉からなるシェル部に大きく分けられる（図 6.1.1）。コア部の温度（深部体温）が約37℃となるよう、体内でつくられた熱を適度に環境へ放熱（熱放散）することで体温調節を行っている。意志とは無関係に人体の生理的反応として行われる体温調節を**自律性体温調節**という。

　体内でつくられた熱は、血液の循環により体全体に行き渡っている。暑いときには、まず**血管拡張**がおこる。通常、周囲環境の温度は体温より低い。環境に近い皮膚血管を拡張させて血流を増やし、放熱を促進させる。暑いと肌が紅潮して見えるのは、そのためである。血管拡張による放熱が不十分な場合、**発汗**が始まる。汗の水分が皮膚表面から蒸発するときに潜熱を奪うため、体は冷却される。蒸発せずに皮膚表面をしたたり落ちる汗に冷却効果はなく、無効発汗という。

　寒いときには、**血管収縮**がおこる。皮膚血管の収縮により主に体の中心部で血液を循環させ、周囲環境への放熱を抑制する。それでも不十分な場合は**ふるえ**がおこり、強制的に筋肉を運動させることで体を温めようとする。

❷　行動性体温調節

　人間は他の動物と比較して高度な自律性体温調節機能を持っているが、発汗やふるえは長時間持続できない。そのため、実際には行動により自律性体温調節を補っている。着衣の調節、運動量の変化、姿勢の変化、滞在場所の選択などにより、人体からの放熱状態を変化させている。設備機器による温湿度や気流の調節も、人間が獲得してきた広い意味での**行動性体温調節**の手段だといえる。行動のきっかけとなるのが暑さや寒さの感覚であり、これを**温冷感**（または温熱感）という。

2　人体の熱収支と温冷感

　温冷感は人体の熱収支と密接な関係がある。体内でつくられた熱と周囲環境へと逃げていく熱は、建物の熱授受と同じ

原理で説明できる。

人体と周囲環境は、対流（C）、放射（R）、蒸発（E）により熱授受を行っている（図6.1.2）[1]。体内での産熱をM、体内への蓄熱をSとすると、式（6.1.1）が成り立つ。

$$S = M \pm C \pm R - E \tag{6.1.1}$$

$S=0$の場合、体内でつくられた熱と環境へ逃げていく熱が等しいため、暑さも寒さも感じない。この状態を**熱的中立**という。$S<0$の場合は放熱が多すぎるため体温低下につながり、寒さを感じる。逆に$S>0$の場合は放熱が少なすぎて体内に熱がこもり、体温を上昇させるので暑さを感じる。これが温冷感の基本的なしくみであり、人体と環境の熱収支を解くことで、温冷感の予測が可能になる。

図6.1.2　人体と環境の熱授受

※1：厳密には、空気以外と接触している部分（足裏など）では、伝導も熱授受に関わる。長時間接して体表面と同程度の温度となる衣服、靴、椅子、布団等は、着衣量（熱抵抗）として扱う。加熱または冷却された面に体表面が広く接する場合（床暖房の上に座る状態など）は、伝導も考える必要がある。

3 温熱環境6要素

露出した皮膚と着衣部分を含む人体の外周表面を境界として、人体と環境の熱の出入りを考える。熱授受には、環境に関わる4要素と人体に関わる2要素が関係している。各要素と、関係する熱伝達形態を表6.1.1に示す。

表6.1.1　温熱環境6要素と関係する熱伝達形態

	要素	単位	熱伝達形態
環境	空気温度	[℃]	対流（C）
	放射温度	[℃]	放射（R）
	気流速度	[m/s]	対流（C）・蒸発（E）
	湿度	[%][Pa]	蒸発（E）
人体	代謝量	[met]	産熱（M）
	着衣量	[clo]	対流（C）・放射（R）・蒸発（E）の抵抗

❶ 空気温度

周囲の空気温度と人体の外周表面温度の差に比例して、対流による熱授受が行われる。空気温度の方が低いと熱は人体から奪われ、高いと人体は温められる。

測定には、水銀やアルコールなどの液体の熱膨張を原理とした棒状温度計が古くから用いられている。電気的な温度センサーとしては熱起電力を利用した**熱電対**、温度による電気抵抗変化を応用した**サーミスタ**等があり、広く使われている。どのセンサーを使用する場合も、測定時に周囲の放射の影響を受けると不正確な値となる。そのため光沢のある金属など放射率の低い素材を使った放射シールドを併用する等の注意

●「熱さ」と「暑さ」の違い

「あつい」という言葉には「熱」と「暑」という2つの漢字がある。

「熱さ」は皮膚などにある温度受容器（センサー）が直接感じる局所的な温度感覚を表している。熱いコーヒー、熱い鍋など、接触した部位で感じる感覚に使われる。

「暑さ」は自分の体の熱損失状態を感じる感覚である。皮膚や体深部にある温度受容器のシグナルなど、多くの情報に基づいて総合的に判断される。

例えば、高温のサウナ室に入った瞬間、空気の「熱さ」を肌に感じるが、しばらく座っていると体の「暑さ」を感じるようになる。お尻は熱せられた座面に接しているため、同時に「熱さ」も感じる。「冷たさ」と「寒さ」も同様の関係にある。

※ 2：平均放射温度

MRT は "mean radiant temperature" の略。概念図を図 6.1.3 に示す。

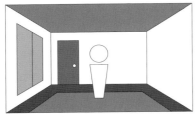

実際の放射環境

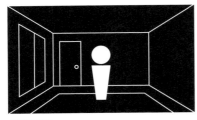

MRT の概念

図 6.1.3　平均放射温度（MRT）概念図

※ 3：グローブ温度

つや消し黒色で塗装された直径 15 cm の銅製中空球を使い、密閉された球内部の温度を測定する。表面の放射率を高めて放射の影響を受けやすくしている。

簡易的には、黒く塗装したピンポン球を用いることもある。球径が小さくなると気流の影響が大きくなるため、MRT への換算式が異なる[※1]。

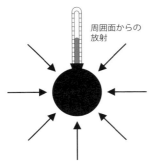

周囲面からの放射

図 6.1.4　グローブ温度概念図

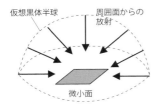

仮想黒体半球　　周囲面からの放射

微小面

図 6.1.5　微小面放射温度概念図

が必要である。

❷ 放射温度

絶対零度（0 K）より高い物質の表面からは、電磁波として赤外線（熱放射）が放たれている。人体を取り囲む面（床、壁、天井、窓等）と人体の外周表面は相互に熱を放射しているが、差し引きの結果、表面温度の高い方から低い方へと熱は伝わる。しかし、現実には人体を取り囲む表面の温度は不均一である。人体の周りにある各面の表面温度、放射率、人体との形態係数を考慮し、全方位を均一な黒体（放射率＝1）の表面温度に換算した放射環境の代表値を**平均放射温度（MRT）**という[※2]。放射温度は日頃意識されにくいが、気流の小さい室内では空気温度と同程度、またはそれ以上の影響がある。

簡易的には、周囲面の表面温度を面積加重平均して MRT の代用とすることがある。また簡便な測定方法に、**グローブ温度**[※3]がある（図 6.1.4）。グローブ温度、空気温度、気流速度から以下の式で平均放射温度を求めることができる（式6.1.2）。

$$\overline{t_r} = 2.37\sqrt{v}(t_g - t_a) + t_g \qquad (6.1.2)$$

ここで、

$\overline{t_r}$：平均放射温度 [℃]　　v：気流速度 [m/s]

t_g：グローブ温度 [℃]　　t_a：空気温度 [℃]

特定の方向からの放射影響を知りたい場合は、**微小面放射温度**が用いられる。微小な平面に入射してくる放射を基準に考え、実際の環境と放射影響が等しくなる均一な仮想黒体半球の表面温度として示される（図 6.1.5）。上下左右前後の 6方向を測定し、人体形状に合わせて重み付け平均することで、より正確な平均放射温度を求めることができる。姿勢によって異なる重み付け式を用いる（式 6.1.3、式 6.1.4）[参1]。

$$座位：\overline{t_{pr}} = \frac{0.18(上＋下)＋0.22(右＋左)＋0.30(前＋後)}{2(0.18＋0.22＋0.30)} \quad (6.1.3)$$

$$立位：\overline{t_{pr}} = \frac{0.08(上＋下)＋0.23(右＋左)＋0.35(前＋後)}{2(0.08＋0.23＋0.35)} \quad (6.1.4)$$

ここで、

$\overline{t_{pr}}$：微小面放射温度から求めた平均放射温度 [℃]

上、下、左、右、前、後　：各方向の微小面放射温度 [℃]

日射は短波長放射のため、常温の室内表面からの長波長（赤外）放射とは特性が異なる。人体に日射が当たる場合の

平均放射温度については、短波長吸収率や放射の指向性などの考慮が必要である。

❸ 気流速度

気流は空気温度の効果を増幅させる作用を持つ（冷風、温風など）。気流速度が大きいほど対流熱伝達率は大きくなるため、伝熱効果は高まる。また、皮膚表面での蒸発を促進させる効果もあり、特に発汗時はその影響が大きい。0.1 m/s 以下程度の小さい気流を**静穏気流**という。静穏気流であっても、歩行時など体が動いているときは相対的な気流の影響を受ける。

室内気流測定には、気流の冷却力から気流速度を求める**カタ寒暖計**[※4]や**熱線風速計**[※4]が使われる。二次元や三次元ベクトルの詳細な気流性状を知りたい場合は、**超音波式風速計**が使われる。

❹ 湿度

周囲環境の湿度が低いほど水分は蒸発しやすく、潜熱による放熱が促進される。汗だけでなく、皮膚を通した体内からの水分蒸発（不感蒸泄）や呼吸による水分蒸発にも影響する。湿度が高いと発汗時に汗が水滴のまま肌に残り、じっとりした感覚が不快感の原因となる。

測定には、水分量変化による毛髪の伸縮特性を利用した毛髪湿度計や**アスマン通風乾湿計**（第8章参照）が用いられている。電子式センサーとして、高分子膜の水分吸脱着特性を応用した高分子抵抗式や高分子容量式などがある。

❺ 代謝量

体内での代謝作用により栄養素が酸化分解され、主に骨格筋や肝臓などの臓器で熱産生が行われている。体を動かすとその激しさに応じて代謝量も増える。

単位には［met］が使われる[※5]。椅子に座って安静にしている状態が 1.0 met だが、これは 58.2 W/㎡ に相当する。単位の分母［㎡］は、人間の体表面積を指す。体が大きい人ほど発熱は多いが、体表面積あたりの代謝量の差は小さいといわれている。体表面積は Dubois の式（式 6.1.5）から推定できる。

$$A_D = 0.007184 \times W^{0.425} \times H^{0.725} \tag{6.1.5}$$

ここで、
　　A_D：体表面積［㎡］、H：身長［cm］、W：体重［kg］

身長 170 cm、体重 60 kg の体表面積は約 1.7 ㎡ なので、人間はじっと座っていても約 100 W の発熱がある。正確な代

※4：カタ寒暖計・熱線風速計
　カタ寒暖計は感温部がふくらんだ温度計のような形状をしている（図 6.1.6）。まずお湯等で温め、空気中で 38℃ から 35℃ まで下がる時間を測定する。この時間とそのときの空気温度の関係を表から読み取り、冷却効果から気流速度が求まる。0.1 m/s 程度の微風速の測定に使われた。
　熱線風速計は、センサー温度を一定に保つのに必要な熱量（供給電力量）を測定している。気流速度が大きいと放熱が促進されるため、より多くの熱量を要する。冷却力から気流速度を求めるという原理は共通している。

図 6.1.6　カタ寒暖計

※5：代謝量の英語表記、metabolic rate の頭3文字が単位の由来である。

●居住域と温熱環境測定

空間の中でも、特に人体周辺を居住域という。温熱環境測定では、居住域を代表する床からの測定高さ4点が決められている[参1)]。

1.7 m	立位の頭部高さ
1.1 m	立位の体中心高さ
	座位の頭部高さ
0.6 m	座位の体中心高さ
0.1 m	くるぶしの高さ

建築環境工学のしくみ

日照・日射

光環境

音環境

熱環境

温熱環境

空気環境

湿気環境

謝量は呼気から測定した酸素消費量から求められるが、簡易的には表から読み取る。代表的な活動と代謝量の関係を表 6.1.2 に示す。

表 6.1.2　代謝量[参1]

作業	代謝量	
	W/m²	met
横になって安静	46	0.8
座って安静	58	1.0
座って軽作業（オフィス、家庭、学校など）	70	1.2
立って軽作業（買い物、実験室など）	93	1.6
立って中程度の作業（掃除、料理など）	116	2.0
歩行　2 km/h	110	1.9
4 km/h	165	2.8

❻ 着衣量

体表面を広く覆う服を着る、または重ね着をすることで体の熱が逃げにくくなる。着ている衣服の保温効果は、着衣の断熱性（熱抵抗）として表すことができる。単位は［clo］で、1.0 clo は 0.155 ㎡・K/W に相当する。測定には、人体と同じように発熱する等身大の**サーマルマネキン**[※6]を使う。裸体時と着衣時の熱損失を測定し、その差から着衣の断熱性を求める。簡易的には表を用いて推定する（表 6.1.3）。衣服の組み合わせとして示されている場合と、個別の着衣量を足しあわせて求める場合がある。椅子に座っている場合は、椅子も着衣量の一部として扱う[※7]。

※6：サーマルマネキン

図 6.1.7 のサーマルマネキンはデンマーク製で、マネキンの表面に発熱用ワイヤーが高密度にまかれてコーティングされている。体の部位ごとに発熱量のコントロールが可能である。マネキンの体内に温風を送り込んで全身を加熱するタイプもある。発熱に必要とした供給電力量を測定することで、環境への放熱量がわかる。

図 6.1.7　サーマルマネキン

※7：椅子の着衣量[参1]

金属・布のメッシュ	：0.0 clo
木製スツール	：0.01 clo
オフィスチェア	：0.1 clo
エグゼクティブチェア（厚手のクッション）	：0.15 clo

表 6.1.3　着衣量（組み合わせ）[参1]

着衣組み合わせ	着衣量	
	clo	㎡・K/W
下着、半袖シャツ、薄手の長ズボン、薄手の靴下、靴	0.50	0.080
下着、長袖シャツ、長ズボン、靴下、靴	0.70	0.105
下着、長袖シャツ、ジャケット、長ズボン、靴下、靴	1.00	0.155
長袖下着、タイツ、長袖シャツ、長ズボン、Vネックセーター、ジャケット、靴下、靴	1.30	0.200
長袖下着、タイツ、長袖シャツ、長ズボン、ベスト、ジャケット、コート、靴下、靴	1.50	0.230

温熱環境指標

1 初期の温熱環境指標

　空気温度は温熱環境を代表する値として直感的にわかりやすい。初期の温熱環境指標は、そこに他の環境要素を組み合わせることで、感覚に近い温熱環境指標の開発が試みられた。

❶ 作用温度　OT（Operative Temperature）

　空気温度と放射温度の総合的な影響を表した指標である。その環境における人体の対流熱伝達率と放射熱伝達率で重み付けした空気温度と放射温度の平均値をとる（式6.2.1）。簡易的には、空気温度と放射温度の単純平均が用いられる。静穏気流下ではグローブ温度の測定値とほぼ等しくなる。

$$OT = \frac{\alpha_c \cdot t_a + \alpha_r \cdot MRT}{\alpha_c + \alpha_r} \qquad (6.2.1)$$

ここで、

OT：作用温度［℃］

α_c　：対流熱伝達率［W/(㎡・K)］

α_r　：放射熱伝達率［W(㎡・K)］

t_a　：空気温度　　　MRT：平均放射温度

❷ 有効温度　ET（Effective Temperature）

　静穏気流かつ相対湿度100％時の空気温度として温熱環境を表す指標である。静穏気流かつ相対湿度100％の基準室と隣接している実験評価室とを被験者が往復する実験が基になっている（図6.2.1）。基準室の空気温度に対し、同じ温冷感となる実験評価室の空気温度、湿度、気流速度の組み合わせを求めている。放射の影響が考慮されていないなど、精度の問題から現在は使われていないが、被験者実験[1]により温熱環境と人の感覚を関連づけた最初期の指標である。

2 現在の温熱環境指標

　PMVとPPD、そしてSET*が現在も使われている代表的な指標である。人体の熱損失状態から熱的快適性を定義している点が初期指標との大きな違いである。

❶ 予測平均温冷感申告　PMV（Predicted Mean Vote）

　PMVは、人体側2要素も含んだ温熱環境6要素から求められる。人体と環境との熱授受を表す式（6.2.2）において、

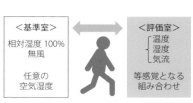

<基準室>
相対湿度100％
無風

任意の
空気湿度

<評価室>
温度
湿度
気流

等感覚となる
組み合わせ

図6.2.1　有効温度実験概要

※1：被験者実験

　人体からの熱損失は物理的に求めることができるが、人間の感覚や生理量と結びつけるには、実際の人間からのデータ収集が不可欠である。実験や調査の対象となる人を被験者（subject）という。温冷感に関する被験者実験は、人工気候室というさまざまな熱環境をつくり出せる実験室で多く行われた。感覚を回答してもらうことを申告（vote）という。

環境工学を楽しむ

日射

光環境

音環境

熱環境

温熱環境

空気環境

湿気環境

※2：ASHRAE 7 段階温冷感申告尺度
　ASHRAE（米国暖房冷凍空調学会）により提案された被験者用の温冷感申告尺度で、温熱環境分野でもっとも広く使われている。

　+3（暑い）
　+2（暖かい）
　+1（やや暖かい）
　　0（暑くも寒くもない）
　−1（やや涼しい）
　−2（涼しい）
　−3（寒い）

※3：熱的中立時の人体の条件
①熱的中立時の平均皮膚温
　代謝量が高くなると、快適と感じる平均皮膚温（t_{scomf}）[℃] は低くなる。この関係を以下の式で近似している。
　　　$t_{scomf} = 35.7 - 0.028(M - W)$
②熱的中立時の発汗による蒸発熱損失
　代謝量が高くなると、適度な発汗があった方が快適となる。熱的中立時の発汗による蒸発熱損失（E_{sw_comf}）[W/㎡] と代謝量の関係を以下の式で近似している。
　　　$E_{sw\_comf} = 0.42[(M - W) - 58.15]$

※4：不感蒸泄
発汗がなくても、皮膚から水分が蒸発していく現象。冬場のように湿度が低いと不感蒸泄による熱損失が大きくなる。

熱的中立を示す蓄熱 $S=0$ からの S のずれが大きいほど、温冷感も中立から外れると仮定している。計算結果は $-3 \sim +3$ の数値として表され、被験者実験で使われた ASHRAE 7 段階温冷感申告尺度に対応している[※2]。ある温熱環境にいる集団の平均的な温冷感を示しており、個人の温冷感を予測する指標ではない。

$$S = M \pm C \pm R - E \tag{6.2.2}$$

　熱的中立の条件として、平均皮膚温と発汗による熱損失が適切な範囲内になくてはならない[※3]。この2つの値の組み合わせから $S=0$ となる熱的状態が求まる。各項目の計算式を式 (6.2.2) に代入すると、式 (6.2.3) ～ (6.2.6) となる。各項は以下に対応している。

①体を温めるのに使われる代謝（M）
②不感蒸泄[※4] による蒸発熱損失（潜熱）（E の一部）
③発汗による蒸発熱損失（潜熱）（E の一部）
④呼吸による蒸発熱損失（潜熱）（E の一部）
⑤呼吸による対流熱損失（顕熱）（C の一部）
⑥人体の外周表面から環境への放射熱損失（顕熱）（R）
⑦人体の外周表面から環境への対流熱損失（顕熱）（C）

$$
\begin{aligned}
S = & \underbrace{(M-W)}_{①} - \underbrace{3.05 \cdot 10^{-3} \cdot [5733 - 6.99 \cdot (M-W) - p_a]}_{②} \\
& - \underbrace{0.42 \cdot [(M-W) - 58.15]}_{③} - \underbrace{1.7 \cdot 10^{-5} \cdot M \cdot (5867 - p_a)}_{④} \\
& - \underbrace{0.0014 \cdot M \cdot (34 - t_a)}_{⑤} - \underbrace{3.96 \cdot 10^{-8} \cdot f_{cl} \cdot [(t_{cl}+273)^4 - (\overline{t_r}+273)^4]}_{⑥} \\
& - \underbrace{f_{cl} \cdot h_c \cdot (t_{cl} - t_a)}_{⑦}
\end{aligned}
\tag{6.2.3}
$$

$$
t_{cl} = 35.7 - 0.028 \cdot (M-W) - I_{cl}
$$
$$
\{3.96 \cdot 10^{-8} \cdot f_{cl} \cdot [(t_{cl}+273)^4 - (\overline{t_r}+273)^4] + f_{cl} \cdot h_c \cdot (t_{cl} - t_a)\}
\tag{6.2.4}
$$

$$
h_c = \begin{cases} 2.38 \cdot |t_{cl} - t_a|^{0.25} & 2.38|t_{cl} - t_a|^{0.25} > 12.1 \cdot \sqrt{v_{ar}} \text{ の場合} \\ 12.1 \cdot \sqrt{v_{ar}} & 2.38|t_{cl} - t_a|^{0.25} < 12.1 \cdot \sqrt{v_{ar}} \text{ の場合} \end{cases}
\tag{6.2.5}
$$

$$
f_{cl} = \begin{cases} 1.00 + 1.290 \cdot I_{cl} & I_{cl} \leq 0.078 \text{ の場合} \\ 1.05 + 0.645 \cdot I_{cl} & I_{cl} > 0.078 \text{ の場合} \end{cases}
\tag{6.2.6}
$$

ここで、
　S：蓄熱 [W/㎡]　　　　　　M：代謝量 [W/㎡]

W：機械仕事 [W/㎡] ※5　　p_a：周囲環境の水蒸気圧 [Pa]

t_a：周囲環境の空気温度 [℃]　f_{cl}：着衣面積比 [−] ※6

t_{cl}：着衣時の人体外周表面温度 [℃] ※7

t_r：周囲環境の MRT [℃]　　h_c：対流熱伝達率 [W/ (㎡·K)]

I_{cl}：着衣量 [㎡·K/W]　　　v_{ar}：気流速度 [m/s]

PMV は、蓄熱 S の関数として式 6.2.7 で表される。

$$PMV = S \cdot [0.303 \cdot \exp(-0.036 \cdot M) + 0.028] \tag{6.2.7}$$

❷ 予測不満足者率　PPD (Predicted Percentage of Dissatisfied)

PMV は集団の平均的な温冷感を予測できるが、温熱環境の許容範囲はわからない。そこで、「PMV で表される温熱環境を不満足と感じる人の割合」を予測する指標が PPD [％] である。PPD は PMV の関数として式 (6.2.8) で求められる。

$$PPD = 100 - 95 \cdot \exp(-0.03353 \cdot PMV^4 - 0.2179 \cdot PMV^2) \tag{6.2.8}$$

PMV と PPD の関係を図 6.2.2 と表 6.2.1 に示す。PMV が 0 でも PPD の最小値が 5％ となっているが、これは個人差のため、どんな環境でも 5％ は不満足者がいることを示している。PMV が 0 から離れると、PPD も高くなっていく。

❸ 標準新有効温度 SET*（Standard New Effective Temperature）※8

体感温度を表す指標の一つで、温熱 6 要素の組み合わせを標準状態の空気温度 [℃] として表す。標準状態とは空気温度＝平均放射温度、相対湿度 50％、気流速度 0.1 m/s 未満、代謝量 1.0 met、着衣量 0.6 clo を指し、人体からの放熱状態が実際の環境と等しくなる標準状態の空気温度を示している。SET* の計算には、人体をコアとシェルの 2 層として単純化した数値体温調節モデル（2-node モデル）を使用した複雑な計算が必要になる。

③ 局所不快の評価

全身として熱的中立を満たしていても、体の一部が寒かったり暑かったりすると不快感の原因となる。これを局所不快という（図 6.2.3）。熱的快適を実現するためには、全身としての熱バランスが中立となり、かつ局所不快がない状態を満たさなければならない。

❶ ドラフト

体の一部に風が長時間当たっていると不快の要因となる。

※5：機械仕事 W

機械仕事 W は、体内で作られたエネルギー（代謝量）のうち、物を持ち上げるなど体の外部に対して行われる仕事を指す。このエネルギーは体内熱産生に使われないため、代謝量 M から差し引く。重作業でない限り、ほとんどの場合、無視できる。

※6：着衣面積比 f_{cl}

人体外周の表面積は、衣服を着ると裸体時よりも大きくなる。そのため、環境との境界面の面積も増える。この面積の増加割合が着衣面積比である。実験式が求められており、着衣量が約 0.5 [clo]（0.078 [㎡·K/W]）を境に式が異なる。

※7：着衣時の人体外周表面温度 t_{cl}

t_{cl} を求める式の中に t_{cl} の項が含まれている。そのため、この式を解くには数値代入による繰り返し計算が必要となる。

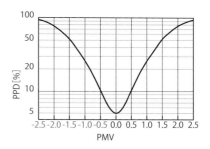

図 6.2.2　PPD 曲線

表 6.2.1　PMV と PPD の関係

PMV	温冷感	PPD
+3	暑い	99%
+2	暖かい	77%
+1	やや暖かい	26%
0	暑くも寒くもない	5%
-1	やや涼しい	26%
-2	涼しい	77%
-3	寒い	99%

※8：ASHRAE55-2010 以降の温熱環境基準では、SET (Standard Effective Temperature) と表記されている。

環境工学を楽しむ

日射

光環境

音環境

熱環境

温熱環境

空気環境

温気環境

　性別、人種、年齢、出身地域で被験者をグループ分けし、グループ間で熱的快適条件を比較する実験が行われている。その結果、熱的中立条件に統計的な差がないことがわかっている[参3]。

　男性より女性の方が寒がりであるというイメージがあるが、着ている衣服や活動量の違いが影響している。

　これはあくまでも熱的中立条件についてであり、快適な範囲から外れたときに許容できる範囲には差がある。

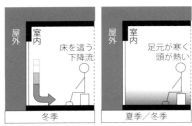

コールドドラフト　　　　上下温度分布

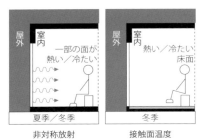

非対称放射　　　　　　接触面温度

図 6.2.3　局所不快

特に、人は安静時の首元への気流の感度が高く、冷たい風は夏でも冬でも不快に感じやすい。望まれない気流のことをドラフトという。ただし、気流の感じ方は個人差が大きく、不快と感じなければドラフトとは呼ばない。自分で気流を調節できる場合は気流速度が大きくても不快に感じにくい。また、冬場の冷たい窓面で室内の空気が冷やされると下降流が発生し、やがて床を這う気流となる。これをコールドドラフトと呼ぶ（図 6.2.3）。着衣量の少ない足元を直撃するため、冬場の不快要因となりやすい。

　首元の気流のドラフトの評価には、気流温度、気流速度、乱れの強さを測定する必要がある[参2]。ドラフトによる不満足者率 DR［%］は以下の式で求められる（式 6.2.9、6.2.10）。

$$DR = (34 - t_{a,l})(\bar{v}_{a,l} - 0.05)^{0.62}(0.37 \cdot \bar{v}_{a,l} \cdot Tu + 3.14) \quad (6.2.9)$$

$$Tu = 100 \times \frac{SD}{\bar{v}_{a,l}} \quad (6.2.10)$$

$\bar{v}_{a,l} < 0.05\,\mathrm{m/s}$ の場合、$\bar{v}_{a,l} = 0.05\,\mathrm{m/s}$ とする。
$DR > 100\%$ の場合、$DR = 100\%$ とする。

ここで、

　$t_{a,l}$：気流の温度（適用範囲は 20 〜 26℃）［℃］
　$\bar{v}_{a,l}$：平均気流速度（適用範囲は <0.5 m/s）［m/s］
　Tu：気流の乱れの強さ（10 〜 60%、不明の場合は 40%）［%］
　SD：気流速度の標準偏差［%］

❷ 上下温度分布

　頭寒足熱という言葉が古くからあり、頭が涼しく足元が暖かい状態が快適だと言われている。しかし、暖かい空気は部屋の上部に、冷たい空気は部屋の下部にたまりやすい。部屋の断熱の悪さや不適切な冷暖房方法により、簡単にこのような状態になってしまう。頭寒足熱の逆転は不快要因になるため、足元と頭の位置での空気温度差が大きくならないように気をつける必要がある。

❸ 非対称放射

　体の左右や前後で放射環境が大きく異なると、不快の要因となる。冬の冷たいガラス面や夏の日射が差し込む窓、日射の照りつける最上階の天井面等がその原因となりうる。特定方向の放射温度が他と比べて差が大きくならないように配慮する。相対する方向の微小面放射温度差で評価する。

❹ 接触面温度

　日本人は室内を裸足で過ごすことが多いため、床面接触時の温度感覚に敏感である。接触時の熱さや冷たさには、床の

表面温度だけでなく床材の熱伝導率も影響している。

4 温熱環境の目標値

❶ 建築物における衛生的環境の確保に関する法律[参4]

日本の法律として建物内での衛生を確保するための室内環境基準が定められている。略して**建築物衛生法**という。延床面積が 3,000 ㎡以上または政令で決められた建物が対象となり、温熱環境に関連して温湿度と気流の項目がある（表 6.2.2）。この基準値の目的は衛生の確保であり、快適性のための基準値ではない。

表 6.2.2　建築物衛生法の温熱環境基準値

空気温度	1) 18℃以上、28℃以下
	2) 居室における温度を外気の温度より低くする場合は、その差を著しくしないこと
相対湿度	40% 以上、70% 以下
気流	0.5 m/s 以下

❷ ISO 7730[参2]

国際標準化機構（**ISO**）の基準 ISO 7730：2005 では、快適性カテゴリーに応じた室内温熱環境の推奨値が示されている。全身の熱的快適性と局所不快に関する不満足者率（PD）がそれぞれ提示されている。これらの値は改定されることもある。

●全身の熱的快適性

PPD とそれに対応する PMV の範囲が与えられている。もっとも快適性の高いカテゴリー A で 6% 未満、もっとも低いカテゴリー C で 15% 未満が推奨されている（表 6.2.3）。

表 6.2.3　全身の熱的快適性に関する ISO 7730 基準

快適性カテゴリー	全身	
	PPD	PMV
A	< 6%	-0.2 < PMV < +0.2
B	< 10%	-0.5 < PMV < +0.5
C	< 15%	-0.7 < PMV < +0.7

●局所不快

局所不快に関する不満足者率（PD）および対応する環境条件を表 6.2.4 に示す。

◉ クールビズと室温 28℃

2005 年から環境省が推進している COOLBIZ（クールビズ）では、夏季の室温の目安を 28℃としている。28℃を超えると建築物衛生法に抵触するためである。実際には 28℃でも快適性の面で問題が生じることもあるため、2022 年現在は、無理のない範囲で冷やしすぎない室温管理とすることを推奨している。

◉ 熱的快適性基準

本文中で触れられている ISO 以外にも、ASHRAE の基準が国際的に引用されている。ASHRAE 55 という熱的快適性基準があるが、ISO 7730 の快適カテゴリー B に相当する。

これらの基準値は、設備技術の普及や時代背景に合わせて改定されることがある。そのため、何年度の基準かを確認する必要がある。

環境工学を楽しむ

日射

光環境

音環境

熱環境

温熱環境

空気環境

湿気環境

表 6.2.4　局所不快に関する ISO 7730 基準

快適性カテゴリー		ドラフト	上下温度差	床表面温度	非対称放射温度差			
					天井		壁	
					熱	冷	熱	冷
A	PD	< 10%	< 3%	< 10%	< 5%		< 5%	
	環境条件	別図	< 2℃	19 - 29℃	< 5℃	<14℃	< 23℃	< 10℃
B	PD	< 20%	< 5%	< 10%	< 5%		< 5%	
	環境条件	別図	< 3℃	19 - 29℃	< 5℃	<14℃	< 23℃	< 10℃
C	PD	< 30%	< 10%	< 15%	< 10%		< 5%	
	環境条件	別図	< 4℃	17 - 31℃	< 7℃	<18℃	< 35℃	< 13℃

a. ドラフト

ドラフトに関する不満足者率は DR と表される。平均気流速度の上限値を図 6.2.4 に示す。これらの値は、空気温度と気流の温度が等しい場合に適用される。平均気流速度が同じでも、乱れが強いとドラフトを感じやすくなる。また、空気温度が低いほどドラフトを感じやすい。

b. 上下温度差

足元と頭の位置での空気温度差が環境条件として示されている。足元の方が暖かい場合は対象外となる。空気温度の測定高さとして、足元は床上 0.1 m、頭は 1.1 m（座位）または 1.7 m（立位）と決められている。

c. 床表面温度

靴を履いている状態での基準値のため、裸足で過ごす空間を評価する場合は注意を要する。

d. 非対称放射

評価対象となる面と相対する方向の微小面放射温度差について基準が示されている。熱い天井面と冷たい壁面（窓面）は不快に感じやすい。そのため、それぞれ熱い場合と冷たい場合に分けて推奨値が示されている。

❸ ASHRAE 55[参5]

ASHRAE 55-2020 基準は、ASHRAE（米国暖房冷凍空調学会）により 1966 年に制定されたもっとも歴史のある温熱環境基準である。2020 年までに 8 回の改定が行われている。温熱環境を計画するにあたっての注意点や、実環境の測定・評価方法が解説されており、より実務的な視点が盛り込まれている点が ISO 7730 と異なる。空調による省エネルギーを可能にするため、特定の条件を満たすことで温熱環境基準を緩和できるようになっている。以下に示すような特徴がある。
・カテゴリー別の基準値がなく、ISO 7730 のカテゴリー B に相当する基準値のみである。

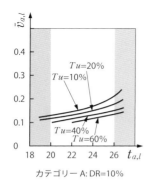

カテゴリー A: DR=10%

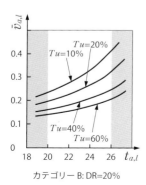

カテゴリー B: DR=20%

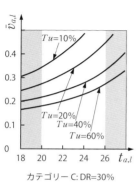

カテゴリー C: DR=30%

図 6.2.4　ドラフトに関する平均気流速度の基準値

・足元気流のドラフトに関する基準がある。

・気流を個人で自由に調節できる場合は、ドラフト基準を緩和できる。

・自然換気や非空調時に適用できる adaptive model の基準値がある（図6.2.5）。（Ⅲ **4** a 155 頁参照）

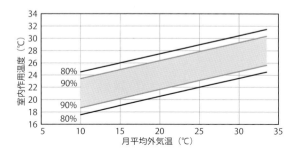

図 6.2.5　ASHRAE 55 基準の adaptive model

温熱環境の計画と制御

図 6.3.1　沖縄県竹富島の古民家

図 6.3.2　夏用の通風建具

図 6.3.3　高窓による垂直方向の換気

図 6.3.4　葦簀による日射遮蔽

　熱的快適性を得るための温熱環境計画と制御手法は、温熱環境の特徴によって変わってくる。特徴的な気候を事例とし、①人体側の調節、②建築による環境のパッシブ調節、③設備による環境のアクティブ調節の順に解説する。

▉ じめじめする暑さへの対処（蒸暑環境）

　熱帯気候や高温多湿な日本の夏が代表的な蒸暑環境である。湿度が高いために汗が蒸発しにくく、汗が皮膚にまとわりつくようなじめじめした感覚を伴う暑さである。対処としては、気流を体に当てることで汗の蒸発を促進させることが有効である。日射による熱取得を軽減させることも重要である。

❶ 人体側の調節

　半袖シャツ等により気流が直接皮膚に当たる面積を増やし、汗の蒸発を促進させる。また、ゆったりとした服を着ることで衣服内の通気性が高まる。屋外で日差しが強い場合は、日射吸収率の低い服（白など明るい色）で日射（放射）による熱取得を減らすことができる。日傘や帽子も直接体が熱せられるのを防ぐ。手足を投げ出して寝転ぶと、放熱面積を広げると同時に代謝量を下げる効果がある。

❷ 建築による環境のパッシブ調節

a. 通風

　日本の伝統的民家は夏を中心に考え、風通しが良くなるように建てられている。建物が柱で支えられた軸組構造のため、開口部を広くとることができる。図 6.3.1 は沖縄県竹富島の古民家で、家全体を風が抜けるように開け放つことができる。図 6.3.2 は夏用の通風建具で、竹ひごを使うことで視線を遮りながらも通気性を確保している。町屋のように建物が隣接している場合は、通り庭で水平方向の換気を可能にし、また高窓を活用して上下方向に風を抜けさせる（図 6.3.3）。

b. 日射遮蔽

　日本家屋は軒を長くとることで、夏場の高い高度からの日射が直接入ってこないようにしている。簡便な日射遮蔽方法として葦簀（よしず）があり、風通しを確保しつつも日影をつくることができる（図 6.3.4）。

❸ 設備による環境のアクティブ調節

　扇風機により気流速度を上昇させることで涼しさが得られるが、空気温度が体温に近くなると冷却効果は減ってくる。現在、もっとも普及している設備的手段はエアコンである。空気温度を下げると共に、冷却除湿により湿度を下げる効果もあるが、過度に冷房された空間に長時間いると、自律神経の失調により体温調節が正常に機能しなくなることもある。また、ドラフトによる不快にも注意が必要である。室内気流を乱さない冷房方式に、放射冷房がある。天井面方式やラジエータ方式（図6.3.5）により放射温度と空気温度を下げることができるが、湿度が高い環境では放射面に結露しやすいため、結露水の扱いに注意が必要である。

図6.3.5　ラジエータ式放射冷房

❷ じりじりする暑さへの対処（乾暑環境）

　砂漠地帯や地中海性気候の夏が代表的な乾暑環境である。湿度が低いため大気透過率は高く、日射がじりじりと照りつける。汗をかいても速やかに蒸発していくので、汗による不快感は少ない。日射をいかに防ぐかが対策の要となる。

❶ 人体側の調節

　汗は蒸発していくため、皮膚を露出して気流に当てる必要がない。日射による熱取得を防ぐには、むしろ全身を覆うような衣服が適している（図6.3.6）。頭部の保護も重要なため、砂漠地方ではターバンのように頭を覆う布が民族服の一部となっている。もっとも暑い時間帯の活動を避ける生活スケジュールを採用している地域もあり、早朝から仕事を始め、暑さが最高潮に達する昼過ぎには仕事を終える、または昼寝（シエスタ）の時間とする例がある。

図6.3.6　左は日本人の夏の服装、右はエジプト人の作業服

❷ 建築による環境のパッシブ調節

a. 窓から日射を入れない

　窓からの日射をコントロールする方法には、窓を小さくする、または建物外部での日射遮蔽が重要である。庇、オーニングなどさまざまな方式があるが、低い太陽高度からの日射が強い時間帯は、鎧戸で窓を閉じることも必要になる（図6.3.7）。

b. 日射を反射させる

　外壁を白い漆喰仕上げなどの明るい色にすることで、建物の日射吸収を抑える効果がある（図6.3.8）。雨の多い地域では壁が汚れやすくなるため、色の維持が難しい。

c. 日影を作る

　お互いの建物を利用して影を作る配置計画が有効である。

図6.3.7　鎧戸による建築外部での日射遮蔽

図6.3.8　サントリーニ島

環境工学を楽しむ

日射

光環境

音環境

熱環境

温熱環境

空気環境

湿気環境

図 6.3.9　エジプト民家の中庭と回廊

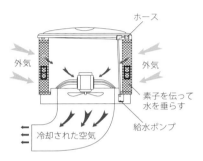

図 6.3.10　デザートクーラーの原理

建物どうしを寄せ合って建てることで、日中も路地に影ができる。また、ロの字形に中庭を作るとその内部には影ができ、日中も快適に過ごすことができる（図6.3.9）。

❸ 設備によるアクティブ調節

　湿度の低い気候では、蒸発冷却効果を有効に使える。日本でも近年、屋外や大空間でミストを使った冷却装置が見られるようになった。ノズルから粒径の細かい霧を噴霧し、大気中で蒸発させて潜熱を奪う。その結果、周囲よりも空気温度が数℃下がる。ファンと組み合わせて使われることも多いが、湿度の高い日本よりも乾燥した地域の方がより効果的である。高温乾燥地域では蒸発冷却を利用したデザートクーラー（図6.3.10）が現在も使われている。扇風機による気流速度の増加やエアコンによる室温低下も効果がある。

❸ 寒さへの対処（寒冷環境）

　人類は太古から火を使って暖を採っていた。効果的に暖まるには、人体や建物から熱を逃がさないための対策が重要である。

❶ 人体側の調節

　衣服により体表面積を広く覆うことで断熱性を高め、ボタンやファスナーを留めることで気密性を高める。空気層を多く含んだ服（毛皮、ダウンジャケット等）は断熱効果が特に高い。首には太い血管が通っているため、首筋に巻くマフラーは高い保温効果がある。血流が減って冷えやすい体の末端部の保護には、手袋や耳当てが効果的である。体が濡れると蒸発により放熱が進むため、吸湿性の高い下着で体を乾燥させておくとよい。縮こまった姿勢を取ることで放熱面積を減らすことができる。また、おしくらまんじゅう等で代謝量を高めることで体が温まる。

❷ 建築によるパッシブ調節

　寒冷地域では、火を中心とした間取りとなっている事例が多い。西洋では暖炉、日本では囲炉裏を中心として人が集まる生活空間が配置されている。

　現在の建物では断熱性と気密性を上げることで熱損失を小さくし、保温効果を高める。熱の逃げやすい開口部では、複層ガラスや断熱サッシが有効である。

❸ 設備によるアクティブ調節

　伝統的な日本家屋は寒冷地を除き、夏の暑さ対策のために風通しを優先して建てられていた。断熱性・気密性が低かっ

Ⅰ 基本と原理 ｜ Ⅱ 設計目標 ｜ Ⅲ 計画と制御

環境工学を楽しむ

日射

光環境

音環境

熱環境

温熱環境

空気環境

湿気環境

ため、人が直接暖まる設備が基本であった。こたつ、火鉢、湯たんぽ等は、人が直接暖まるための採暖器具である。

現在は建物の熱性能を高め、暖房器具により部屋全体、または家全体を暖房することが多い。エアコンは冷暖房を兼ねるため、広く普及している。ストーブ、ファンヒーターはガスや灯油を燃料として直接火を焚き、その熱で暖まる。放射暖房には床暖房やラジエータ方式等があり、内部のパイプに温水を流すことで放射面を暖める（図6.3.11）。温水の代わりに電気ヒーターを使うタイプもある。コンベクターを窓の下に設置することで、コールドドラフトを軽減できる（図6.3.12）。暖かい空気は比重が軽く上昇するため、放射暖房器具は部屋の下部に設置すると室温が均一に暖まりやすい。

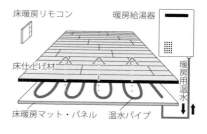

図6.3.11　床暖房のしくみ

図6.3.12　コンベクター

４ 熱的快適性とエネルギー

設備機器により快適な温熱環境を実現するには、エネルギーを必要とする。そのため、熱的快適性のみを考えた温熱環境計画は多大なエネルギー使用につながりうる。熱的快適性と省エネ・省CO_2の両立を考えるうえでのキーワードを解説する。

a. 温熱環境適応とadaptive model

PMVやSET*は人間を動かぬ発熱体と見なし、環境との熱収支から熱的快適性を予測している。しかし、実際には暑いと自然に腕をまくる、扇ぐなどし、寒い環境では重ね着をする、体を動かすなどにより環境に適応しようとする。これを温熱環境適応といい、少ないエネルギーで快適性を実現するためのキーワードとなっている。**温熱環境適応（adaptation）**には行動的適応、生理的適応、心理的適応の3種類があると言われている[参6]。行動的適応は行動を伴うあらゆる体温調節を指し、もっとも頻度が高い。生理的適応は体の機能が生理的に順化していく作用を指しており、季節的な順化から世代を超えた順化までを含んでいる。心理的適応は、与えられた環境を心理的に受け入れる作用を示している。環境に対する期待が大きく影響しており、期待が大きいほど評価は厳しくなり、小さいほど評価は甘くなる。また、自分で環境を調節できる自由度が高いと、環境に対する満足度は高くなる（図6.3.13）。

温熱環境適応に関する研究はまだ途上であるが、空調のない自然換気ビルや半屋外環境では適応が活発になり、PMVの予測よりも快適範囲が広がることがわかっている。人の服装や期待される環境は外気条件によって変わるため、外気温から統計的な熱的快適条件を予測するadaptive modelも提

●**環境調節の自由度**

テレビのチャンネルを他人にきままに変えられると不快に感じやすいが、自分で好きに選べる場合は、満足度が高くなる。自分の思い通りにならない状況が不快につながりやすく、温熱環境についても同様のことが言える。

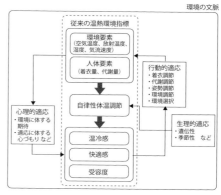

図6.3.13　温熱環境適応の概念図[参7]

案されている[参5]。

温熱環境適応を考慮した計画では、人-建築-空調設備を一体的に考える必要がある。空間内にあえてムラのある環境をつくり、滞在環境選択の自由度を高めることが考えられる。直感的に使える多様な環境調節手段を用意しておくことも有効である。また、個人による適応行動を後押しするルールづくり（**クールビズ**等）などがポイントとなる。

b. タスク・アンビエント空調

熱的快適条件には個人差があり、PMVが0でもPPDの最小値は5%になることが示されている。しかし、個人による環境調節の自由度を高めることで、大人数が一つの部屋にいても各々が好みの環境を選択することが可能になる。周囲（アンビエント）領域をほどほどの環境に制御し、個人（タスク）領域の調節の自由度を高める空調方式を**タスク・アンビエント空調**という（図6.3.14）。**パーソナル空調**ともいい、快適性の向上と省エネルギーの両立が期待できる（図6.3.15）。

図6.3.14　タスク・アンビエント空調の概念

アンビエント域

タスク域

図6.3.15　タスク空調ユニット

c. 温熱環境と知的生産性

省エネのためのやせ我慢は長続きしない。暑さや寒さは事故の増加や集中力の低下につながる。オフィスワークの生産性を**知的生産性**というが、適切な冷暖房は省エネルギーと快適性を両立させ、執務者の知的生産性を向上させることも可能である。熱的快適性、知的生産性、省エネルギーの最適条件は必ずしも一致しないが、総合的な組み合わせの最適解を見いだしていく必要がある。

d. 温熱環境と健康

暑い環境で体からの放熱が不十分な場合、熱中症になる危険性がある。屋外だけでなく、屋内でも高齢者を中心に熱中症による病院搬送の件数が増えてきている。暑さのリスク評価には、**WBGT**（式6.3.1、式6.3.2）が用いられる。特に高齢者は暑さや寒さに対する感覚が鈍化していくため、感覚だけに頼らない環境管理が重要である。屋外と屋内におけるWBGTの指針値が環境省により示されている（表6.3.1、表6.3.2）。

$$屋外\ WBGT = 0.7 \times t_w + 0.2 \times t_g + 0.1 \times t \quad (6.3.1)$$
$$屋内\ WBGT = 0.7 \times t_w + 0.3 \times t_g \quad\quad (6.3.2)$$

ここで、
$WBGT$：WBGT［℃］　　t_w：湿球温度［℃］（第8章 I**①①** 186頁参照）
t_g：グローブ温度［℃］　　t：空気温度［℃］

寒い環境では血管が収縮し、血圧が上がりやすくなる。温度差の大きい空間を出入りすると血圧の急激な変動のため、

心臓疾患や脳血管障害のリスクが高まる。特に冬場は風呂場での事故が多く、暖房や断熱性の向上により住宅内での温度差を小さくする必要がある。

表 6.3.1　日常生活に関する WBGT 指針[8]

WBGT	注意すべき 生活活動の目安	注意事項
危険 (31℃以上)	すべての生活活動で 起こる危険性	高齢者においては安静状態で も発生する危険性が大きい。 外出はなるべく避け、涼しい 室内に移動する。
厳重警戒 (28〜31℃)		外出時は炎天下を避け、室内 では室温の上昇に注意する。
警戒 (25〜28℃)	中等度以上の生活 活動で起こる危険性	運動や激しい作業をする際は 定期的に充分に休息を取り入 れる。
注意 (25℃未満)	強い生活活動で 起こる危険性	一般に危険性は少ないが激し い運動や重労働時には発生す る危険性がある。

表 6.3.2　運動に関する WBGT 指針[9]

WBGT	熱中症予防運動指針	
31℃以上	運動は原則中止	WBGT31℃以上では、特別の 場合以外は運動を中止する。 特に子どもの場合は中止すべ き。
28〜31℃	厳重警戒 (激しい運動は中止)	WBGT28℃以上では、熱中症 の危険性が高いので、激しい 運動や持久走など体温が上昇 しやすい運動は避ける。運動 する場合には、頻繁に休息を とり水分・塩分の補給を行う。 体力の低い人、暑さになれて いない人は運動中止。
25〜28℃	警戒 (積極的に休息)	WBGT25℃以上では、熱中症 の危険性が増すので、積極的 に休息をとり適宜、水分・塩分 を補給する。
21〜25℃	注意 (積極的に水分補給)	WBGT21℃以上では、熱中症 による死亡事故が発生する可 能性がある。熱中症の兆候に 注意するとともに、運動の合 間に積極的に水分・塩分を補 給する。
21℃未満	ほぼ安全 (適宜水分補給)	WBGT21℃未満では、通常は 熱中症の危険は小さいが、適 宜水分・塩分の補給は必要で ある。市民マラソンなどでは この条件でも熱中症が発生す るので注意。

【図版・表出典】

図 6.1.1　山崎昌廣・坂本和義・関邦博編『人間の許容限界事典』朝倉書店、2015

【参考文献】

1) ISO: ISO 7726,Ergonomics of the thermal environment instruments for measuring physical quantities, ISO, 1998

2) ISO: ISO7730 Moderate thermal environments, Determination of the PMV and PPD indices and specification of the conditions for thermal comfort, ISO, 2005

3) Fanger, P. O. Thermal Comfort, Danish Technical Press, 1970

4) 建築物における衛生的環境の確保に関する法律 (昭和 45 年 4 月 14 日法律第 20 号)

5) ASHRAE: ANSI/ASHRAE Standard 55-2020, Thermal environmental conditions for human occupancy, ASHRAE, 2020

6) Brager, G. S. and de Dear, R. J.: Thermal adaptation in the built environment, A literature review, Energy and Buildings, 27 (1), pp.83-96, 1998

7) 空気調和・衛生工学会編著『快適な温熱環境のしくみと実践』空気調和・衛生工学会、2019

8) 日本生気象学会「日常生活における熱中症予防指針 Ver.3」2013

9) 日本体育協会「スポーツ活動中の熱中症予防ガイドブック」2013

環境工学を楽しむ

日射

光環境

音環境

熱環境

温熱環境

空気環境

湿気環境

◆演習問題◆

(1) グローブ温度計で温度を計測したところ、$t_g = 22.5℃$ であった。同時に計測した気温 $t_a = 26℃$、風速 $v = 0.1$ m/s のとき、平均放射温度を求めよ。

(2) (1)の条件で作用温度 OT を求めよ。ただし、対流熱伝達率と放射熱伝達率は等しいものとする。

(3) 天井放射冷房の空間において 6 方向の微小面放射温度を測定したところ、上方向が 22.0℃、下方向が 24.5℃、側面（前後左右方向）が 28.0℃ であった。このときの立位と座位の平均放射温度を求めよ。

(4) 下図は、空気温度と放射温度が等しく、相対湿度 50%、代謝量 1.2 met、着衣量 0.6 clo のときの PMV を示している（一般的な事務作業を想定）。表 6.2.3 にある ISO 7730 基準を参照し、気流速度が 0.1 m/s と 0.5 m/s のときにカテゴリー A を満たす作用温度範囲をそれぞれ求めよ。

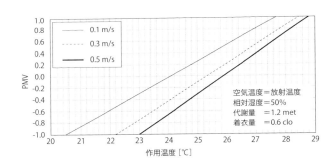

第7章

空気環境

人は、食物、水、空気を摂取して生活しているが、これらが汚染されていると、われわれの健康を脅かす事態になるため、安全な環境が必須である。この中で、実は空気の摂取は非常に多い。また、食物、水はわれわれが選択して安全なものを摂ることができるが、空気については、その場にあるものを呼吸するしかない。さらに現代の人は、90%以上の時間を建物の中で過ごしていることからも、建物の中の空気を守ることは、われわれが健康的な生活を行うためには、欠かせない項目である。本章では、室内空気環境の概要とともに、空気汚染に配慮した室内環境計画について述べる。

室内の空気と流れ

1 空気の概要

人間は、食物、水、空気をかならず摂取するが、その中でも空気は非常に多いといえる。例えば、成人安静時の1回の呼吸量が約500mlで、呼吸数が15〜16回/minであることから、呼吸量は1分間で約8ℓ/min、1日で約1,150ℓにもなる。重量では、約15kg（Dry Air）/日となり、食物の約1kg/日、水の約2kg/日に比べても非常に多いことがわかる[1]。ところで、食物、水は、われわれが選択しておいしいもの、安全なものを摂取することができるが、空気についてはその場にある空気を呼吸するしかない。そのため、われわれは身の回りにある空気を、選択の自由のないまま、汚染物質と共に呼吸することで、体内に取り込んでいることになる。

現代人は、90%以上の時間を住宅や学校、公共建築物などの室内空間で過ごしているといわれている。図7.1.1に示すように外気に比べても**室内空気**、公共建築の空気を摂取している割合が大きく、汚染物質の摂取経路についても室内空気が多くを占める[2]。このことからも、室内空気の汚染物質対策を考えることが重要である。建築の構造、内装材料、設備や居住者の行動を考慮して、清浄な室内空気環境を計画することが、人の健康で安全で快適な環境を維持するために必要不可欠である。

2005年5月に公表された**世界保健機関**欧州事務局（World Health Organization, Regional Office for Europe）による清浄空気に関する人権宣言（*The Right to Healthy Indoor Air*）では、「すべての人は清浄な室内空気を呼吸する権利を有する」と述べている。また、2002年5月にはわが国でも日本建築学会より、「清浄空気・建築憲章」を制定し、清浄な室内空気環境を提供する努力を行うことを宣言している。

また、身の回りにある空気は、目に見えず、なかなか感じることのできないものである。一般に**空気**とは、地球を取り巻く大気層の最下層部分で、表7.1.1に示すような窒素、酸素、アルゴンなどの混合気体で、これらの物質で99%を占める。室内空気環境においては、人の健康に有害となる成分はこれよりも極微量存在するものが対象となる。この感じ取ることのできない極微量成分を管理することが、空気汚染対策でもっとも重要となる。

図 7.1.1 人の摂取の割合

● 日本人の室内滞在時間

現代の人々は、住居、学校、オフィス、公共施設など、90%以上を室内空間で過ごしていると言われている。そのため、室内環境については、人の健康に直結すると言える。

● WHOと健康

WHO（世界保健機関）は、「すべての人々が可能な最高の健康水準に到達すること」を目的として設立された国際連合の専門機関（国連機関）である。ここでの「健康」とは、「完全に肉体的、精神的および社会的に良好な状態であり、単に疾病または病弱の存在しないことではない」と広い意味を指している。

表 7.1.1 大気の定常成分

成分	割合 [%]
窒素	78
酸素	21
アルゴン	1
二酸化炭素	0.03
その他のガス	微量

② 室内空気と健康

現代人は多くの時間を建物室内で過ごすことから、室内空気が汚染され、その居住者がばく露されることによって室内空気による健康への悪影響が問題となる。

室内の汚染源として、ホルムアルデヒドのように建築自体や内装材料から発生するもの、家具や電化製品、家庭用品のように居住者が持ち込むものから発生するもの、調理や喫煙、燃焼器具など人の活動により発生するもの、外気から侵入するものなどがある。

現在の建物は、高断熱、高気密化が進められ、外との熱や空気の出入りが極端に少なくなっている。いったん室内で発生した汚染物質は、室内において滞留し、外気との入れ替わりが少ないため、汚染物質が多く含まれた空気となっている。

欧米諸国では、1970 年代前半におけるオイルショックにより、省エネルギーのために換気量の低減が図られるとともに、建築物の気密化が進められた。さらに室内はカーペットや什器など接着剤を多用したもので構成され、室内における空気環境が悪化し、その労働者が不定愁訴（体調が悪いという自覚症状はあるが、検査をしても原因となる病気が見つからないこと）を訴えることが数多く発生した。WHO では、表 7.1.2 に示すような粘膜刺激症状を主とする症状で、問題となる建物を離れると解消するものをシックビルディング症候群（**シックビル症候群**）と呼んでいる[※1]。

日本においては、シックビル症候群よりも 1990 年代後半に起こった住宅での**シックハウス症候群**の方が問題が大きかった[※2]。住宅がビルよりも問題となった理由として、日本の住宅事情として従来の換気・通風をするような建物から省エネルギー性の高い気密住宅になったこと、壁紙やフローリングを使用した内装材料へ変化したこと、特にこれらは接着剤を使用し、これから揮発するホルムアルデヒドが多量に発生したことがある。そして、窓を開けた換気を行わないこと、日用品として防虫剤などを多用すること、さらには核家族化が進み日中に居住者がいないため換気が行われないことといった習慣の変化など、さまざまな要因が室内濃度の上昇に寄与した。

③ 室内空気汚染

われわれの身の周りの空気中には、図 7.1.2 で示すようにさまざまな浮遊している汚染物質に取り囲まれている。これらを人は意識することなく呼吸により取り込んでいる。**室内空気汚染物質**としては、図 7.1.3 に分類するように、**粒子状**

表 7.1.2　WHO によるシックビル症候群の症状

- 眼球結膜、鼻粘膜、咽頭粘膜刺激症状
- 粘膜の乾燥
- 皮膚の紅斑、じんましん、湿疹
- 疲れやすい
- 頭痛、気道感染の頻発
- 息がつまる感じ、喘鳴
- 非特異的な過敏症
- めまい、嘔気、嘔吐

※ 1：シックビル症候群の定義
・そのビルの居住者の 20％ 以上が急性の不快感にもとづく症状の訴えを申し出る。
・それらの症状の原因（因果関係）は必ずしも明確ではない。
・それらの症状のほとんどは、当該ビルを離れると解消する。

※ 2：シックハウス症候群の原因
・建物の気密化（換気量の減少）
・発生源の変化（接着剤の多用）
・住まい方の変化（窓の閉め切りなど）

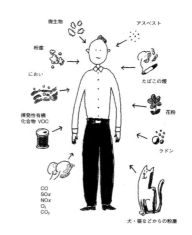

図 7.1.2　身の周りの室内空気汚染

物質と**ガス状物質**に分けられる。この分類では、室内汚染対策としてガス状物質は外気による希釈、粒子状物質は換気と共に空気清浄機などのエアフィルタによる除去が主となる。また測定方法からもこの分類は都合がよい。粒子状物質としては、生物と非生物物質に分けられ、生物物質の中には**真菌**、**細菌**、**ウイルス**などそれ自体で人に影響のあるものがある。ガス状物質の中には、**一酸化炭素**や**二酸化炭素**の他に、**ホルムアルデヒド**、**揮発性有機化合物**（VOC：Volatile Organic Compounds）の中でトルエンなどがある。

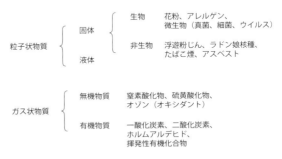

図 7.1.3　室内空気汚染物質の分類

これらの物質は空気中では微量であるが、長期にわたりばく露されることにより、急性の中毒とは異なった症状を引き起こすところに、シックビルディング症候群、シックハウス症候群の特徴がある。

室内には、図 7.1.4 で示すようにさまざまな汚染物質の発生源が存在している。建物内装材を始め、家具や家電製品、調理や喫煙、そして防虫剤や芳香剤などの家庭用品などありとあらゆるものから汚染物質が発生している。

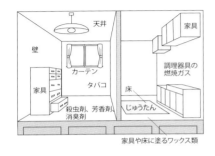

図 7.1.4　住宅における汚染物質の発生源

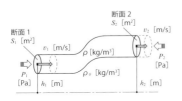

図 7.1.5　ベルヌーイの定理

ベルヌーイの定理を応用としてピトー管がある。ピトー管は、p_1 と p_2 の圧力差を計測することにより、風速を測定することが可能となる。ピトー管の使用例として、航空機やスポーツカーがある。

❹ 空気流動の基礎

❶ 流れの基本

室内空気を制御するためには、空気を入れ換える換気が必須となる。そのため空気の**流れ**を知ることが必要である。

図 7.1.5 のような抵抗のない理想流体では、各断面で全エネルギーは保存されて一定であり、次式による**ベルヌーイの定理**が成り立つ。

$$p_1 + \frac{1}{2}\rho v_1^2 = p_2 + \frac{1}{2}\rho v_2^2 + \rho gh \tag{7.1.1}$$

ここで、

p_1、p_2：断面 1、2 の圧力 [Pa]
ρ：流体の密度 [kg/m³]
v_1、v_2：断面 1、2 における流速 [m/s]
g：重力加速度 [m/s²]

Ⅰ 基本と原理　Ⅱ 設計目標　Ⅲ 計画と制御

建築環境工学のしくみ

日照・日射

光環境

音環境

熱環境

温熱環境

空気環境

湿気環境

h：断面 1、2 の高さの差（$=h_2-h_1$）

　この式は、圧力の単位で表されており、両辺の第一項を静圧、第二項を動圧、右辺の第三項を位置圧と呼ぶ。空気が開口部を通過すると、圧力損失が発生するが、開口部の形状により異なってくる。断面 1 での速度 $v=0$ m/s に、断面 1 と 2 が水平（$h=0$）で速度が v となる平行の流れを考え、圧力損失が動圧に比例すると考えると次式のようになる。

$$p_1 = p_2 + \zeta \frac{1}{2} \rho v^2 \tag{7.1.2}$$

$$\Delta p = p_1 - p_2 = \zeta \frac{1}{2} \rho v^2 \tag{7.1.3}$$

ここで、

ζ：形状抵抗係数
Δp：開口面両側の圧力差 [Pa]

そして、風速 v は以下のように表せる。

$$v = \frac{1}{\sqrt{\zeta}} \sqrt{\frac{2}{\rho} \Delta p} \tag{7.1.4}$$

流量係数 $\alpha = \dfrac{1}{\sqrt{\zeta}}$ とすると、

$$v = \alpha \sqrt{\frac{2}{\rho} \Delta p} \tag{7.1.5}$$

となる。開口面を通過する換気量 Q [㎥/s] は、速度に開口部面積 A [㎡] を乗じることで、以下のように表せる。

$$Q = \alpha A \sqrt{\frac{2}{\rho} \Delta p} \tag{7.1.6}$$

　この式を用いることにより、各条件における**換気量**を見積もることが可能となる。なお、α は、開口の形状などにより決定する係数であり、αA は**実効面積**または**相当開口面積**と呼ばれる。表 7.1.3 に開口の形状と**流量係数** α の値を示す。開口端の形状によっても抵抗が異なる。

❷ 開口部の違いによる換気量

　相当開口面積の算定には、空気の通過する開口部の形状、複数ある場合などを考慮に入れる必要がある。

　図 7.1.6 に示すような建物の厚さ l [m] の建物外壁において、直径 D [m] の孔に p_1、p_2 の圧力がかかった場合、形状抵抗による入口と出口の損失と摩擦による損失（λ：摩擦抵抗係数）を足すことで、**抵抗係数**が下記のように求まる。

$$\zeta = \zeta_1 + \lambda \frac{l}{D} + \zeta_2 \tag{7.1.7}$$

表 7.1.3　開口と流量係数

名称	形状	流量係数
通常の窓		0.6〜0.7
ベルマウス		約 1.0
ルーバー	β 90°	0.7
	70°	0.58
	50°	0.42
	30°	0.23

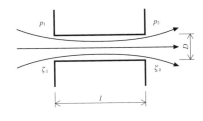

図 7.1.6　隙間と開口の例

これから、流量係数 α は以下のようになる。

$$\alpha = \frac{1}{\sqrt{\zeta_1 + \lambda \dfrac{l}{D} + \zeta_2}} \tag{7.1.8}$$

　また、実際の居室の換気量を求めるためには、給気と排気の位置関係を考慮に入れて、多数の開口を合計した**総合開口面積**を算出する。

　並列開口については、図7.1.7のように前面にかかる圧力を p とし、その下流側の圧力を p_{r1} とすれば、換気量の合計は、$Q_1 + Q_2$ であるので、

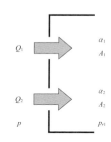

$$Q_1 = \alpha_1 A_1 \sqrt{\frac{2}{\rho}(p - p_{r1})}, \quad Q_2 = \alpha_2 A_2 \sqrt{\frac{2}{\rho}(p - p_{r1})}$$

$$Q = Q_1 + Q_2 = (\alpha_1 A_1 + \alpha_2 A_2)\sqrt{\frac{2}{\rho}(p - p_{r1})} \tag{7.1.9}$$

図 7.1.7　並列開口の設定条件

となる。開口面が複数並列する場合の総合開口面積は、各開口の流量係数と面積を乗じたものを足し合わせればよい。

$$\alpha A = \alpha_1 A_1 + \alpha_2 A_2 + \alpha_3 A_3 + \dots \tag{7.1.10}$$

　図7.1.8のような直列開口については、開口面1にかかる圧力を p、開口面1と開口面2の間の圧力を p_{r1}、開口面2の下流側の圧力を p_{r2} とすると、流量は各開口で同じであるから、換気量 Q は次式のようになる。

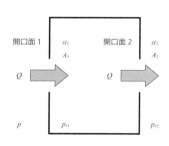

$$Q = \alpha_1 A_1 \sqrt{\frac{2}{\rho}(p - p_{r1})} = \alpha_2 A_2 \sqrt{\frac{2}{\rho}(p_{r1} - p_{r2})} \tag{7.1.11}$$

図 7.1.8　直列開口の設定条件

両辺を2乗し、

$$Q^2 = (\alpha_1 A_1)^2 \frac{2}{\rho}(p - p_{r1}) = (\alpha_1 A_1)^2 \frac{2}{\rho}(p_{r1} - p_{r2}) \tag{7.1.12}$$

となることから、

$$\frac{2}{\rho}(p - p_{r1}) = \frac{Q^2}{(\alpha_1 A_1)^2} \tag{7.1.13}$$

$$\frac{2}{\rho}(p_{r1} - p_{r2}) = \frac{Q^2}{(\alpha_2 A_2)^2} \tag{7.1.14}$$

となる。両式の両辺を足すと、

$$\frac{2}{\rho}(p - p_{r2}) = \left[\frac{1}{(\alpha_1 A_1)^2} + \frac{1}{(\alpha_2 A_2)^2}\right] Q^2 \tag{7.1.15}$$

変形すると、

Ⅰ 基本と原理 | Ⅱ 設計目標 | Ⅲ 計画と制御

建築環境工学のしくみ

日照・日射

光環境

音環境

熱環境

温熱環境

空気環境

湿気環境

$$Q = \frac{1}{\sqrt{\dfrac{1}{(\alpha_1 A_1)^2} + \dfrac{1}{(\alpha_2 A_2)^2}}} \sqrt{\frac{2}{\rho}(p - p_{r2})} \qquad (7.1.16)$$

となる。よって、総合開口面積は、次のようになる。

$$\alpha A = \frac{1}{\sqrt{\dfrac{1}{(\alpha_1 A_1)^2} + \dfrac{1}{(\alpha_2 A_2)^2}}} \qquad (7.1.17)$$

同様に直列する開口面が複数並列する場合の総合開口面積は、次式になる。

$$\alpha A = \frac{1}{\sqrt{\dfrac{1}{(\alpha_1 A_1)^2} + \dfrac{1}{(\alpha_2 A_2)^2} + \dfrac{1}{(\alpha_3 A_3)^2} + \cdots}} \quad (7.1.18)$$

図 7.1.9 のように直列開口と並列開口の混在する場合には、換気量 $Q = Q_1 = Q_2 + Q_3$ になることから、次式となる。

$$Q = \alpha_1 A_1 \sqrt{\frac{2}{\rho} \Delta p_1} = (\alpha_2 A_2 + \alpha_3 A_3) \sqrt{\frac{2}{\rho} \Delta p_2} \quad (7.1.19)$$

$\alpha_2 A_2 + \alpha_3 A_3 = \alpha_n A_n$ とすると、次式となる。

$$Q = \alpha_1 A_1 \sqrt{\frac{2}{\rho} \Delta p_1} = \alpha_n A_n \sqrt{\frac{2}{\rho} \Delta p_2} \qquad (7.1.20)$$

総合開口面積 αA は、直列の式と同様にして、

$$\alpha A = \frac{1}{\sqrt{\dfrac{1}{(\alpha_1 A_1)^2} + \dfrac{1}{(\alpha_n A_n)^2}}} = \frac{1}{\sqrt{\dfrac{1}{(\alpha_1 A_1)^2} + \dfrac{1}{(\alpha_2 A_2 + \alpha_3 A_3)^2}}}$$

$$(7.1.21)$$

となり、換気量は次式となる。

$$Q = \frac{1}{\sqrt{\dfrac{1}{(\alpha_1 A_1)^2} + \dfrac{1}{(\alpha_2 A_2 + \alpha_3 A_3)^2}}} \sqrt{\frac{2}{\rho} \Delta p} \qquad (7.1.22)$$

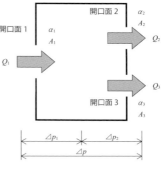

図 7.1.9　直列開口と並列開口の条件

❸ 温度差による換気量

室内が外気よりも暖かい場合には、室内外の空気の密度差により下部開口部から外気が入り、上部開口部から室内空気が出る。これを**温度差換気**と呼ぶ。

図 7.1.10 に温度差換気の状態について示す。下の開口部では室圧は外部よりも低く、上の開口部では外部より高い。これらの開口部の間に内外圧力差が 0 となる中性帯ができる。室内の空気密度を ρ_i [kg/㎥]、外部の空気密度を ρ_0 [kg/㎥] とし、中性帯を基準に圧力差を求めると、下部開口圧力差 Δp_L、上部開口圧力差 Δp_U は次のようになる。

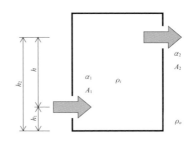

図 7.1.10　温度差換気による状態

$$\Delta p_L = \rho_0 g h_1 - \rho_i g h_1 \tag{7.1.23}$$

$$\Delta p_U = \rho_0 g h_2 - \rho_i g h_2 \tag{7.1.24}$$

上下の圧力差 Δp が温度差換気の圧力差となる。

$$\Delta p = \Delta p_U - \Delta p_L = \rho_0 g h_2 - \rho_i g h_2 - (\rho_0 g h_1 - \rho_i g h_1)$$
$$= (h_2 - h_1)(\rho_0 g - \rho_i g) = (\rho_0 - \rho_i)gh \tag{7.1.25}$$

換気量 Q は、総合開口面積を直列開口とすると、次式となる。

$$Q = \alpha A \sqrt{\frac{2}{\rho}\Delta p} = \frac{1}{\sqrt{\dfrac{1}{(\alpha_1 A_1)^2} + \dfrac{1}{(\alpha_2 A_2)^2}}} \sqrt{\frac{2}{\rho_0}(\rho_0 - \rho_i)gh}$$

$$\tag{7.1.26}$$

❹ 風力による換気量

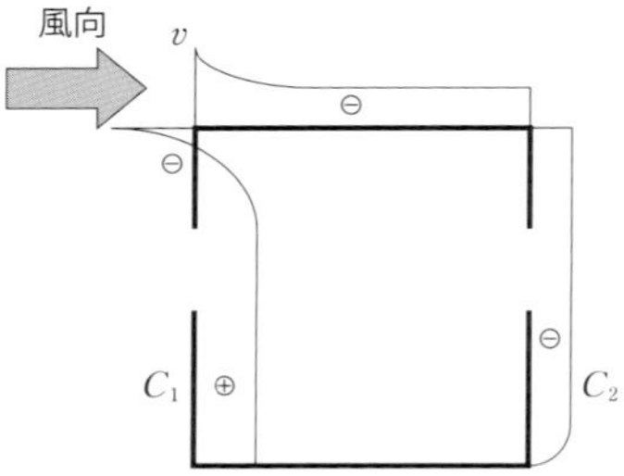

建物に風が吹き付けると、図7.1.11に示すような圧力分布が生じ、建物外壁と室内の圧力差によって、隙間や開口があれば**風力**による換気が起きる。一般に、風上側面では正圧に、風下側面では負圧になる。

壁面圧力 p_w [Pa] は、風速 v [m/s] と風圧係数 C を用いると

$$p_w = C\frac{1}{2}\rho v^2 \tag{7.1.27}$$

と表せる。風力換気による換気量 Q_w は、総合開口面積 αA を用いて次式により求める。

$$Q_w = \alpha A \cdot v\sqrt{C_1 - C_2} \tag{7.1.28}$$

ここで、C_1 は風上側の風圧係数、C_2 は風下側の風圧係数である。

図7.1.11　風力換気による状態

室内空気汚染と許容濃度

1 室内空気汚染物質の概要

ここでは、主な室内空気汚染物質について述べる。

■一酸化炭素（CO）

一酸化炭素は、極めて毒性が強く、高濃度になると中毒死または脳障害の後遺症など、身体に大きな影響を与える。酸素よりも 200 倍以上も強いヘモグロビンとの親和性を持っており、血液中ではヘモグロビンと結合し、酸素の運搬を阻害するものである。

一酸化炭素は、不完全燃焼により発生し、通常、室内での発生源として、燃焼器具（ちゅう房、湯沸器、暖房等）、駐車場における自動車の排気、たばこ煙等がある。開放型ファンヒーターや排気筒のないガス湯沸器などの燃焼器具は、図 7.2.1 に示すように酸素濃度（通常 20 ～ 21%）が 18% 以下になると不完全燃焼を起こし、一酸化炭素の発生が極端に多くなる[参3]。

■二酸化炭素（CO$_2$）

二酸化炭素は、外気（大気）にもともと約 400 ppm（0.04%）程度含まれており、表 7.2.1 に示すように、それ自体はよほど高濃度でないかぎり直接人体に有害ではない。しかし、物の燃焼や人の呼吸により濃度が上昇し、特に換気が不足したり、在室者が多いと高くなるので、室内空気の重要な汚れの指標（換気の目安）となる。なお、大気中の二酸化炭素濃度は年々増加している（図 7.2.2）。

■浮遊粉じん

粒径 10 μm を越える粉じんは、鼻やのどで捕らえられてたん等となり除去されるが、それ以下のものは肺まで達し、呼吸器系疾患の原因になることがある。このような微小な**粉じん**が規制の対象となる。室内での発生源は、たばこ煙、燃焼器具、調理や衣服、絨毯からの巻き上げなどである。以前は、建物の中でも喫煙が許されていたため、この大部分はたばこ煙であったが、近年は分煙の徹底や禁煙により室内の粉じん濃度は非常に低くなっている。

■ホルムアルデヒド

ホルムアルデヒドは、常温で無色の刺激臭を有する気体で、表 7.2.2 のように臭気など低濃度であっても粘膜に対する刺

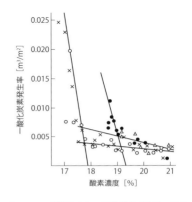

図 7.2.1　燃焼器具と一酸化炭素発生量の関係

表 7.2.1　二酸化炭素の人体影響

濃度（%）	影響
0.1	呼吸器・循環器・大脳などの機能に影響がみられる
4	耳鳴り・頭痛・血圧上昇などの兆候が現れる
8 ～ 10	泡沫混濁・けいれんなどを起こし呼吸が止まる
20	中枢障害を起こし生命が危険となる

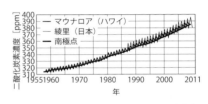

図 7.2.2　大気中の二酸化炭素濃度の経時変化

大気中の二酸化炭素濃度は、われわれが化石燃料を消費するため、年々増加する傾向にある。これが地球温暖化の原因の一つとも言われている。

建築環境工学のしくみ

日照・日射

光環境

音環境

熱環境

温熱環境

空気環境

湿気環境

表 7.2.2　ホルムアルデヒド濃度と人体影響

濃度 [ppm]	症状
0.01	結膜の刺激
0.03 ～ 0.05	中等度の眼の刺激
0.08	検知閾値
0.16 ～ 0.45	眼・鼻・のどの灼熱感、角膜刺激症状
1 ～ 3	眼・鼻・のどへの刺激
5 ～ 10	眼・鼻・のどへの強い刺激
15 ～ 20	咳が出る。深呼吸は困難
50 以上	深部気道障害を招く

※ 1：揮発性有機化合物（VOC）

　この分野における、揮発性有機化合物は、トルエンやキシレンなどシックハウス症候群の原因物質と目されるもので、沸点が約 50 ～ 260℃程度のものを指している。単に「化学物質」と呼ぶこともある。ちなみに、有機化合物とは、炭素原子を構造の基本骨格に持つ化合物の総称である。

※ 2：燃焼器具の種類

　ストーブやファンヒーターなどの燃焼器具には、次のような種類がある
・開放型燃焼器具
　石油・ガスストーブ、ファンヒーターなど、室内の空気を取り入れ、排気を室内に排出する器具で、室内空気を汚染するもの。
・半密閉型燃焼器具
　煙突付きストーブなど、室内の空気を取り入れ、排気を屋外に排出する器具で、室内空気の汚染が少ないもの。
・密閉型燃焼器具
　FF 型（強制対流型）、BF 型（自然対流型）ファンヒーターなど、屋外から空気を取り入れ、排気を屋外に排出する器具で、室内空気の汚染がないもの。

●オゾンの有効利用

　強力な酸化作用を用いて、殺菌、ウィルスの不活化、有機物の除去などの有効利用がある。水処理、脱臭、治療などで用いられている。

激が強く、また IARC（国際がん研究機構）はホルムアルデヒドの発がん性を一番リスクの高いグループ 1（ヒトに対して発がん性がある）に引き上げた。ホルムアルデヒドは、接着剤の原料や防腐剤などに使用され、木材を張り合わせた合板やフローリング、家具など接着剤が多く使用されているものから発生する（表 7.2.10 参照）。現在接着剤を選定することで、建物に使用する内装材料からは、劇的にホルムアルデヒドの発生が減らされている。

■揮発性有機化合物（VOC）

　揮発性有機化合物（VOC）とは、常温で液体や固体の形で存在し、気体になりやすい有機化合物を指し、その種類は極めて多い[※1]。毒性は物質によって異なり、主に呼吸器や眼に関連する影響がある。家庭用品・業務用品のワックス、洗剤、クリーナー、防臭剤、塗料、接着剤、建材の石こうボード、合板のほか、居住者とその活動に伴って VOC が発生する（表 7.2.10 参照）。

■窒素酸化物（NOx）

　窒素酸化物（主に二酸化窒素、NO$_2$）は刺激性、毒性が強く、高濃度の場合には、眼、鼻、のどを強く刺激し、咳、咽頭痛が起こり、めまい、頭痛、吐き気等の症状を招く。窒素酸化物の発生源は、自動車の排気ガス、各種の燃焼器具[※2]、たばこ煙がある。大量の発生源となるような開放型の燃焼器具等がない場合には、外気の方が室内よりも濃度が高い。

■硫黄酸化物（SOx）

　硫黄酸化物は、一般環境中では主として二酸化硫黄（SO$_2$）を指し、無色の刺激性の気体であり、気管支炎や喘息の原因物質である。二酸化硫黄はそれを含む石炭、重油などの燃料の燃焼排気中に含まれるため、自動車、工場などの排気に起因する大気汚染物質の一つである。一般には、外気の方が濃度は高いが、室内で開放型の石油ストーブ等を使用すると、室内の方が高濃度となることがある。

■オゾン

　オゾン（O$_3$）は、常温で特異な刺激臭をもつ不安定な気体である。ヒトへの健康影響については、オゾンの強い酸化作用により主として呼吸器に影響を及ぼす。近年のシックハウスの研究では、オゾンによる VOC の二次的に生成した影響について注目されている。オゾンは地上 20 ～ 40 km の成層圏で二酸化窒素の光学反応により生成される。一般環境の室内のオゾンの主な発生源は、コピー機、レーザープリンタ、放電式空気清浄機、脱臭などの目的で利用されるオゾン発生

器などがある。

■臭気

　臭気は、特有な臭いを持っている化学物質であり、その種類は多様である。ヒトへの影響に関する研究は十分に行われていないが、不快感など感覚によるところが大きい。室内における臭気発生源も数多いが、代表的なものに体臭、喫煙臭、燃焼排気臭、台所臭（調理臭、生ごみ臭等）、トイレ臭、配管臭等がある。

■ラドン

　ラドンは希ガスの放射性物質であり、土壌、外壁の隙間、地下水から室内に入り、崩壊後にラドン娘核種として粒子状物質となる。これを吸引すると気管支や肺胞に沈着し、α線を放出し続けることにより、肺がん発生のリスクを高める。

■アスベスト

　アスベストは、けい酸塩の繊維状鉱物のことをいい、一般に石綿と呼ばれている。アスベストは低コストで、耐熱性、吸音性、耐化学薬品性、耐腐性などの特性を持っているため、以前は学校や各種建築物の建築材料を含め広範囲に多量に利用されていた。図 7.2.3 に示すような種類があるが、白石綿の使用量は全体の 9 割に及ぶ。アスベストを吸引することにより、長い期間を経て、肺において中皮腫をはじめ、肺がん、気管支がん、じん肺などを発症する。

■アレルゲン

　日本国民の約 30％は何らかのアレルギーに罹患しているといわれている。そのアレルギーを起こす原因物質をアレルゲンという。アレルゲンは、それに対して過敏な感受性を有する人が、吸入、摂取などで体内に取り込むと、喘息、くしゃみ、咳、かゆみなどを引き起こす物質の総称である。空気中に浮遊しているアレルゲンにはダニ、カビ、ペットのふけ、花粉などがある[※3]。

■浮遊微生物

　一般環境中に存在しうる微生物としては表 7.2.3 のように分類され、真菌（カビ）、細菌、およびウイルスが挙げられる。微生物の多くは、人体に対して有害な影響を及ぼすことはないが、感染症の原因となる病原性細菌やインフルエンザに代表される病原性ウイルス、アレルギーの原因となる真菌がある。一般に室内におけるウイルス、細菌の発生源は在室者である。真菌は胞子が浮遊し、外気に多いが、室内においてカビの増殖があれば室内にも多く存在する。

●臭気と感覚量

　人間の感覚量と環境からの物理化学的刺激量の間には、ウェーバー・フェヒナーの法則が成り立つ。即ち、臭気強度＝比例常数× log（臭気濃度）。この式からもわかるように、臭気成分濃度が 10 倍になったとしても感覚的には少し強くなった程度としか感じないことを意味する。

●ラドン温泉

　ラドン温泉、ラジウム温泉も、放射性物質ラドンに関係している。温泉水に含まれるラドンが空気中に揮発して、体内に取り込まれることにより、種々の効能があることがいわれているが、医学的に不明な点も多い。また、濃度としては高くないことから、悪影響はないともいわれている。

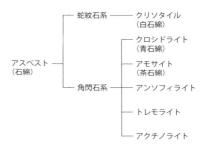

図 7.2.3　アスベストの種類

●アスベストの問題

　日本においては、アスベスト含有製品の製造や建設作業に関わった作業者の健康被害の問題とされていたが、2005 年に過去にアスベスト含有製品を生産していた工場近隣の住民の健康被害が明らかとなった。なお、現在では使用が禁止されているが、過去に使用されていた建物の解体の際には、飛散しない工法が用いられる。

※3：室内におけるアレルゲン

・ハウスダスト（ダニの虫体、糞など）

・ふけ（イヌ、ネコなども含む）

・花粉（杉花粉など）

・真菌（カビ）

・昆虫（ゴキブリなど）

表 7.2.3　浮遊微生物の種類

種類	微生物
真菌	カビ、酵母、キノコなど
細菌	細菌、放線菌など
ウイルス	インフルエンザ、SARS

建築環境工学のしくみ

日照・日射

光環境

音環境

熱環境

温熱環境

空気環境

湿気環境

■たばこ煙

たばこ煙は粒子状とガス状物質を多く含んでおり、一般環境中の浮遊粒子状物質の主な発生源であり、肺がんや虚血性心疾患、慢性気管支炎、肺気腫などさまざまな疾病のリスクを増大させるといわれている。吸い口からの**主流煙**と、たばこの火元から発生する**副流煙**とに分類され、表7.2.4に示すようにそれぞれに、一酸化炭素、窒素酸化物、アンモニア、ニコチンなど4,000種類以上の化学物質が確認されており、副流煙の方が濃度が高い。喫煙しない人が周囲の喫煙により生じた副流煙にばく露されることを受動喫煙という。

表7.2.4　たばこ煙の含有成分

化合物	主流煙（mg/本）	副流煙（mg/本）	副流煙/主流煙
◇一般特性 たばこ1本当たり			
発煙持続時間	20秒	550秒	27
燃焼たばこ量	347	411	1.2
粒子数	1.05×10^{12}	3.5×10^{12}	3.3
◇粒子相			
タール（クロロホルム抽出物質）	20.8	44.1	2.1
ニコチン	0.92	1.69	1.8
ベンゾ（a）ピレン	3.5×10^{-5}	13.5×10^{-5}	3.7
ピレン	13×10^{-5}	39×10^{-5}	3.0
フェノール類	0.228	0.603	2.6
カドミウム	12.5×10^{-5}	45×10^{-5}	3.6
◇ガスおよび水蒸気			
水	7.5	298	39.7
アンモニア	0.16	7.4	46
一酸化炭素	31.4	148	4.7
二酸化炭素	63.5	79.5	1.3
窒素酸化物	0.014	0.051	3.6

❷ 空気汚染の許容値

生物は、周囲の環境、例えば空気の汚染や高温・低温など温熱環境などから少なからずストレスを受けている。このストレスによる影響がもっとも少ない条件を**至適条件**と呼び、ストレスにより生物が耐えられない条件の限界を**許容限界**と呼ぶ。環境においては、許容限界内で至適条件に近い条件とすることが望まれる。

生物は有害物質にばく露されることにより、内部での恒常性が保たれなくなり、最終的には死に至る。この有害因子の負荷量と、それに対する個体への影響の強さとの関係を示したものを**量－影響関係**と呼び、図7.2.4a）のように、量が多くなれば、その影響が強くなる関係となることが一般的である。また、これらの反応には個体差はあるが、集団において反応するものの分布は、一般的に正規分布または対数正規分布になり、それの累計は図7.2.4b）に示すようなS字状の曲線になる。これを**量－反応関係**と呼ぶ。要するに、一般に量が大きくなれば、生物に悪影響を及ぼす要因が強くなり（量－影響関係）、影響を受ける全体の割合がS字状曲線の様に割合が増加する（量－反応関係）ことを示している。これをもとに環境の許容濃度設定の根拠として用いられる。

そして、この許容濃度から、社会的、経済的、技術的配慮、そして行政的、政治的判断の手順を踏んで、基準が決められる。一般には、環境中の有害物質をこの水準以下に保つこと

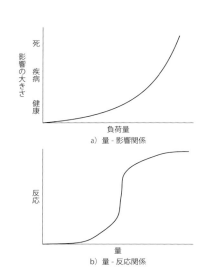

図7.2.4　有害物質と生体反応の関係

で、健康被害を防止することに役立つものである。

さまざまな環境において、空気汚染に関する基準、指針が定められている。以下では、対象とする環境ごとの基準の考え方と室内環境に関係する汚染物質の種類について記述する。

❶ 大気環境の基準

大気環境については、環境基本法により環境基準が定められている。環境基本法は公害防止の観点から、政府が、大気の汚染、水質の汚濁、土壌の汚染および騒音に係る環境上の条件について、それぞれ、人の健康を保護し、および生活環境を保全するうえで維持されることが望ましい基準を定めたものである。**環境基準**は、「維持されることが望ましい基準」であり、行政上の政策目標である。このため、個別の発生源を対象に規制を行う「**排出基準**」とは別のものであり、「環境基準」で規制することはしない。また、環境基準は、得られる限りの科学的知見を基礎として定められているものであり、常に新しい科学的知見の収集に努め、適切な科学的判断が加えられていかなければならないものとある。

大気汚染に係わる環境基準として対象となっている物質は表 7.2.5 に示すように、工場、自動車等から排出される物質によって大気汚染となるものを対象に、二酸化硫黄、一酸化炭素、浮遊粒子状物質、二酸化窒素、光化学オキシダントであり、その他にベンゼンなどの有機物質、ダイオキシン類、**微小粒子状物質（PM$_{2.5}$）**[※4] となっている。

❷ 労働環境における基準

作業現場の環境管理についての基準には、職場における労働者の安全と健康を確保するとともに、快適な職場環境の形成を促進することを目的とした労働安全衛生法がある。この法律は事業者に対し、職業上のばく露により、労働者に健康、障害を生じさせるリスクが高い物質について、作業環境測定の実施を義務づけている。これらの汚染物質については、許容濃度として、労働現場で労働者がばく露されても、空気中濃度がこの数値以下であれば、ほとんどすべての労働者に健康上の悪影響がみられないと判断される濃度を設定している。

日本では日本産業衛生学会が勧告値を発表し、作業環境中の濃度については、作業環境評価基準において、物質ごとの管理濃度を定めている。対象汚染物質は、労働現場により製造工程で発生する多くの物質となっており、粉じん、ベンゼン、アセトン、トルエン、ホルムアルデヒドなどが対象となっている（表 7.2.6）。

表 7.2.5　大気環境の基準値

二酸化硫黄 （SO$_2$）	1時間値の1日平均値が 0.04 ppm 以下、かつ1時間値が 0.1 ppm 以下
一酸化炭素 （CO）	1時間値の1日平均値が 10 ppm 以下、かつ1時間値の8時間平均値が 20 ppm 以下
浮遊粒子状物質 （SPM）	1時間値の1日平均値が 0.1 mg/m^3 以下、かつ1時間値が 0.2 mg/m^3 以下
二酸化窒素 （NO$_2$）	1時間値の1日平均が 0.04 から 0.06 ppm の間かそれ以下
光化学オキシダント （O$_x$）	1時間値が 0.06 ppm 以下
微小粒子状物質 （PM$_{2.5}$）	1年平均値 15 μg/m^3 以下かつ、1日平均値 35 μg/m^3 以下

※4：微小粒子状物質（PM$_{2.5}$）
　上述の浮遊粒子状物質が粒径 10 μm 以下の粒子を対象としたのに対し、PM$_{2.5}$ は粒径 2.5 μm 以下のさらに微小な粒子を対象とする。このような微小粒子によるさらなる健康への影響が指摘されたことによる。

表 7.2.6　労働環境の主な物質の基準値

物質の種類	管理濃度
土石、岩石、鉱物、金属または炭素の粉じん	次の式により算出される値 E=3.0/（1.19Q+1） この式において、E および Q はそれぞれ次の値を表すものとする。 E: 管理濃度（単位 mg/m^3） Q: 当該粉じんの遊離ケイ酸含有率（%）
ベンゼン	1 ppm
ホルムアルデヒド	0.1 ppm
石綿	5 μm 以上の繊維として 0.15 本 /cm^3
アセトン	500 ppm
トルエン	20 ppm
メタノール	200 ppm

※5：特定建築物

特定建築物とは、建築物衛生法により延床面積（特定用途に用いられる面積）が 3,000 ㎡以上で、事務所、店舗、百貨店、興業場、学校（8,000 ㎡以上）、旅館など、比較的大きな建物が対象となる。全国で、45,000 棟以上がこの対象となっている。

表 7.2.7　建築物衛生法の建築物環境衛生管理基準

浮遊粉じん量	0.15 mg/m³ 以下
一酸化炭素	6 ppm 以下
二酸化炭素	1,000 ppm 以下
温度	18度以上 28度以下
相対湿度	40% 以上 70% 以下
気流	0.5 m/s 以下
ホルムアルデヒド	0.1 mg/m³ 以下

❸ 事務所など建築物における基準

建築物における衛生的環境の確保に関する法律（建築物衛生法）は、多数の者が使用・利用する建築物の維持管理に関して、環境衛生上必要な事項等を定めることにより、その建築物における衛生的な環境の確保を図ることを目的としたものである。対象とする建築物は、**特定建築物**と呼ばれ[※5]、事務所の他、興業場、百貨店等で不特定多数の人が使用する、一定以上の規模の建築物となっている。これには、建築物環境衛生管理基準として、空気環境の調整、給水および排水の管理、清掃、ネズミ、昆虫等の防除その他環境衛生に関する基準を設定し、建築物衛生管理技術者を各建物に配置して、良好な状態を維持するものである。

空気環境に関しては、表 7.2.7 に示すように、空気質に関する浮遊粉じん、一酸化炭素、二酸化炭素、ホルムアルデヒドに加え、温熱環境に関する温度、相対湿度、気流が定められている。この中で、浮遊粉じんについては、室内での喫煙の影響を、一酸化炭素については喫煙と燃焼器具からの影響を考慮したものである。二酸化炭素については、基準値が 1,000 ppm となっているが、この濃度で人への影響がある訳ではなく、換気の指標として用いられている。室内に人がいれば、相当量の換気を行わなければこの基準値を守ることができない。オイルショックの 1970 年代に欧米で問題となった「**シックビル症候群**」が日本においてはさほど問題とならなかったのは、この法律により換気量が確保されていたのも要因の一つとなっている。

この法律では、これらの項目について 2 か月に 1 回測定を行うことにより、基準値に適合しているかどうか確認し、適合していない場合には改善することが義務づけられている。これにより、建築物内を適切な環境に維持することに役立っている。また、ホルムアルデヒドについては、新築時・改築時から初めて迎える夏季に測定を行うものである。

この特定建築物に含まれない小規模の事務所についても、先の労働安全衛生法の事務所衛生基準規則において、同様の衛生基準が定められている。

❹ 学校の基準

学校においては、学校保健安全法の**学校環境衛生基準**により、換気、採光、照明、保温などについて、児童生徒等および職員の健康を保護するうえで維持されることが望ましい基準を定めたものがある。表 7.2.8 に示すように空気環境に係わる基準として、二酸化炭素（換気の基準として）、温度、相対湿度、浮遊粉じん、気流、一酸化炭素、二酸化窒素に加

え、揮発性有機化合物として、ホルムアルデヒド、トルエン、キシレン、パラジクロロベンゼン、エチルベンゼン、スチレン、およびダニまたはダニアレルゲンとなっている。ここでは、基準値としても、望ましい基準と遵守しなければならない基準とが分けられているのが特徴である。

❺ 揮発性有機化合物の室内濃度指針値

シックハウス症候群の主原因とされた**揮発性有機化合物**に関して、厚生労働省から、**13 物質の指針値**および **TVOC**（Total Volatile Organic Compound：総揮発性有機化合物）の**暫定目標値**として提案された。これは前述した基準値とは異なり、法律として守らなければならない値ではない。一部の物質については、建築物衛生法または学校環境衛生基準の基準値に採用されている。

表 7.2.9 に**揮発性有機化合物の室内濃度指針値**について示す。ここで示した指針値は、現時点で入手可能な毒性に係る科学的知見から、ヒトがその濃度の空気を一生涯にわたって摂取しても、健康への有害な影響は受けないであろうと判断される値を算出したものである。よって、この設定の趣旨はこの値まではよいとするのではなく、指針値以下がより望ましいということである。この指針値の設定により指針値を満足するような建材等を使用し、住宅や建物の提供ならびにそのような住まい方を普及啓発することで、多くの人たちが健康悪化をきたさないようにすることができることを念頭に置いている。なお、指針値は、今後集積される新たな知見や、それらに基づく国際的な評価作業の進捗に伴い、将来必要があれば変更され得るものである。指針値の適用範囲については、特殊な発生源がない限りすべての室内空間が対象となる。

指針値の対象となっている物質は、室内に発生源が存在し（表 7.2.10）、利用可能な毒性に関するデータのある物質から選定されている。指針値の設定方法として、ホルムアルデヒドについては**ヒト吸入ばく露**における鼻咽頭粘膜への刺激から、またトルエンについてはヒト吸入ばく露における神経行動機能および生殖発生への影響から、ヒトを対象としているのに対し、その他の物質については動物実験による生体反応

表 7.2.8　学校環境衛生基準

検査項目		基準
換気		換気の基準として、二酸化炭素は 1,500 ppm 以下であることが望ましい
温度		18℃以上、28℃以下であることが望ましい
相対湿度		30% 以上、80% 以下であることが望ましい
浮遊粉じん		0.10 mg/m³ 以下であること
気流		0.5 m/s 以下であることが望ましい
一酸化炭素		6 ppm 以下であること
二酸化窒素		0.06 ppm 以下であることが望ましい
揮発性有機化合物	ホルムアルデヒド	100 μg/m³ 以下であること
	トルエン	260 μg/m³ 以下であること
	キシレン	200 μg/m³ 以下であること
	パラジクロロベンゼン	240 μg/m³ 以下であること
	エチルベンゼン	3800 μg/m³ 以下であること
	スチレン	220 μg/m³ 以下であること
ダニまたはダニアレルゲン		100 匹/m³ 以下またはこれと同等のアレルゲン量であること

表 7.2.9　揮発性有機化合物の室内濃度指針値

対象物質	室内濃度指針値 [μg/m³]
ホルムアルデヒド	100
トルエン	260
キシレン	200
パラジクロロベンゼン	240
エチルベンゼン	3,800
スチレン	220
クロルピリホス	1 (0.2)
フタル酸ジ -n- ブチル	17
テトラデカン	330
フタル酸ジ -n- エチルヘキシル	100
ダイアジノン	0.29
アセトアルデヒド	48
フェノブカルブ	33
TVOC 暫定目標値	400

建築環境工学のしくみ

日照・日射

光環境

音環境

熱環境

温熱環境

空気環境

湿気環境

表 7.2.10　揮発性有機化合物の主な室内発生源

対象物質	主な室内発生源
ホルムアルデヒド	合板・新建材の接着剤、防腐剤
トルエン	塗料の溶剤、合成繊維
キシレン	塗料、芳香剤
パラジクロロベンゼン	防虫剤、芳香剤
エチルベンゼン	塗料
スチレン	樹脂、断熱材
クロルピリホス	防蟻剤
フタル酸ジ -n- ブチル	樹脂の可塑剤
テトラデカン	灯油、溶剤
フタル酸ジ -n- エチルヘキシル	樹脂の可塑剤
ダイアジノン	殺虫剤
アセトアルデヒド	木材、アルコール類
フェノブカルブ	殺虫剤

により値を設定している。また、TVOC については、揮発性有機化合物の合計濃度となるが、当時国内の室内 VOC 実態調査の結果から、合理的に達成可能な限り低い範囲で決定したもので、健康影響から算定した値ではない。これには、健康への影響を直接的に評価するためには、個々の揮発性有機化合物について指針値を設定していく必要があるが、100種以上に及ぶ微量の揮発性有機化合物のすべてについて短期間で健康影響評価を行うのは困難であり、また指針値が設定されていない物質に代替された結果、新たな健康被害を引き起こす恐れもあることから、VOC 汚染を全体として低減させ、快適な室内環境を実現するための補完的指標の一つとして提案されたものである。

Ⅲ…計画と制御
室内空気環境の計画と制御

建築環境工学のしくみ

日照・日射

光環境

音環境

熱環境

温熱環境

空気環境

湿気環境

1 汚染防止技術

　建築室内における**空気清浄化の基本的な要素**として先に述べたように、室内において汚染を発生させない「発生を抑える」、汚染物質を室内に入れないよう「入れない、持ち込まない」、汚染が発生したとしても速やかに除去する「室内に留めない」、新鮮な空気により希釈する「速やかに排出」がある。発生源の制御には、「発生を抑える」、「入れない、持ち込まない」ことになる。「室内に留めない」には、空気清浄機やエアフィルタなどによる除去もあるが、換気については、「汚染物質の室内からの除去」および「速やかに排出」の両方の効果がある。

　表7.3.1に示すように汚染物質の種類によって、その除去対策は異なる。室内で発生する粉じん、ガス状物質、臭気、水蒸気等のさまざまな汚染物質を室外に排出し、室外から新鮮な空気を供給することが、**空気清浄化**において換気の重要な役割となっている。室内における粉じんの清浄化は、空調機に設置されているエアフィルタや空気清浄機により行うことができる。一方、ガス状物質については、ケミカルエアフィルタや化学物質に対応した空気清浄機を使用する以外には、基本的には新鮮空気を入れ替えて、室内の汚染物質を希釈することになるため、特に換気が重要となる。

　換気の方法には、**自然換気**と**機械換気**がある。自然換気は換気扇など外部動力を必要としないが、換気量が不安定で空調設備のない建物で広く用いられている。一方機械換気は、送風機、排風機を用いて強制的に換気を行うもので、空調機と一体になっていることもある。

　住宅などでは、冷房を使用しない夏期や中間期において、通風による気流で体感温度を下げることができ、特にわが国のように高温多湿の気候においては、熱、水蒸気、汚染物質を制御するのが重要な項目となる。

表 7.3.1　汚染の除去の基本

汚染物質	除去方法
粒子状物質	換気、空気清浄機
ガス状物質	主に換気、一部空気清浄機
臭気	換気
湿気	換気
ハウスダスト	掃除

2 室内濃度の予測方法

❶ 濃度の予測と必要換気量

　室内の汚染濃度が常に一様である（このような条件状態を**完全一様拡散**という）と仮定すると、図7.3.1に示す室で汚染

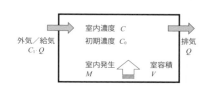

図 7.3.1　室内における汚染物質の収支

物質が発生し始めてから t 時間後における**室内の汚染濃度**は次式によって表される。

$$C = C_1 + (C_0 - C_1)e^{-\frac{Q}{V}t} + \frac{M}{Q}(1 - e^{-\frac{Q}{V}t}) \qquad (7.3.1)$$

ここで、

C ：室内の汚染濃度 [kg/㎥]
C_0 ：汚染発生前の室内濃度 [kg/㎥]
C_1 ：外気濃度 [kg/㎥]
M ：汚染物質の発生量 [kg/h]
Q ：換気量 [㎥/h]
V ：室容積 [㎥]

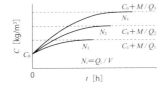

図 7.3.2　室内の汚染濃度の上昇特性

●気積
　室容積のうち、家具類、機器類などの容積を除いた実容積。

室内の汚染濃度 C は、室内の初期濃度が外気濃度とすれば（$C_0 = C_1$）、図 7.3.2 に示すように、時間とともに増大していき（これを**過度状態**という）、$t = \infty$ では、次式のように一定値となる。これを**定常状態**という。

$$C = C_1 + \frac{M}{Q} \qquad (7.3.2)$$

定常状態における室内の汚染許容値を C_p [kg/㎥]、そのときの換気量を Q_R [㎥/h] とすると、式 (7.3.2) は

$$C_p = C_1 + \frac{M}{Q_R} \qquad (7.3.3)$$

となり、Q_R は次式のようになる。

$$Q_R = \frac{M}{C_p - C_1} \qquad (7.3.4)$$

この Q_R が**必要換気量**であり、ある汚染物質の室内濃度を、その許容値に維持するために必要な換気量である。

❷ 換気回数

換気回数（回/h）は、室内の換気設計上の目安となるもので、1 時間あたりの換気量を室内空間の容積で割った値として定義される。

$$n = \frac{Q}{V} \qquad (7.3.5)$$

通常は、人体から発生する二酸化炭素を基準として、必要換気量を求めることが多い。表 7.3.2 は、1 人あたり必要換気量を 30 ㎥/h として、居室の必要換気量を標準在室密度とともに示したものである。居室の使用用途により、必要換気量が異なっていることがわかる。同様に室内に汚染源（たばこ煙や燃焼器具など）がある場合にも同様に必要換気量、換気回数を求めることが可能である。換気回数については、建物のゾーンや用途の異なる室ごとに換気回数の形で示されることが多い。

表 7.3.2　設計必要換気量の例

室名	在室密度 [m²/人]	必要換気量 [m³/(h・m²)]
事務所（個室）	5.0	6.0
事務所（一般）	4.2	7.2
商店売場	3.3	9.1
デパート（一般売場）	1.5	20.0
デパート（特設売場）	0.5	60.0
宴会場	0.8	37.5
ホテル客室	10.0	3.0
小会議室	1.0	30.0
住宅・アパート	3.3	9.1
食堂（営業用）	1.0	30.0

Ⅰ 基本と原理 　Ⅱ 設計目標 　Ⅲ 計画と制御

建築環境工学のしくみ

日照・日射

光環境

音環境

熱環境

温熱環境

空気環境

湿気環境

❸ 空調設備のある室内の濃度予測

事務所ビルなど空調・換気された場合（図7.3.3）は、同様に室内の**汚染物質濃度** C は、次により示される。

$$C = C_0 e^{-\frac{Q}{V}t} + C_1(1-\eta)(1-e^{-\frac{Q}{V}t}) + \frac{M}{Q}(1-e^{-\frac{Q}{V}t}) \quad (7.3.6)$$

η：空調機エアフィルタの捕集効率 [−]

定常状態においては、下記のようになる。

$$C = (1-\eta)C_1 + \frac{M}{Q} \quad\quad (7.3.7)$$

空気浄化装置を持つ場合には、

$$C = C_1 + C_0 e^{-\frac{Q+Q_m\eta_m}{V}t} + \frac{M+QC_1}{Q+Q_m\eta_m}(1-e^{-\frac{Q+Q_m\eta_m}{V}t}) \quad (7.3.8)$$

ここで、

Q_m：空気清浄機の風量 [㎥]
η_m：空気清浄機エアフィルタの捕集効率 [−]

となり、定常状態では、下記のようになる。

$$C = C_1 + \frac{M+QC_1}{Q+Q_m\eta_m} \quad\quad (7.3.9)$$

❹ 換気回数の測定方法

換気回数の測定方法としては、**トレーサーガスの濃度を測**定し、その測定値から求める方法がある。トレーサーガスの濃度が室内で一様であると仮定するならば、その濃度は先の式（7.3.7）で表せる。そのトレーサーをいったん放出後、その発生がない（$M=0$）とすれば、次式のようになる。

$$C = C_0 + (C_1 - C_0)e^{-\frac{Q}{V}t} \quad\quad (7.3.10)$$

図7.3.4のように測定したデータをプロットすると、片対数グラフの傾きが、換気回数（Q/V）となるので、簡便に求めることができる。

❺ 換気の効率

以上については、**瞬時一様拡散**が仮定となる場合であるが[※1]、実際の空間ではその仮定が成り立たないことが多く、換気の効果を評価する必要が生じることがある。換気設備の設計に際しては、省エネルギーも考慮して、最小限の外気取入れ量で目標が過不足なく達成される換気効率の高いシステムを目指すこととなる。換気効率の尺度はさまざまな指標が提案されているが、ここでは空気齢を用いた換気効率の指標について示す（図7.3.5）。

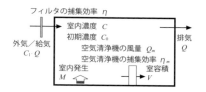

図 7.3.3　室内の空調換気の例

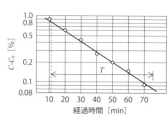

図では CO_2 濃度が 0.8％から 0.08％まで減衰する時間 T が約1.25時間であることから、n=2.303/1.25=1.84（回/h）であることがわかる。

図 7.3.4　換気回数算出の測定例

トレーサーガスの室内濃度をあらかじめ上昇させてから、その発生を止め、そこからの濃度の減衰により換気回数を求めることが可能となる。

※1：瞬時一様拡散

室内において対象となる物質に空間の濃度の差がなく、瞬間的に拡散して一様になった状態。実際には、濃度の差があるが、簡単な予測にはこの仮定が用いられる。完全混合ともいう。

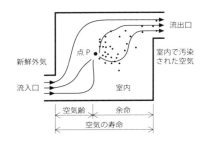

図 7.3.5 空気の寿命

室内において空気の汚れは均一ではない。流入口から点Pに到達するまでの時間を年齢にたとえて空気齢といい、流出口までの時間を余命という。空気齢が小さいほど新鮮な空気であることになる。

換気効率とは、「室内にある空気がいかに効果的に新鮮空気と入れ替わるかを示す尺度」であり、次式で定義される。

$$\varepsilon_a = \frac{\tau_n}{\tau_r} \tag{7.3.11}$$

ここで、

τ_n：公称時定数 $= V/Q$ [h]、換気回数1回分の給気をするのに要する時間

τ_r：換気時間 [h]、室内の空気がすべて外気に置き替えられるのに要する時間

V：室容積 [㎥]

Q：換気量 [㎥／h]

ε_a は室全体の平均値を示す値であり、個々の点での特性を表す指数は局所空気交換率 (ε_p) と呼ばれ、式 (7.3.12) で定義される。

$$\varepsilon_p = \frac{\tau_n}{\tau_p} \tag{7.3.12}$$

ここで、

τ_p：点Pの空気の局所平均空気齢 [h]

これにより、空気が給気口から室内の任意の点に移動するのにかかる平均時間が求められ、室内における場所別の換気の善し悪しを判断することが可能となる。

❸ 自然換気

自然換気は、上述したように屋外との温度差による**温度差換気**や、部屋の窓を開けるなどの屋外の風による**風力換気**がある。特に夏季において冷房がない場合には、部屋の窓を開けて**通風**による換気と体感温度を下げることになる。

夏季における通風には、その土地の最多風向を調査し、開口部はその風向に向いていて大きい方がよりよい通風が得られる。さらに風が出て行くための開口部を設ける必要があり、風の入口の反対側にあるのが効果的である。

風の室内での通風経路のことを**通風輪道**と呼ぶが、開口部の位置によっても変わってくる。図 7.3.6 は、同じ大きさの部屋に設けた開口部の位置の違いによる通風輪道を示したものである。(a) と (b) は流入位置が異なるもの、(c) は (b) の開口部に袖壁を設けた場合、(d) は風上側に開口部がなく、側面のみにある場合である。開口部の位置関係、風向を変える壁によって、室内の空気の流れが変わっていくことがわかる。また、風上側に開口部がない場合には、効率的な通風が得られないことになる。

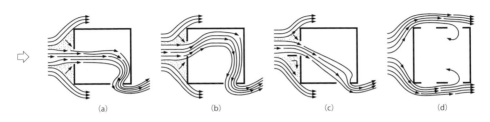

図 7.3.6　室内の通風輪道

建築環境工学のしくみ

日照・日射

光環境

音環境

熱環境

温熱環境

空気環境

湿気環境

4 機械換気

機械換気については送風機などの機械力を用いる換気であり、表7.3.3のように第1種～第3種機械換気に分類される。機械換気量は、自然換気量に比べて安定している。

表 7.3.3　機械換気の種類

換気方式	第1種換気	第2種換気	第3種換気
系統図	送風機 排風機 ⊕/⊖ 送風機	排気口 送風機 ⊕ 送風機	給気口 排風機 ⊖
室圧	正圧または負圧	正圧 ⊕	負圧 ⊖
特徴と適用	確実な換気量確保 大規模換気装置 大規模空気調和装置	汚染空気の流入を許さない 清浄室（手術室等） 小規模空気調和装置	他に汚染空気を出してはならない 汚染室（感染症室、WC、塗装室等）

第1種機械換気は給気および排気を送風機などによって換気する方法である。室内の圧力バランスが取りやすく、室内を正圧・負圧※2のどちらにも対応できる換気方式（強制給排気）である。空気調和設備を含む場合が多い。

第2種機械換気は、給気に送風機などを用い、排気は排気口から自然になされる換気方式（強制給気）である。排気口を適切に設置すれば、室内は正圧に保たれる。汚染空気などの流入を防止する場合に用いられ、室内が正圧となるため病院の手術室など汚染空気の流入が許されない室に利用される場合もある。ただし住宅で適用すると、室内の水蒸気が壁体内に流入し、壁体内結露を生じる危険があり、この方式は推奨されていない。

第3種機械換気は、排気に排風機などを用い、給気は、給気口から自然に流入する換気方式（強制排気）である。給気口を適切に設置すれば、室内は負圧に保たれる。駐車場・工場・作業場等のほかに小規模建築、住宅に多い。外気を直接導入して第3種換気を行う場合、各居室が給気口から確実に

※2：正圧と負圧

換気に関しては、「正圧」とは室外よりも気圧が高いこと、「負圧」とは室外よりも気圧が低いことをいう。対象となる部屋が「正圧」の場合、部屋から空気が流れ出すのに対し、「負圧」の場合、室外より空気が流入する。

●住宅の換気装置

事務所ビルなどは、空調機により外気の取り入れを行うことで換気を行っているが、住宅については換気扇により換気を行っている。第3種機械換気については、トイレや浴室から排出し、居室には下のような吸気口が壁に備わっているので、注意して見てほしい。

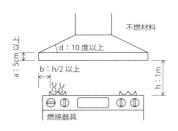

図7.3.7　排気フードの例

給気されていることに注意を要する。給気が確保されなければ、排風機はその能力を発揮できない。

5 各種換気設備

■局所換気とフード

換気方式は、**全般換気**と**局所換気**に分けられるが、上述したものは、部屋全体の換気を意図したもので、「全般換気」となる。「局所換気」は室全体でなく、汚染物質が発生する場所を局所的に換気する方法で、汚染物質の発生箇所が特定されている場合の計画に適用される。具体的には厨房、喫煙所等である。例として厨房の排気フードを図7.3.7に示す。局所換気は、汚染物質を発生源の近くで捕捉・処理するため、捕集効率も高く、周辺の室内環境を衛生的かつ安全に保つうえで有効であり、換気量も部屋のすべての換気を行うよりも、比較的少ない。

■分煙

現在では、建築物内での自由喫煙を認める例は少なく、禁煙または喫煙が可能な場合でも**分煙**（喫煙室の設置）が多い。分煙の方法としては、喫煙所の区画を設け、その中に喫煙専用の空気清浄機の設置や局所換気設備を設ける。これは、喫煙所からたばこ煙の漏洩を防ぐものであるが、喫煙のない居室にも汚染物質が流入する可能性がある。また、空気清浄機では、たばこ煙中の粒子状物質の除去については有効な場合もあるが、一酸化炭素などのガス状物質の除去には不十分である。よって、屋内に設置された喫煙所の空気は、局所換気設備により速やかに屋外に排気する方法が有効である。

一般に、局所換気によりたばこ煙中の粒子状およびガス状汚染物質の漏れ出しが隣室にないようにするため、非喫煙場所から喫煙場所方向に一定の空気の流れ（0.2 m/s以上）があることを判定の基準としている。また、喫煙場所と非喫煙場所との境界において浮遊粉じん濃度の変化を測定し、漏れ状態を確認することとしている。

これらの汚染物質を一様に室内空気中から取り除くためには、喫煙場所から局所的に換気する局所換気による方法がもっとも有効となる。しかし、膨大な換気量が必要となるため、空調の省エネルギーには反する面もある。

■全熱交換器

通常、換気を行うことにより、空調エネルギーの全熱（顕熱と潜熱）が失われ、建物エネルギーの効率が悪化する。そこで、全熱を交換回収する換気装置として図7.3.8に示す**全**

熱交換器がある。空調エネルギーの損失を抑えつつ、換気も行えるシステムである。全熱交換器は、外気と室内の空気を交差させ交換するが、室空気の温度・湿度を給気側に移し替えて換気を行うものである。建築物や住宅の換気設備にも使用される。

■パッシブ換気・ハイブリッド換気

　ファンなど機械による換気を「**アクティブ換気**」とすれば、自然の力だけで換気を行うことを「**パッシブ換気**」と呼ぶ。パッシブ換気には、温度差換気の原理を用いて、高層建物についてはアトリウムなど高低差を用いて、また太陽熱や地中熱を積極的に用いることにより建物自体に温度差をつけて、空気の流れをつくるものもある。ファンを動かす電力を使用しないことから、エネルギーの節約が見込める。

　さらに、機械ファンと併用することにより、「**ハイブリッド換気**」として、確実に換気を行うシステムもある（図7.3.9、図7.3.10）。温度差が得られないような季節においては、上記のような気流が発生しないこともあるため、機械システムと併用することで、換気を行うものである。

6 汚染物質の除去

　汚染物質の除去には、前述した自然換気、機械換気によって室内にある汚染物質を希釈、排出させる方法と、空気調和機の空気清浄装置や空気清浄機器による除去が利用される。

　空気清浄装置は、空気中に含まれる汚染物質を除去して空気を清浄化する装置である。空気清浄装置は、室内の汚染物質濃度を要求されるレベルに維持するために、外気の導入系統や室内空気の循環経路等に設置される。除去対象としては、粒子状物質とガス状物質に大別される。

　粒子状汚染物質の除去には、各種エアフィルタや電気集じん機が用いられる。エアフィルタには、粗じん用フィルタ（プレフィルタ）、中性能フィルタ、高性能フィルタ、静電フィルタなどがあり（表7.3.4）、事務所などの建築物においては、**粗じん用フィルタ**と**中性能フィルタ**や**静電フィルタ**を組み合わせたものが多く使用される（図7.3.11）。高性能フィルタは、クリーンルームなどの超清浄空間で使用され、最もろ材を透過しやすい粒径の粒子を99.97%以上捕集する**HEPA**（High Efficiency Particulate Air）**フィルタ**、粒子を99.999%以上捕集する**ULPA**（Ultra Low Penetration Air）**フィルタ**が用いられる。また、家庭用の**空気清浄機**にも、粒子除去の目的でエアフィルタが使用され、その中でもHEPAフィルタが用いられる場合もある。

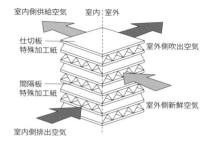

図7.3.8　全熱交換器

図7.3.9　ハイブリッド換気システムの概要

冬場屋根で暖めた空気を床下に蓄熱し、温熱環境の改善にも効果がある。

●ソーラーチムニー

　建築分野においては、建物の中に煙突のような空気の通り道をつくり、太陽熱で上昇気流をつくり出して自然換気を行うシステムのこと。ソーラー（太陽）とチムニー（煙突）からつくられた言葉で、この空気の上昇流を利用して発電することにも研究・開発が行われている。

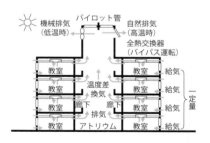

図7.3.10　学校におけるハイブリッド換気の例

建築環境工学のしくみ

日照・日射

光環境

音環境

熱環境

温熱環境

空気環境

湿気環境

表 7.3.4　エアフィルタの種類

対象汚染物質		種類
粒子状物質		粗じん用フィルタ
		中性能フィルタ
		高性能フィルタ
		静電フィルタ
ガス状物質	酸性物質	イオン交換 活性炭
	アルカリ物質	イオン交換 活性炭
	有機物質	活性炭

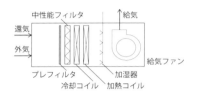

図 7.3.11　空気調和設備のエアフィルタ

事務所などの建築物の空調には、上図のように空気調和設備により温湿度の調整および清浄化した空気を供給している。この設備の中に、プレフィルタや中性能フィルタが装着され、外気や室内から戻ってきた空気（還気）を調整して、各部屋に給気している。

ガス状汚染物質の除去には、上記の粒子除去用のエアフィルタではその効果がなく、イオン交換樹脂、活性炭などを用いた**ケミカルエアフィルタ**などが使用される。高い清浄度が要求される半導体用のクリーンルーム等において用いられる。一般的な建築物では、このケミカルエアフィルタが使用される例はまれで、換気による希釈が主である。表7.3.4にエアフィルタの種類をまとめる。

住宅においては、空気清浄機が家電製品としてよく使用される。空気中に浮遊する微粒子（粉じん、花粉、ハウスダスト）や臭気（ペット臭など）、近年ではシックハウス症候群により化学物質（臭気）を除去の対象としたものがある。その他にも、真菌、細菌、ウイルスを除去対象としているもの、付加価値として汚染物質除去の他にイオンを発生するもの、加湿器を内蔵しているものなども市販されている。表7.3.5に示すように、除去対象物質により、粒子の場合は機械式、電気式、ガスの場合には物理吸着式、化学吸着式が用いられ、これらの浄化原理を組み合わせた複合式では粒子とガス状汚染物質の除去が可能となっている。

表 7.3.5　浄化原理による空気清浄機の分類

原理	方式	対象	特徴
物理	機械式	粒子	フィルタろ過による捕集
	電気式	粒子	粒子を帯電させ、電気集じん部で捕集
	物理吸着式	ガス	活性炭などの吸着剤を使用
化学	化学吸着式	ガス	イオン交換樹脂などを使用して吸着
物理・化学	複合式	粒子・ガス	上記の原理の組み合わせ

７ 内装材料からの汚染物質発生量の低減化

室内空気汚染の低減には、室内で発生する汚染物質を低減することも、換気や除去とともに重要である。建築室内での発生源については前述したが、シックハウス症候群で問題となった化学物質については、建物で使用されている内装材料となる。そこで、発生源の対策として、ホルムアルデヒドについては、建材からの発生量の等級について、表7.3.6に示すようにその発生量の度合いから、Ｆ☆☆☆☆などと表示することにより、適切に選定できるようにしている。ただし、ホルムアルデヒド以外の化学物質についてはこのような制度はない。

建築基準法では、シックハウス対策として、換気装置の義務化に加え、内装の仕上げの制限として、内装の仕上げに使用する**ホルムアルデヒド発散建築材料**は面積制限を行ってい

表 7.3.6　ホルムアルデヒド発散建築材料の区分

等級区分	ホルムアルデヒド発散速度
Ｆ☆☆☆☆	5 $\mu g/m^2h$ 以下
Ｆ☆☆☆	5 ～ 20 $\mu g/m^2h$
Ｆ☆☆	20～120 $\mu g/m^2h$
－	120 $\mu g/m^2h$ 超

る。その際に図 7.3.12 のような等級表示を用いている。

図 7.3.12　壁紙の表示の例

各内装材料に掲示されているこれらの表示を元に、建材
の選定を行う。

建築環境工学のしくみ

日照・日射

光環境

音環境

熱環境

温熱環境

空気環境

湿気環境

【図版・表出典】

図 7.1.1　村上周三「第 32 回建築物環境衛生管理全国大会特別講演」、
2005

図 7.1.2　田辺新一『室内化学汚染—シックハウスの常識と対策』講談社現
代新書、1998

表 7.1.3　藤井正一『住居環境学入門』彰国社、1984

図 7.2.1　吉澤晋「煙突なしストーブを使用する室内空気状態とその対策」
(『建築設備』Vol.20、No.2)、1969

図 7.2.2　気象庁「気候変動監視レポート 2009，第 3 部環境」2010

表 7.2.1　池田耕一『室内空気汚染のメカニズム』鹿島出版会、1992

表 7.2.2　日本建築衛生管理センター『改訂 建築物の環境衛生管理 (上
巻)』2015

表 7.2.4　総理府広報室編「日本人の酒とたばこ：酒類に関する世論調査・
健康と喫煙問題に関する世論調査」1989

表 7.3.2　建築のテキスト編集委員会『初めての建築設備』学芸出版社、
2003

表 7.3.4　紀谷文樹編『建築環境設備学 新訂版』彰国社、2003

表 7.3.6　紀谷文樹編『建築環境設備学 新訂版』彰国社、2003

図 7.3.9　OM ソーラー

図 7.3.10　OM ソーラー

【参考文献】

1) 北海道大学工学部衛生環境工学コース編『健康と環境の工学』1996

2) 村上周三『第 32 回建築物環境衛生管理全国大会特別講演』2005

3) 吉澤晋「煙突なしストーブを使用する室内空気状態とその対策」(『建築
設備』Vol.20、No.2) 1969

◆演習問題◆

(1)　図における暖房時の条件の換気量を求めよ。

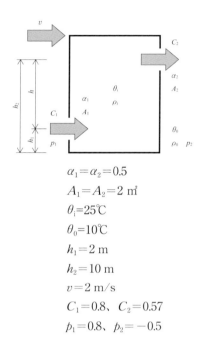

$\alpha_1 = \alpha_2 = 0.5$

$A_1 = A_2 = 2\ \text{m}^2$

$\theta_i = 25\text{℃}$

$\theta_0 = 10\text{℃}$

$h_1 = 2\ \text{m}$

$h_2 = 10\ \text{m}$

$v = 2\ \text{m/s}$

$C_1 = 0.8,\quad C_2 = 0.57$

$p_1 = 0.8,\quad p_2 = -0.5$

(2)　下記の室の必要換気量を求めよ。
　　　室面積　800 ㎡　天井高さ　2.7 m
　　　1 人あたりの占有面積　8 ㎡
　　　1 人あたりの CO_2 発生量　0.02 ㎥/h
　　　外気の CO_2 濃度　0.00035 ㎥/㎥（350 ppm）
　　　室内濃度基準　0.001 ㎥/㎥（1,000 ppm）

(3)　縦横 4 m、天井高 2.5 m で換気回数が 0.5 回/h の居室において、ホルムアルデヒド発生速度 360 μg/h の発生源がある。この居室における空気中のホルムアルデヒドの最終濃度を求めよ。なお、外気のホルムアルデヒド濃度は 10 μg/㎥とし、発生速度は時間・温度等では変わらず、室内でのホルムアルデヒドの吸着はないものとする。

第8章

湿気環境

水蒸気を含まない空気は自然界に存在せず、われわれは常に湿気を含んだ空気の中で生活している。湿度が低すぎると目・肌の乾燥や建材の狂いにつながる。反対に湿度が高すぎると結露の原因となり、カビやダニなどの微生物の繁殖につながる。湿り空気の特徴を理解し、湿度を適切な範囲にコントロールすることは健康や物品の保存、建物の維持の観点から重要である。

湿り空気

水蒸気を含んでいない空気を**乾燥空気**というが、自然界には存在しない。私たちは水蒸気を含んだ空気、**湿り空気**の中で生活している。湿り空気に含まれる水蒸気、そして建築材料に含まれる水蒸気や水分を総称して、**湿気**という。

温度が等しい体積 V [㎥] の乾燥空気と水蒸気を混ぜ合わせた、体積 V [㎥] の湿り空気を考える。このとき、湿り空気の圧力と質量は、それぞれ乾燥空気と水蒸気の値を足し合わせたものになる（図8.1.1）。

	乾燥空気		水蒸気		湿り空気
体積：	V [m³]	+	V [m³]	=	V [m³]
圧力：	P_a [Pa]（乾燥空気の分圧）	+	f [Pa]（水蒸気分圧）	=	$(P_a + f)$ [Pa]
質量：	1 [kg]	+	x [kg]	=	$(1 + x)$ [kg]

図 8.1.1　乾燥空気と水蒸気の混合

1 湿り空気の状態値

湿り空気の特性は状態値の組み合わせとして表すことができる。以下に代表的な状態値を示す。

❶ 乾球温度と湿球温度

日頃、気温や室温とよんでいる空気の温度を**乾球温度**（t [℃]）という。

湿球温度（t'[℃]）とは、棒状温度計の感温部（球の部分）を湿ったガーゼで覆って測定した温度である。空気中の湿度が低いと、ガーゼからの水分蒸発が進む。蒸発時に感温部から熱を奪っていくため、湿球温度は乾球温度よりも低くなる。湿度が高くなるほど蒸発が抑制されて温度差は小さくなり、飽和状態（相対湿度100%）では同じ値になる。**アスマン通風乾湿計**により両者を測定できる[※1]（図8.1.2）。

❷ 飽和水蒸気圧と露点温度

水蒸気として空気中に溶け込むことのできる水分量には、空気の温度によって決まる上限値がある。このときの水蒸気がもつ圧力を**飽和水蒸気圧**（f_s [Pa]）といい、空気温度が高いほど飽和水蒸気圧は高くなる。

※1：アスマン通風式乾湿球温度計
ファンで強制的に通風し、乾球温度と湿球温度を同時に測定する測定器である。単純な原理の測定器だが、正確な温湿度を測定できる。

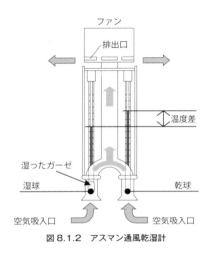

図 8.1.2　アスマン通風乾湿計

空気を冷やすと、飽和水蒸気圧は下がる。すると水蒸気でいられなくなった水分は、水滴（液体）として空気の外に出てくる（図8.1.3）。この現象を**結露**といい、結露が始まる温度を**露点温度**（t_{dew}［℃］）という。水蒸気の多く含まれている空気ほど、露点温度は高くなる。

❸ 相対湿度と絶対湿度

天気情報などで湿度を表すのに、**相対湿度**（φ［％］）がよく使われている。これは、飽和水蒸気圧に対する水蒸気分圧の割合を示しており、その空気の上限の何％分、水蒸気が含まれているかを意味している（図8.1.4）（式8.1.1）。ただし、飽和水蒸気圧は温度によって変わるため、空気中の水蒸気量に変化がなくとも、温度変化により相対湿度は変化する。温度が下（上）がると、相対湿度は上（下）がる。

$$\varphi = \frac{f}{f_s} \times 100 \qquad (8.1.1)$$

ここで、
φ：相対湿度［％］　f：水蒸気分圧［Pa］　f_s：飽和水蒸気圧［Pa］

これに対し、**絶対湿度**（x［kg/kg′］または［kg/kg(DA)］）は温度変化の影響を受けない。乾燥空気1kgに対する水蒸気の質量比として表す。単位の分母が乾燥空気（dry air）の質量であることを示すために、「′」や「(DA)」を付記する。図8.1.1を例にとると、湿り空気の総質量は$(1+x)$［kg］であるが、乾燥空気1kgに対する比で示すため、絶対湿度はx［kg/kg(DA)］となる。

② 湿り空気のもつ熱量

部屋を空調するには、湿り空気を加熱・冷却する必要がある。このとき、空気の温湿度の状態によって加熱・冷却に要する熱量は変わる。そこで、0℃の乾燥空気1kgを基準とし、湿り空気のもっている熱量を表した値を**比エンタルピー**（h［kJ/kg(DA)］）という。現在の空気の状態と目標値の比エンタルピーの差を求めることで、加熱・冷却に必要な熱量がわかる。

乾球温度t［℃］、絶対湿度x［kg/kg(DA)］の空気のもっている熱量を考えると、以下の3つの要素がある（図8.1.5）。

① 乾燥空気をt［℃］上昇させるための顕熱
　・空気の定圧比熱：1.006 kJ/（kg・K）

② 水をx［kg］の液体から気体へ蒸発させるための潜熱

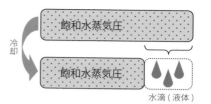

図8.1.3　飽和水蒸気圧と結露

図8.1.4　相対湿度

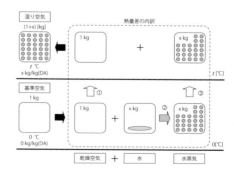

図8.1.5　比エンタルピー概念図

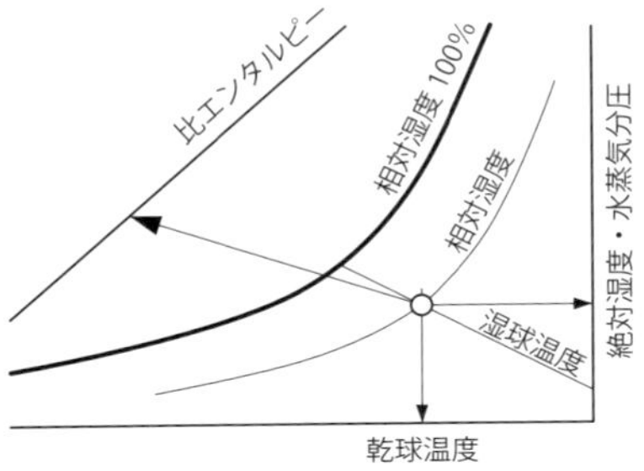

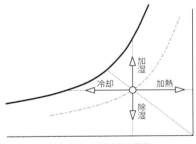

図 8.1.6　湿り空気線図の軸の関係

例題 8.1
1) 乾球温度 25℃、絶対湿度 0.010 kg/kg（DA）の空気の相対湿度は？　　　　　　　　答え：50%
2) 乾球温度 30℃、相対湿度 95% の空気の水蒸気分圧は？　　　　　　　　　　　　答え：4.0 kPa
3) 乾球温度 27℃、湿球温度 15℃の空気の相対湿度は？　　　　　　　　　　　　　答え：25%

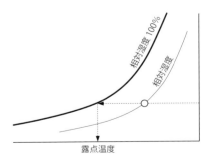

図 8.1.8　湿り空気の操作

図 8.1.9　露点温度の読み方

・0℃の水の蒸発潜熱：2501 kJ/kg

③　水蒸気を t [℃] 上昇させるための顕熱
・水蒸気の定圧比熱：1.805 kJ/（kg・K）

　3つの熱量の和が、この空気の比エンタルピーとなる（式8.1.2）。冷却・加熱の方法や順番は影響せず、一つの空気の状態に対して、比エンタルピーの値は一つしか定まらない。

$$h = 1.006t + 2501x + 1.805tx \tag{8.1.2}$$

ここで、
h：比エンタルピー［kJ/kg（DA）］　t：乾球温度［℃］
x：絶対湿度［kg/kg（DA）］

3 湿り空気線図

❶ 湿り空気線図の読み方

　湿り空気線図は、湿り空気の状態値の相関関係をまとめた図である。湿り空気線図の目盛り軸の関係を図 8.1.6 に示す。空気線図には複数の種類があるが、比エンタルピーを斜軸に、絶対湿度を縦軸に取った h-x 線図（図 8.1.7）が一般的に用いられる。2つの状態値がわかると湿り空気の状態点が定まり、そこから該当する目盛りをたどっていくと、残り全ての状態値が特定できる。横軸の乾球温度、縦軸の水蒸気量（絶対湿度、水蒸気分圧）、曲線の相対湿度が基本の3軸である。

❷ 湿り空気の操作

　空調時の湿り空気の状態変化を見てみる。ある点から状態値が水平に右に移動すると、絶対湿度は固定されたまま乾球温度が上昇していることを意味し、湿り空気は加熱された状態になる。左に移動するときは、冷却である。状態点が垂直に移動する場合は、乾球温度は固定されたまま絶対湿度が変化するので、加湿、または除湿を意味する（図 8.1.8）。

　実際に加湿や除湿をする場合には空気温度も変わるため、斜め方向に移動することになる。2つの状態点の乾球温度や絶対湿度、比エンタルピーを求めることで、湿り空気の操作に必要な水蒸気量や熱量がわかる。

　露点温度を空気線図から読むには、状態点から冷却する方向に、水平に移動させていく。そのうち相対湿度 100% の線とぶつかるが、そのときの乾球温度を読むと、それが露点温度である。湿り空気を冷やして水蒸気分圧が飽和水蒸気圧（＝相対湿度 100%）に達すると、そこから結露が始まることが湿り空気線図からも示される（図 8.1.9）。

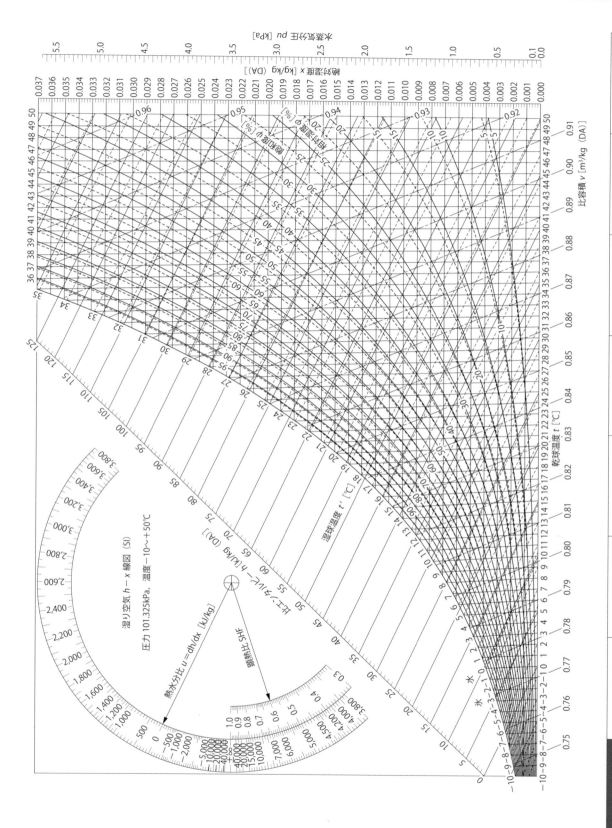

図 8.1.7　湿り空気線図 (h-x 線図)

湿気と結露

1 湿度の人体影響

　湿度の問題は、温熱感覚としての乾燥や蒸し暑さ等の直接的な湿気そのものによるものと、空間中の湿度によって建物に**結露**が生じることや低湿度により**静電気**が生じる等の間接的な影響がある（表8.2.1）。

　直接的な影響として、湿度が高い場合には、蒸し暑さ、じめじめ感による暑さ、汗の蒸発の抑制により不快さが増大する。一方、低湿度、例えば建築物衛生法で建築物内の相対湿度を40%以上に保つことを定めているが、これよりも低いとウイルス等に感染しやすくなるといわれている。また、鼻やのどの粘膜が乾燥し、のどを痛めたり、特にコンタクトレンズ使用者には目の刺激感が顕著になることがいわれている。さらには、乾燥により体感温度の低下をもたらすこともある。

　間接的な影響として高湿度の場合には、建物・建具等の狂いのほか、結露の発生により建材の腐朽やシロアリ被害、カビやダニの発生などによる健康被害などがある（図8.2.1）。また、低湿度については、建物・建具等の狂いのほか、衣服やカーペットなどに静電気の発生があるとともに、さらに低い湿度では静電気感（ものをさわるときの放電など）が増大するなどの問題がある。

　そのため、湿度については、人への直接的および間接的な影響を考慮する必要があると共に、高湿度でも低湿度でも問題があることからも、適正な湿度には範囲があり、その制御が難しいことを表している。

図8.2.1　カビだらけのカーテン

適切に湿度の管理をしないと、結露し、カビが発生してしまう。特に窓などは結露が発生しやすく、注意する必要がある。

表8.2.1　湿度による影響・害

対象	高湿度	低湿度
人への直接影響	・蒸し暑さ ・汗ばみ ・汗によるものの汚れ	・皮膚・粘膜の乾燥 ・ウイルスへの感染増大 ・アレルギー症状の悪化
人への間接影響・ 建物・什器への影響	・カビ・ダニの発生 ・建材の腐朽 ・建物・建具等の狂い ・結露（表面・内部）の発生 ・結露水による汚れ	・建物・建具等の狂い ・静電気の発生 ・塗装の剝離

2 結露による問題

　湿度が高い場合には、上述したように温熱感の悪化や建具

等の狂いなどがあるほかに、結露により影響が大きくなることが問題となる。結露を起こすことにより、室内はカビやダニが繁殖し、不衛生な環境となる。

室内における結露やカビについては、古くから問題視されているが、欧米においては**高湿度の環境**（dampness、**ダンプネス**）が原因でダニやカビなどの微生物が繁殖し、アレルギー症状や呼吸器疾患の発症リスクが増大することが注目されている。

ダンプ（damp）とは「湿気のある、じめじめした」という意味であるが、室内がダンプネスな状態としては、室内にカビの発生が確認できる、過度な湿度を認識することができる（結露、水のシミなど）、建物各部に漏水に起因する問題があるなどである。**WHO のガイドライン**（図 8.2.2）では、「カビや水漏れ、カビ臭さ、建物の劣化、微生物汚染など測定または目視できる過度の湿気を原因とする問題が確認できるような状態」としている。

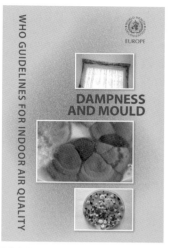

図 8.2.2　WHO によるダンプネスに関する　ガイドライン

壁など結露した所にカビが繁殖し、不衛生な環境となることを提言している。

3 湿気・結露の制御と数値目標

室内における衛生的に最適な湿度範囲を規定するのは難しい。図 8.2.3 に示すように、細菌、ウイルスなどによる感染防止、カビ、ダニの増殖を抑える湿度の範囲、気道感染やアレルギー性鼻炎・ぜんそくの発症を軽減する範囲、空気中の化学的な相互作用やオゾンの生成などからみた範囲などを合わせると、最適な湿度の範囲が非常に狭いことがわかる。多数の研究を総合すると、**40 ～ 70%** の**相対湿度**が最適範囲であるとされている。

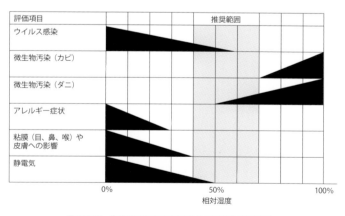

図 8.2.3　衛生的な環境の視点からの最適な湿度範囲

快適性の面では、粘膜の乾燥防止として、相対湿度 20% 以上が必要であること、コンタクトレンズ使用者では低湿度

建築環境工学のしくみ

日照・日射

光環境

音環境

熱環境

温熱環境

空気環境

湿気環境

表 8.2.2 相対湿度に関する基準・指数値

法律・指針	基準・指針値
建築物衛生法	40 ～ 70%
学校環境衛生の基準	30 ～ 80%
東京都健康・快適居住環境の指針（住宅）	30 ～ 60%
日本医療福祉設備協会規格（病院）	50 ～ 60%

で不快感、目・鼻への乾燥感、目への刺激症状があり、40%の方が 30% 以下よりも良好であることなど、さまざまな研究調査が行われている。

また、静電気については、衣服では相対湿度 40 ～ 50% で自然に放電され、30% 以上で静電気感がなくなり、カーペットでは 40 ～ 50% で静電気発生の低減につながり、快適性も上がることとなる。

相対湿度に関する、基準および指針値について、表 8.2.2 に示す。対象とする建物により異なっているが、湿度の下限が 30%、上限が 80% となっている。いずれも上記の衛生的な環境の確保と共に、快適性を考慮した値となっている。

われわれ人に対して以外にも、湿度の制御が必要な場所がある。例えば、**美術品・文化財**の劣化の原因として湿度があり、対象となる品物によって保管する際に最適な条件が異なる。その他に、**食品や医薬品の工場**、**半導体の工場**なども、製品製造の際に温度および湿度が製品の品質に大きな影響を与える。

結露の防止

１ 結露の種類

　結露現象は、冬季の断熱性の低い窓面のように、材料表面での水蒸気の凝縮現象として顕在化することが多い。また、顕在化しなくとも、材料の内部でもしばしば生じることがある。結露の発生は、絶対湿度と材料の温度で決まるが、それらの影響要因が多数存在するため、結露の因果関係は極めて複雑である。結露は、発生場所や発生する季節によって、以下のように分類される。

❶ 表面結露と内部結露

　窓や壁体などの建物の部位もしくは建材の表面で発生する結露を**表面結露**といい、部位もしくは建材の内部で発生する結露を**内部結露**という。外壁内部の通気層の表面に発生するような結露も現象としては表面結露であるが、内部結露に含まれる。同様に、日常的に目に触れない（見えない）空間内、例えば、床下空間や小屋裏・天井裏で建材等の表面に発生する結露も内部結露と称することもある。

❷ 冬型結露と夏型結露

　日本は四季があるため、季節によって外気に含まれる水蒸気の量も大きく変化する。このため、結露が発生する状況も季節によって異なる。例えば、冬季では外気に比べて室内の方が温度が高く、人体や調理などに伴った発湿等の影響により絶対湿度も高くなる。この相対的に高湿な室内の空気が、低温部に触れることで露点温度に達し、結露が生じる。これを**冬型結露**という。一方、夏季は室内に比べ外気の方が絶対湿度が高いため、この湿った外気が室内に流れ込み低温部に触れて、結露が生じる。これを**夏型結露**という。冬季と夏季では結露現象としては同じであるが、結露を発生させている空気が室内側か、屋外側かで異なっている。日常的には結露は冬季に生じることが多いが、梅雨時の夏型結露は水蒸気が飽和状態となり、少しでも温度が下がると結露が生じ、外気に含まれる水蒸気量も多いため、発生する液水の量も多くなる可能性がある。

❸ 結露が発生しやすい場所

　結露は、その発生メカニズムの通り、絶対湿度が高い、もしくは温度の低い場所で発生しやすい。特に冬型結露の場合

建築環境工学のしくみ

日照・日射

光環境

音環境

熱環境

温熱環境

空気環境

湿気環境

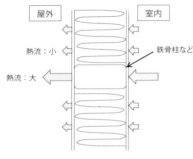

図 8.3.1　熱橋の例

※１：外壁などで局所的に材料構成が変わり熱的に弱い（熱を通しやすい）領域を熱橋という。上図は断熱材を充填した壁体内に一部、熱伝導性の高い鉄骨柱を入れることによって、熱橋が生じた例である。この場合、外気温度が低下した際、室内側の熱橋部分の温度が他と比較して極端に低下し、表面結露が生じやすくなる。

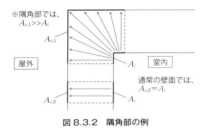

図 8.3.2　隅角部の例

※２：上図に示すように、外壁の隅角部などで室内側の面積 A_i [㎡] に比べて、屋外側の面積 A_o [㎡] が大きくなるため、室温よりも外気温度が著しく低下する冬季には、放熱が促進され、室内側の表面温度が低下する。このため隅角部も表面結露が生じやすい部位の一つとなる。また、上図は２次元的に図示した例であるが、３次元的な隅角部（直方体の頂点など）ではより放熱効果が顕著となる。

※３：防湿材としては、面的に施工して使用する防湿フィルム（ポリエチレンフィルム、塩ビフィルム）、防湿紙、気密テープ等の他、防湿塗料やシール材もある。

※４：調湿建材
木材や土壁などは天然の調湿建材として有名であるが、近年では、シリカゲルやゼオライトなどの吸着剤を原料とし、高い吸放湿性能を有する建材も開発され、市販されている。

は、断熱性能が低い部位である窓やサッシ、**熱橋**※１、**隅角部**※２などで表面結露として生じやすい。また押入れも建物外皮の断熱性能が低いと居室からの水蒸気の流入も加わって表面結露が発生しやすい場所である。夏型結露の場合は、表面温度が低い状態で維持される地下室やエアコンの吹き出し口等で生じやすい。その他、発湿の多い水回りでは年間を通じて結露の可能性が高い。

2 結露の防止

結露の発生メカニズムより、**結露防止**の基本的な考え方は、①絶対湿度を低く抑える、②温度低下を防ぐ、の２つとなる。

具体的な手法として、夏季は①の対策が重要となり、防湿、調湿、除湿が基本となる。冬季は②の断熱、加温で室温の低下を抑制しつつ、防湿、調湿、換気、水蒸気発生の抑制を図る（表 8.3.1）。各種の結露防止策の概要は以下の通りである。

・**防湿**※３：特に冬季の内部結露の防止策であり、ポリエチレンフィルムなどの防湿シートを壁体内に施工し、室内の水蒸気が壁体内に侵入するのを防止する。

・**調湿**：木材などの吸放湿性能を有する建材※４を内装材に用いることによって、室内の湿度変化を抑制する。特に高湿時に吸湿し、湿度の上昇を防ぐ効果がある。

・**除湿**：エアコンや除湿器を用いて、室内の空気中に含まれる水分を除去し、湿度上昇を抑える。

・**断熱**：地域区分別に定められた住宅の省エネルギー基準（第５章のⅡ 1 113 頁）に対応するように、十分な断熱性能をもたせることにより、少ない投入熱量で室温を維持することができる。

・**加温**：第５章のⅡ 6 129 頁に示すように暖房設備（エアコン、ヒーターなど）によって室温や室内側表面温度の低下を抑制する。ただし、上記の「断熱」が不十分の場合、その効果は小さく、まず断熱強化を優先して考えるべきである。

・**換気**：室内や小屋裏、天井裏に流れ込んだ水蒸気を空気と共に排出する。自然換気と換気扇等による機械換気がある。換気によって水蒸気を屋外に排出する場合には、外気の絶対湿度より室内の絶対湿度の方が高い状態が前提条件となるため、基本的に冬季に効果的な手法である。

・**局所排気**：台所や浴室において、水蒸気が発生した後に速やかに排気するといった局所排気による対応も重要である。

また上記の対策を建築的手法、設備的手法、住まい方の手法として整理すると表 8.3.2 のようになる。自然換気のみならず、機械換気や除湿、加温等による制御を行うかどうかの

判断は、住まい手が行う必要があり、第5章のⅢ**5** 135頁のパッシブ環境制御と同様に、住まい手への情報提供などが重要となる。

　なお、結露を防止するための数値目標に関しては、**3** 表面結露の防止対策と**4** 内部結露の防止対策にて示す。

表 8.3.1　結露防止の原理と季節別の対策

	原理・対策	
	①絶対湿度を低く抑える	②温度低下を防ぐ
夏	防湿、調湿、除湿	—
冬	防湿、調湿、換気、水蒸気発生の抑制	断熱、加温

表 8.3.2　結露防止対策の分類

建築的手法	断熱、防湿、調湿、自然換気、通気層
機械設備による手法	除湿、機械換気、加温
住まい方による手法	換気の促進、風通しを良くする、水蒸気の発生を抑制

3 表面結露の防止対策

　結露防止の基本的な考え方は、前述の通りであり、**表面結露**に関しても同様である。冬季の表面結露を対象とした具体的な防止対策[5] としては以下の4つになる。

　①室内で発生する水蒸気量の抑制
　②換気による室内絶対湿度の低下
　③建物外皮の断熱強化による室内側表面温度の上昇
　④加温や対流促進[6] による室内側表面温度の低下の抑制

　上記の①は特に、台所や浴室のような水蒸気の発生場所では、さらに適切な局所排気を行い、住宅全体に水蒸気が拡散しないように配慮する必要がある。②の換気の際は乾燥した外気を導入することになるが、冬季は外気が低温となるため、省エネルギー性を考慮し、顕熱交換型[7] の換気設備を導入するとよい。③は地域区分別に定められた住宅の省エネルギー基準（第5章のⅡ**1** 113頁参照）に対応するように、十分な断熱性能をもたせることにより、少ない投入熱量で室温を維持することができる。この断熱強化により、かなりの表面結露を防止することができると共に、④の加温もより効果的となる。

　なお、表面結露を防止するための数値目標は、表面温度＞露点温度である。上述の通り、建物外皮の表面温度や露点温度は建物外皮の断熱性能だけでなく、屋外条件や住まい方等の影響も強く受ける。よって、ここでは室内外の温湿度を仮定することによって、表面結露の発生の有無を判定する手法を紹介する。例題として図 8.3.3 に示す条件下での窓ガラスの表面結露の発生の有無を判定する。与条件としては、室内温度 t_i および屋外温度 t_o がそれぞれ22℃、2℃、室内の相対湿度 φ_i が60%、窓ガラスの熱貫流率 K_g は 6 W/㎡・K、室内側の総合熱伝達率 α_i は 8 W/㎡・K とする。

※5：夏季の表面結露の防止対策
夏季は、湿った外気が室内に流れ込み地下室等の低温部に触れて、結露が生じる。よって、換気は冬季と比較して逆効果となるため、注意が必要である。代わりに除湿、調湿で対処することになる。

※6：カーテンを閉めた窓や外気に接する壁で家具等を設置した箇所では、暖房時の暖かい空気が行き届かず、室温よりも著しく表面温度が低下し、結露が生じることがある。このような場合、暖房（加温）時に、対流を促進することによって、結露防止につながる。

※7：全熱交換型の場合、排気すべき水蒸気も潜熱交換によって、給気として一部戻ってきてしまうため。

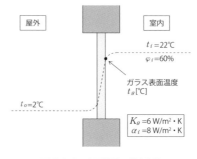

図 8.3.3　表面結露の判定条件

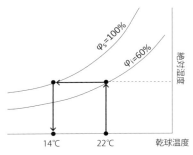

図 8.3.4　空気線図上での露点温度 t_{dew} の求め方

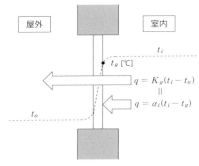

$$\therefore t_g = t_i - K_g/\alpha_i \times (t_i - t_o)$$

図 8.3.5　表面温度の算出方法

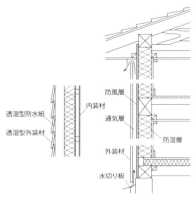

図 8.3.6　通気構法（通気層）

断熱材の室内側に防湿層を設ける場合、通気構法を採用するとより効果的となる。断熱材に侵入してきた水蒸気を通気層で速やかに屋外に排出することが可能である。ただし、グラスウールなどの繊維系の断熱材の中に冷たい外気や雨水が入り込むと断熱性能の低下等の問題も生じるため、通気層側の断熱材表面に防風層（透湿防水シート）を設置するといった対策が取られる。

①まず、室内側の温湿度条件より、空気線図（詳細は Ⅰ **3** 188 頁参照）を用いて、室内空気の露点温度 t_{dew}〔℃〕を求める。温度 22℃、相対湿度 60% の空気と絶対湿度が同じで、相対湿度が 100% となる温度がこの室内空気の露点温度であるため、図 8.3.4 より、露点温度は 14℃ となる。

②次に、図 8.3.5 より窓ガラスの室内側表面温度 t_g を求める。定常状態における窓ガラスの貫流熱流と窓ガラスの室内側表面の熱流は等しくなるため、t_g は図中の式より算出することができる。これより、

$$t_g = 22 - 6/8 \times (22 - 2) = 7℃ \quad \text{となる。}$$

③最後に、窓ガラスの表面温度 t_g と室内空気の露点温度 t_{dew} を比較する。これより、t_g（$=7℃$）$< t_{dew}$（$=14℃$）となり、窓ガラスの表面温度が露点温度以下となるため、図の条件下では表面結露が発生していることになる。なお、結露発生を抑制するためには、図中の式の K_g を小さくする（窓ガラスの断熱性能を高める）ことによって可能となる（章末の演習問題にて確認）。

4 内部結露の防止対策

　金属やガラスを除き、一般的な建築建材は多孔質であり、建材内を水蒸気が移動する。このため、室内外の水蒸気分圧に差が生じると、壁体などを経由して水蒸気が移動する。このとき、壁体内に低温域が生じた場合、結露が生じる。これが前述の **1** において紹介した内部結露である。内部結露の防止策の基本は、壁体等の建物外皮への水蒸気の侵入を防ぐこととなる。特に、内部結露のほとんどは冬季に生じるため、室内側から壁体内への水蒸気の侵入を防ぐように、断熱材の室内側へポリエチレンフィルムといった防湿層を施工する手法がよく用いられる（図 8.3.6）。

　内部結露を防止するための数値目標に関しては、「建材の内部温度 > 露点温度」もしくは、「建材内部の水蒸気分圧 < 飽和水蒸気圧」である。

　以下では、壁体内の内部結露の発生の有無を判定する手法の一例を示す。

①まず、図 8.3.7（1）に示すように壁体内の温度分布を求める。壁体内外の表面温度等は、図 8.3.5 に示す方法にて算出可能である。

②壁体内の水蒸気分圧分布を求める必要があるが、ここでは簡略化のため図 8.3.7（2）に示すような分布を仮定する。なお、内装材は熱および水蒸気の移動に影響を与えないものとして無視している。

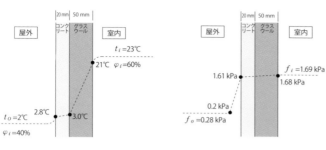

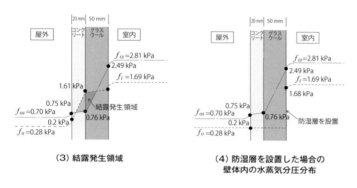

（1）壁体内の温度分布　　　　　　　（2）壁体内の水蒸気分圧分布

（3）結露発生領域　　　　　　　　（4）防湿層を設置した場合の
　　　　　　　　　　　　　　　　　　壁体内の水蒸気分圧分布

図8.3.7　壁体内の内部結露の判定

③次に、①の温度分布の算出点における飽和水蒸気圧を空気
　線図を用いて求め（図8.3.8）、壁体内の水蒸気分圧分布図
　中に追記する（図8.3.7（3））。

④最後に、建材内の「水蒸気分圧＞飽和水蒸気圧」となって
　いる領域を確認する。今回の算出条件では内部結露が図
　8.3.7（3）に示した領域で生じている。ちなみに、図8.3.7
　（4）のように断熱材の室内側に防湿層を設置した場合、前
　述の通り、室内側から断熱材への水蒸気の移動が抑制され
　るため、断熱材内の水蒸気分圧が低下し、内部結露の発生
　は解消される。

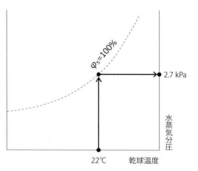

図8.3.8　空気線図上での飽和水蒸気圧の求め方

建築環境工学のしくみ

日照・日射

光環境

音環境

熱環境

温熱環境

空気環境

湿気環境

【図版・表出典】
図 8.1.7　空気調和・衛生工学会編『国際単位系 SI　h-x 線図（藤田稔彦作成）』空気調和・衛生工学会、1994、空気調和・衛生工学会編『空気調和・衛生工学便覧（第 13 版）』空気調和・衛生工学会、2001 より作成
図 8.2.3　東賢一「建築物環境衛生管理基準の設定根拠の検証について　建築物環境衛生管理に関する調査研究報告書」2011

【参考文献】
1）川上裕司ほか『博物館・美術館の生物学　カビ・害虫対策のための IPM の実践』雄山閣、2009
2）防露設計研究会著、池田哲朗監修『住宅の結露防止　防露手法の基礎から防露設計法まで』学芸出版社、2004
3）建設省住宅局住宅生産課監修、結露防止ガイドブック編集委員会編『結露防止ガイドブック

結露のない快適で健康な住まいをめざして』財団法人住宅・建築省エネルギー機構、1992
4）南雄三・坂本雄三監修「結露の完全克服マニュアル」（『建築技術』2002 年 7 月号別冊 8）建築技術、2002
5）山田雅士『建築の結露－その原因と対策』井上書院、1979
6）垂水弘夫他共著『建築環境学テキスト　熱と空気のデザイン』井上書院、2007
7）岩田利枝他共著『生活環境学』井上書院、2006
8）加藤信介他共著『図解テキスト　建築環境工学』彰国社、2002
9）浦野良美他編著『建築環境工学』森北出版、2002
10）田中俊六他共著『最新建築環境工学　改訂版』井上書院、1993
11）田中俊六他共著『最新建築環境工学　改訂 3 版』井上書院、2006
12）環境工学教科書研究会編著『環境工学教科書　第二版』彰国社、2000
13）倉渕隆著『初学者の建築講座　建築環境工学』市ヶ谷出版社、2008

◆演習問題◆

(1)　湿り空気線図（189 頁）から読み取って以下に解答すること。
　　①乾球温度 18℃の空気の飽和水蒸気圧を求めよ。
　　②乾球温度 30％・相対湿度 70％の空気と乾球温度 36℃・相対湿度 50％の空気がある。それぞれの絶対湿度と露点温度を求めよ。
　　③乾球温度 34℃・相対湿度 15％の空気を相対湿度 50％にするのに必要な加湿量を求めよ。

(2)　図のような屋内外の温湿度条件において、室内側の表面に結露が発生しないようにするための、窓ガラスの熱貫流率 K_g の上限値を求めよ。さらに、この K_g の上限値に対応するガラスの厚さを求めよ。ただし、ガラスの熱伝導率は 0.78 W/m・K とし、屋外側の総合熱伝達率 α_o は 20 W/㎡・K とする。

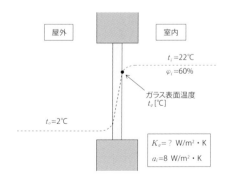

図　窓部の断面図

演習問題 解答

第1章

(1) 例えば教室であれば、日光が窓から入ってくるが、窓の方位、高さによって光の量、また、時間によっても角度が異なる。教室では、ブラインドやカーテンなどによって、幾分遮蔽もされているだろう。室内に入った光は机や床、壁などに当たって反射し、拡散している。この反射では表面の色、素材、形状などが、室内の明るさに影響を与えている。

また音環境では、歩行音に着目してその床の材料がなぜ選ばれたのか、考えてみるのもよいだろう。

(2) 例えば机の色を茶色から白に変えると、窓からより離れた所まで明るくなるし、雰囲気も大きく変わるだろう。

第2章

(1) $L = 139 + \dfrac{46}{60} \fallingdotseq \underline{139.77°}$

(2) $T_m = 14:00:00 + (139.77 - 135)/15\,[時] = \underline{14:19:04}$

(3) $T = 14:19:04 + 0:16:25 = \underline{14:35:29}$

(4) 太陽高度 $\underline{26°}$、太陽方位角 $\underline{42°}$

(5) 影の長さ $= \dfrac{5\,\mathrm{m}}{\tan 26°} \fallingdotseq \underline{10.25\,\mathrm{m}}$ あるいは $5\,\mathrm{m} \times 2.0 = \underline{10.0\,\mathrm{m}}$

影の方位角 $= 42° \pm 180° = \underline{222°}$ or $\underline{-138°}$ （水平面日影曲線から求めてもよい）

(6) $J_{dn} = 1{,}370 \times 0.68^{1/\sin 26°} \fallingdotseq \underline{568.39\,\mathrm{W/m^2}}$

(7) $J_{sh} = \dfrac{1}{2} \times 1{,}370 \times \sin 26° \dfrac{1 - 0.68^{1/\sin 26°}}{1 - 1.4\ln(0.68)} \fallingdotseq \underline{114.10\,\mathrm{W/m^2}}$

(8) 水平面直達日射量 $J_{dn} = 568.39 \times \sin 26° \fallingdotseq \underline{249.16\,\mathrm{W/m^2}}$

例えば、北向きの鉛直面の場合

$J_{dv} = 568.39 \times \cos 26° \times \cos(42° - 180°) \fallingdotseq -379.65 \to 0\,\mathrm{W/m^2}$

$J_{sv} = 114.10/2 \fallingdotseq 57.05\,\mathrm{W/m^2}$

$J_{r\theta} = \left(1 - \dfrac{1 + \cos 90°}{2}\right) \times 0.30 \times (249.16 + 114.10) \fallingdotseq 54.49\,\mathrm{W/m^2}$

したがって、北向き鉛直面が受ける全日射量は、

$0 + 57.05 + 54.49 = \underline{111.54\,\mathrm{W/m^2}}$

東向きの場合は $A_v = -90°$、南向きの場合は $A_v = 0°$、西向きの場合は $A_v = 90°$ として同様に求める。

(9)～(11)下記の図を参照。

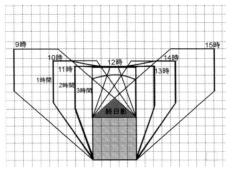

第3章

(1) $\dfrac{300\ \mathrm{lm}+600\ \mathrm{lm}}{3\ \mathrm{m}\times 2\ \mathrm{m}}=\underline{150\ \mathrm{lx}}$

(2) $150\times 0.7=\underline{105\ \mathrm{lm/m^2}}$

(3) $\dfrac{100\ \mathrm{cd}}{\cos 60°}=\underline{200\ \mathrm{cd/m^2}}$

(4) 光源直下から $30°$ 方向の光度は、配光曲線より $60\ \mathrm{cd/1000\ lm}$。

点 P に対する光度 $=\dfrac{60\ \mathrm{cd}}{1000\ \mathrm{lm}}\times 3000\ \mathrm{lm}=180\ \mathrm{cd}$

水平面照度 $E_h=\dfrac{180}{\left(\dfrac{2}{\cos 30°}\right)^2}\times \cos 30°≒\underline{29.2\ \mathrm{lx}}$

鉛直面照度 $E_v=\dfrac{180}{\left(\dfrac{2}{\cos 30°}\right)^2}\times \sin 30°≒\underline{16.9\ \mathrm{lx}}$

(5) $\dfrac{(8\times 2)\times 3000\ \mathrm{lm}\times 0.5\times 0.7}{10\ \mathrm{m}\times 6\ \mathrm{m}}=\underline{280\ \mathrm{lx}}$

(6)

第4章

(1)

① 式 (4.1.10) より、距離が 4 倍になると 12 dB 減衰する。$70-12=\underline{58\ \mathrm{dB}}$

② 図 4.1.12 において、$N=(2.8+2.8-4)/(1/2)=3.2$ のとき $\Delta L=18\ \mathrm{dB}$、受音点における音圧レベルは $58-18=\underline{40\ \mathrm{dB}}$

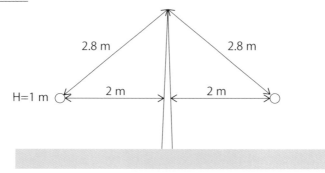

(2)

① 式 (4.3.1) より、透過損失を 6 dB 増やすには面密度 m を 2 倍、すなわち厚さを 2 倍とする。

② 式 (4.3.4) より、$\overline{TL}=10\log_{10}\dfrac{24}{20\times 10^{-50/10}4\times ^{-25/10}}=32.7\ \mathrm{dB}$

(3)

① 図 4.2.7 で講演・会話が主の部屋、室容積 $V=576\ \mathrm{m^3}$ の最適残響時間を読み取って <u>0.75 秒</u>

② 式 (4.3.6) より、$A = KV/T = 0.162 \times 576/0.75 = 124.4 \text{ m}^2$、式 (4.3.9)、$S = 552 \text{ m}^2$ より
$\bar{\alpha} = A/S = 0.23$

③

部位	材料	α_i	S_i	$S_i \alpha_i$
天井	岩綿吸音板	0.4	$12 \times 16 = 192$	76.80
床	ビニルシート	0.02	$12 \times 16 = 192$	3.84
壁・窓	ガラス	0.04	$16 \times 3 \times 2 = 96$	3.84
壁	石こうボード	0.08	$12 \times 3 \times 2 = 72$	5.76
机・椅子		0.04（／一席）	$N = 100$	4.00

④ 天井に求められる吸音力は $124.4 - (3.84 + 3.84 + 5.76 + 4.00) = 106.96$, 吸音率は $106.96/192 = 0.56$

⑤ 天井の吸音力は $192 \times 0.4 = 76.8$, $\Sigma S_i \alpha_i = 3.84 + 3.84 + 5.76 + 4.00 + 76.8 = 94.24$
式 (4.3.6) より $T = 0.162 \times 576/94.24 = 0.99 \text{ s}$

⑥ 人の吸音力 $0.32 \times 100 = 32$ を加えて、$T = 0.162 \times 576/(94.24 + 32) = 0.74 \text{ s}$

第5章

(1) $q = K(\theta_o - \theta_i) \leq 10 \text{ W/m}^2$ ［1］
また断熱材の厚さを $x [\text{m}]$ とすると、K の定義式より、
$K = 1/(1/20 + 0.05/1 + x/0.05 + 1/10)$ ［2］ となる。
［2］式を［1］式に代入して、整理すると、$x \geq 0.09 m$ となる。 　答え：9 cm 以上

(2) ① $SAT = t_o + a_{sJ}/\alpha_o = 32 + 500 a_s/20 = 25 a_s + 32$ 　答え：$SAT = 25 a_s + 32$
② $q = K(SAT - \theta_i) \leq 20 \text{ W/m}^2$ より
$= 2 \times (25 as + 32 - 28) \leq 20$、整理すると、$a_s \leq 0.24$ 　答え：a_s の上限値は 0.24 ［－］

(3) 延床面積 150 m² の熱容量の基準値は、150 m² × 120 kJ/K・m² = 1.8×104 kJ/K　よって、
蓄熱床の面積を $x [\text{m}^2]$ とすると、
2000 kJ/m²・K × $x [\text{m}^2]$ × 0.2 m ≥ 1.8×104 kJ/K
これを解いて、$x \geq 45 \text{ m}^2$ 　答え：45 m² 以上

第6章

(1) 142 頁の式 (6.1.2) を用いる。
$\bar{t_r} = 2.37\sqrt{0.1}(22.5 - 26) + 22.5$
$= 19.9$
以上より、平均放射温度は 19.9℃ となる。空気温度より周囲の表面温度が低いことを意味している。

(2) 145 頁の式 (6.2.1) を用いる。
対流熱伝達率と放射熱伝達率の値が等しいため、
$OT = (26 + 19.9)/2$
$= 22.95$

以上より、作用温度は 23.0 ℃ となる。空気温度が 26 ℃ でも放射温度が低いと作用温度は低くなる。

(3) 142 頁の式 (6.1.3) と式 (6.1.4) を用いる。

座位：$\overline{t_{pr}} = \dfrac{0.18(22.0+24.5)+0.22(28.0+28.0)+0.30(28.0+28.0)}{2(0.18+0.22+0.30)} = 26.8$

立位：$\overline{t_{pr}} = \dfrac{0.08(22.0+24.5)+0.23(28.0+28.0)+0.35(28.0+28.0)}{2(0.08+0.23+0.35)} = 27.4$

以上より、座位では 26.8℃、立位では 27.4℃ となる。立位に比べて座位では大腿が前に張り出す形になるため、上下方向の放射影響が相対的に大きくなる。全身を球に見立てて測定しているグローブ温度に対し、6 方向の微小面放射温度を用いることでより詳細な放射環境が評価できる。

(4) ISO 7730 基準のカテゴリー A は、$-0.2 < PMV < +0.2$ である。気流速度 0.1 m/s では 23.4〜24.8 ℃、0.5 m/s では 25.3〜26.4 ℃ となる。この温度域での気流の影響は、1.5〜2 ℃ 程度の効果がある。作用温度が高くなると、気流の効果は減少する。

第 7 章

(1) 式 (7.1.17) より、総合開口面積を求めると、

$$\alpha A = \frac{1}{\sqrt{2}}$$

自然換気の換気量は、温度差と風力による合力によって生じる。暖房時においては同じ方向に、冷房時においては打ち消しあう効果となる。よって、暖房時には、式 (7.1.26) および式 (7.1.28) それぞれの圧力差を足し合わせればよい。

$$Q = \alpha A \sqrt{\frac{2}{\rho_0}(\rho_0 - \rho_i)gh + v^2(C_1 - C_2)}$$

なお、空気の密度は、絶対温度 $T\,[\text{K}]$ を用いると下記の式になる。

$$\rho = \frac{353.25}{T} = \frac{353.25}{273.15 + \theta}$$

よって、それぞれの値を代入すると下記の値が得られる。

$$Q \fallingdotseq \underline{2.56\ \text{m}^3/\text{s} \fallingdotseq 9210\ \text{m}^3/\text{h}}$$

(2) 式 (7.3.4) より、必要換気量を求めることができる。ここで、発生量 M は、室面積と一人当たりの占有面積より、室の人数が求められることから、下記の値が得られる。

$$M = （1 人当たりの CO_2 発生量）\times（室面積）\div（一人当たりの占有面積）= 2\ \text{m}^3/\text{h}$$

よって、必要換気量 Q_R は、下記のようになる。

$$Q_R = \frac{M}{C_p - C_0} = \frac{2}{0.001 - 0.0035} \approx \underline{3077\ \text{m}^3/\text{h}}$$

よって、必要換気量には、汚染物質の発生量に関係するが、室の高さおよび容積には影響しないことがわかる。

(3) 室内の定常状態の濃度は、式 (7.3.2) より求めることができる。室の換気量については、式 (7.3.5) より、室の容積と換気回数から求めることができる。

$$Q = nV = 0.5 \times (4 \times 4 \times 2.5) = 20 \text{ m}^3/\text{h}$$

よって、室内の濃度は，下記のようになる。

$$C = C_0 + \frac{M}{Q} = 10 + \frac{360}{20} = \underline{28\ \mu\text{g/m}^3}$$

第8章

(1)

① X 軸の乾球温度 18℃の点からまっすぐ上に上がり、相対湿度 100%の曲線との交点を求める。そこから右に進むと、Y 軸の水蒸気分圧の値は 2.0 kPa となる。相対湿度 100 % となるときが飽和水蒸気圧を意味する。

② 乾球温度と相対湿度の交点を求め、そこからまっすぐ右に進むと Y 軸の絶対湿度はいずれの空気も 0.019 kg/kg (DA) となる。また、それぞれの交点からまっすぐ左に進むといずれも相対湿度 100%との交点の温度は 24℃となり、これが露点温度となる。露点温度は、絶対湿度で決まる。

③ 乾球温度 34℃・相対湿度 15%の空気の絶対湿度は 0.005 kg/kg (DA) であり、乾球温度 34 ℃・相対湿度 50%の空気の絶対湿度は 0.017 kg/kg (DA) である。両者の差が加湿量になるため、0.012 kg/kg (DA) となる。

(2) $t_g = t_i - K_g/\alpha_i \times (t_i - t_o)$、また露点温度は空気線図より 14℃。よって、

$14 \geqq 22 - K_g/8 \times (22-2)$　より $K_g \leqq 3.2$　　　　　　答え：K_g の上限値は $\underline{3.2\ \text{W/m}^2 \cdot \text{K}}$

ガラスの厚さを $x\,[m]$ とすると、K_g の定義式より

$K_g = 1/(1/8 + x/0.78 + 1/20) \leq 3.2$

これを解いて、$x \geq 0.107$　　　　　　　　　　　　　答え：ガラスの厚さは $\underline{107\ \text{mm}}$

索引

◆著者プロフィール

上野佳奈子（うえの・かなこ）
1973 年　千葉県生まれ
東京大学工学系研究科建築学専攻修士課程修了、博士（工学）
現在、明治大学理工学部建築学科教授
専門：建築音響、環境心理
著書に、『生活環境学』『コンサートホールの科学　形と音のハーモニー』
『音と生活』（いずれも共著）など

鍵直樹（かぎ・なおき）
1971 年　東京都生まれ
東京工業大学大学院情報理工学研究科情報環境学専攻博士後期課程修了、博士（工学）
現在，東京工業大学環境・社会理工学院教授
専門：空気環境、室内空気質、化学物質汚染
著書に、『シックハウス対策マニュアル』『室内環境学概論』『知っておきたい　新公衆衛生』『菌・カビを知る・防ぐ
60 の知恵』（いずれも共著）など

白石靖幸（しらいし・やすゆき）
1970 年　福岡県生まれ
早稲田大学大学院理工学研究科建設工学専攻修士課程修了
東京大学大学院工学系研究科建築学専攻博士課程退学、博士（工学）
現在、北九州市立大学国際環境工学部建築デザイン学科教授
専門：建築・都市環境工学、建築設備工学
主な著書に、『建築環境工学実験用教材』『改訂版、健康維持増進住宅のすすめ―なぜ今、住まいの健康か―』（いずれ
も共著）など

高口洋人（たかぐち・ひろと）
1970 年　京都府生まれ
早稲田大学大学院理工学研究科建築学専攻博士課程満期退学、博士（工学）
現在、早稲田大学創造理工学部建築学科教授
専門：環境工学、都市環境、環境メディア学
著書に、『完全リサイクル型住宅Ⅰ・Ⅱ（共著）』『健康建築学（共著）』『地方都市再生の戦略（共著）』『民家再生の実例
（編集）』『都市環境学（共著）』『ZED Book Zero energy Development（共訳）』など。エネマネハウス 2015 にて最優秀
賞受賞。

中野淳太（なかの・じゅんた）
1974 年　英国生まれ
早稲田大学理工学研究科建設工学専攻博士後期課程満期退学、博士（工学）
現在、東海大学建築都市学部建築学科准教授
専門：建築環境工学、建築設備工学
著書に、『建築設備学教科書』『第 14 版 空気調和・衛生工学便覧（5. 計画・施工・維持管理編）』『健康に暮らす住まい
9 つのキーワード　設計ガイドマップ』『快適な温熱環境のしくみと実践』（いずれも共著）など

望月悦子（もちづき・えつこ）
1974 年　米国（シアトル）生まれ
早稲田大学大学院理工学研究科建設工学専攻修士課程修了
東海大学大学院工学研究科建築学専攻博士課程後期修了、博士（工学）
現在、千葉工業大学創造工学部建築学科教授
専門：建築光環境
著書に、『［再読］実務に役立つ 建築環境工学＋建築設備』『電気応用とエネルギー環境』（いずれも共著）など

しくみがわかる建築環境工学 第2版

基礎から計画・制御まで

2016年12月10日 第1版 発 行
2022年11月10日 第2版 発 行

著 者 　上 野 佳 奈 子・鍵 　 　 直 　 樹

白 石 靖 幸・高 口 洋 人

中 野 淳 太・望 月 悦 子

発行者 　下 　 出 　 雅 　 徳

発行所 　株式会社 彰 　 国 　 社

162-0067 東京都新宿区富久町8-21

電話 　03-3359-3231 （大代表）

振替口座 　00160-2-173401

著作権者と
の協定によ
り検印省略

自然科学書協会会員
工 学 書 協 会 会 員

Printed in Japan

© 上野佳奈子・鍵直樹・白石靖幸・高口洋人・中野淳太・望月悦子 2022年 　印刷:壮光舎印刷 製本:ブロケード

ISBN978-4-395-32183-4 C3052 　　　https://www.shokokusha.co.jp